社会運動のグローバル・ヒストリー

共鳴する人と思想

田中ひかる 編著

ミネルヴァ書房

まえがき

社会運動をグローバルに捉える

本書は、一九世紀から現代までに世界各地で現れた国境を越える社会運動に焦点を当てながら、歴史をグローバルな視点から捉える枠組みについて学ぶことを目的としている。具体的には、地球上のさまざまな地域や時代に生まれた社会運動を、一つの国や地域に限定されたものではなく、国境を越えて影響を与えあう人々の歴史として捉えていく、そのような見方である。「社会運動のグローバル・ヒストリー」という本書のタイトルは、以上の理由から選ばれた。

本書で扱う「社会運動」とは、社会にあるさまざまな問題を解決する、あるいは社会そのものを変革するために、議会や選挙といった狭い意味での政治的な制度の内部ではなくその外側で形成される、「普通の人々」による集合行為である。

本書では、政府と対立し、新政府の樹立に向かう運動から、行政による支援が行き届かない人々を支援する地道な活動まで、幅広い集合行為を社会運動と捉えている。また、「普通の人々」とは、政治的・経済的・社会的な権力を持つ国家元首や企業経営者などと比べれば、地位や名声、富や権力というものをほとんど持ちあわせていない、そのような人々のことを指している。

日本では二〇一一年頃から、反原発運動や、排外主義的ナショナリストによる運動が街頭でデモやアピールをする場面が、マスメディアやSNSでしばしば取り上げられるようになった。他方、子ども食堂や被災地でのボランティア活動、海外での内戦や自然災害で難民となった人々を募金などで支援する「静かな」運動も以前からよく取り上げられている。

こういった幅広い領域の社会運動を見ていくことにより、私たちは日本という社会がどのような特徴を持ち、どのような課題に向き合っているのか、ということを知り、視野を広げることができる。それゆえ、しばしば社会運動は、社会の「鏡」や「窓」である、といわれる。

本書では、「普通の人々」による社会運動が、過去から現在に至るまで、国境を越えて影響を与えあってきた、という事実に注目する。たとえば、障害者の権利を擁護する運動（第4章を参照）あるいは労働運動（第7章を参照）を例にとると、これらは一つの国や地域で展開されているだけであるかのように見える。しかし本書で注目するのは、あらゆる時代と地域に生起してきた社会運動が、その国や地域の外側で生起するさまざまな社会運動と、国境を越えて影響を与え合ってきた、という側面である。

国境を越えるネットワークで結びつく個人と小グループ

国境を越えて影響を与え合う社会運動のなかでも、本書で注目するのは、個人や小グループが国境を越え、ネットワークを通じて影響を与え合い、あるいは結びつくことで、全体として力を持つ、そのような社会運動である。

このような特徴を持つ社会運動は、一九九〇年代から現在まで見られ（序章を参照）、携帯電話、インターネット、SNS、衛星放送など、ICTや情報通信機器が重要な役割を果たす新しい現象として取り上げられてきた。さらに、これらの運動に関わっていたアナキストたち（第3章を参照）のアイディアが、運動を構築する上で影響を与えているとも言われる。

しかしながら、歴史的な視点から見れば、国境を越えるネットワークで個人や小グループが結びつく運動は、遅くとも一九世紀末にはすでに存在していた。当時、環太平洋地域で発達した鉄道網と蒸気船航路、さらには電信網が、情報伝達のスピードを大きく変え、手紙や印刷物、それらの各国語の翻訳が、国境を越えて情報を伝え、また、国境を越えて移動するアナキストたち自身も、情報を伝えた（第3章を参照）。そのためアナキストは、一九九〇年代以降の運動の原型を一九世紀末に作り出したと見なされる場合すらある。

国境を越える共鳴と拡散

とはいえ、国境を越えるネットワークは、アナキストだけが構築していたわけではない。たとえば、一九二〇年代にアメリカに留学した日本人が、アメリカで刊行されたばかりの労働運動に関する書物を日本に持ち帰りある人物に手渡した、という事例を見てみよう。すると、その本を渡された人物は、この書物から学んだアメリカの労働運動の方法を実践しようと決意し、一九五〇年代になって、実際に日本での労働運動において重要な役割を演じた（第7章を参照）。

これには、アメリカの日系移民コミュニティが関わっていた。留学生は日系移民コミュニティと接点を持ち、彼らから得た情報を日本に伝えたからである。この場合、移民コミュニティは、アメリカと日本をつなぐネットワークの結び目の一つである。これと似通った現象として、難民や亡命者たちが、世界に散らばった同郷の人々と国境を越えて結びついてさまざまな運動を起こす、という事例を挙げることができる（第3章と第5章を参照）。

加えて、個人やグループが直接結びつかなくとも、さまざまなネットワークを通じて得た情報に基づいて、世界のどこかで起きている運動に、別の地域の運動が「共鳴」して新しい運動を起こす、ということがある。あるいは、運動が国境を越えて「拡散」する、ということもある。

「拡散」とは、伝わってきた情報に基づいて、それまでの活動を変化させる、もしくは、「静か」で目立たなかった運動を進めていた人々が、情報から刺激を受けて街頭でデモを行うなど、目立った行動をとるようになる、さらには、何もしてこなかった人たちが、国外の運動を模倣して新しく運動を起こす、という現象である。

このように「拡散」が起きるのは、社会運動とその担い手、および彼らの思想が国境を越えて共鳴し合うからである。したがって、「共鳴」という現象に焦点を当てることにより、私たちは歴史の表面的な出来事の一番深いところで何が起きているかを学ぶことができるだろう。本書の副題を「共鳴する人と思想」としたのは、以上の理由からである。

ただし、ここで考えておかねばならないのは、このように歴史上に生起した運動のすべてが成功を収めたわけではない、ということである。むしろ、その多くは、目的を達成できずに、もしくは政府から弾圧を受けて、衰退あるいは消滅した。こういった社会運動の歴史を、現在において学ぶ意味はどこにあるのだろうか。

「予言者」としての社会運動

歴史上の社会運動の多くは、何十年も先の未来になってようやく社会の多くの人々が大きな問題として捉える問題を、それよりずっと前から提起してきた。社会運動が「予言者」と呼ばれる理由がここにある。たとえば、フランス革命期に女性の人権が、一九世紀半ば頃からは、女性の参政権が要求されたが（第1章を参照）、多くの人々は長い間、女性の置かれた状況を改善しようとしなかった。

ようやく二〇世紀後半に、妊娠・出産・中絶が女性自らの権利である、あるいは、女性に対する暴力やハラスメントは人権侵害である、といった主張がなされるようになった。それでも当初は、一部の人々の主張とみなされ、社会全体で共有されなかった。

同様に、二〇世紀後半に黒人や先住民、障害者やLGBTといった、いわゆるマイノリティの権利を要求した社会運動もまた、近年までその主張は理解されてこなかった（第4章を参照）。戦争がない時期に展開される平和運動も、社会全体からの支持を得られず、独裁政権から弾圧を受けたこともある（第2章を参照）。さらに、一九世紀に形成された社会主義思想・運動も、格差や貧困の問題を個人ではなく社会構造の問題として告発し、そういった問題を発生させない社会システムを構想したが、彼らの主張は否定され、運動は弾圧された（第6章を参照）。

今日では、マイノリティの権利は広く理解されつつあり、法制化されるまでになった。平時において戦争反対を唱えることも、数度の世界大戦とその後の幾多の戦争や内戦を経験した世界中の人々によって、その意義が認められるようになった。社会主義者の主張は、今日では多くの国々で、社会保障政策というかたちで実践されている。

以上のように、後の時代から振り返った場合、歴史上の社会運動が「予言者」としての役割を果たしたという点で再評価されることがある。

しかしながら他方では、こういった運動の多くは、その当時において支持する人々はわずかであり、その時々の政府によって弾圧された、という事実もある。それにもかかわらず、そういった社会運動の歴史を、今の私たちが学ぶ意味は、どこにあるだろうか。

「選択肢」としての社会運動

「それ以外に選択肢はない」と、いつの時代にも権力を持つ人々や専門家は言い、今日でも、この状況は続いている。ところが、男女同権が現実的ではなかった時代であっても、ほんの一瞬であれ、女性が自分たちの権利を主張したという事実がある（第1章を参照）。

また、アメリカの西海岸に住む中国系移民アナキストが、中国人アイデンティティにとらわれることなく、むしろ民族や国家を超えた普遍的な人類としてのアイデンティティを獲得したという事実がある（第3章を参照）。こういった事実は、その当時には「ない」と言われていた「選択肢」が、実は数多く多様に存在していた、ということを示している。

多くの国民が巻き込まれてきた戦争についても、同様のことが言える。「非国民」と非難されながら、戦争に反対して投獄され、殺害された人々は、世界中にいたのであり、現在でもいる。徴兵されて兵士となってから反戦活動を展開し、あるいは、退役後に反戦活動を始めた人々もいたのであり、また現在でもそのような人々がいて彼らによる運動がある（第2章を参照）。

たしかに、彼らは戦争を止めることはできなかった。しかしここでも、彼らの行動を、過去と現在における「選択肢」として把握すればどうなるだろうか。彼らの行動や言動を積み重ねていけば、「誰もが国家を信じて積極的に戦争に加わった」という事実とは異なる、「もう一つの事実」が浮かび上がってくる。

平和運動や反戦運動は、反原発運動や社会主義運動と同様、国家の方針に異議を唱える場合が多いため、国家はその指導者たちを徹底的に弾圧し、その結果、運動が衰退あるいは消滅する、ということが歴史上よく見られる（第2章と第6章を参照）。

しかし、大多数の国民が国家の指示に従い戦争に賛成しているなかでも、一部の人々は反対していた、という事実にこそ注目する必要がある。たとえ弾圧されて消滅した運動であっても、その運動が掲げた主張は、その時代においては、数ある「選択肢」の一つであった。このように見れば、私たちは過去を多様に理解できる余地を作ることができる。

なぜなら、過去の人々と同じように、私たち自身も、現在から未来に向けて、無数の選択肢のなかから常に悩みつつ、一つ一つ選択し続けるからである。「これ以外に選択肢はない」と権力者や専門家などから言われると、あるいは自分の周囲で大多数の人々がそう言っていれば、そのことを自分も信じてしまうということはよくある。しかし、そのとき、本当に「それ以外に選択肢はない」と言い切れるか、ということを考え続ける上で、「常識」にとらわれずに自らの主張を展開し、弾圧された社会運動の歴史から学ぶことには意義がある。

過去と現在を結びつける社会運動の歴史

社会運動は、「それ以外に選択肢はない」という「常識」を破り、さまざまな時代に、新しい考え方を生み出してきた。そのような考え方の多くは、今日では法律や制度に組み込まれている。言論・集会・結社の自由、男女普通選挙権、民主的に選ばれた議会、社会保障制度、人種差別の撤廃、奴隷制度の撤廃、労働者の権利、女性の権利、LGBTの権利、先住民の権利、教育を受ける権利、子どもの権利。

これらは、今日ではグローバルに認められている権利や制度である。そして、そのほとんどは、かつてであれば主張するだけで政府から弾圧され、否定され続けてきたものである。それにもかかわらず、過去数百年間にわたり、世界各地で起きた社会運動を通じて、人類が獲得し、共有し、発展させてきたものである。

こういった歴史上の社会運動を学べば、自分たちが当たり前に享受している権利や制度が、数世代にわたって世界各地の人々が多大な犠牲をはらって展開してきた運動の成果であることがわかる。したがって、そうした社会運動の挫折と失敗の歴史を学ぶことで、私たちが享受している権利や制度はかけがえのないものであると気づくことができる。

このような視点を獲得すれば、現在目の前で起きているさまざまな社会運動を、数百年前から起きている社会運動と結びつけることも可能となる。また、社会運動の歴史を学ぶことで、現状ではとうてい解決できそうにないように思える問題も、解決できるのではないか、という強い気持ちが呼び起こされ、絶望的な状況の中でも勇気と希望を持つことにつながる。

たしかに、歴史上、挫折や失敗を経験し、衰退してしまった社会運動は数多く存在する。しかし、そうして忘れ去られた社会運動が提案していた考えが、今から見直しても、その当時多くあった「選択肢」のうちの一つであり、今日の法律や制度につながっている、と気づくこともある。

このように見ると、社会運動には、すぐさま法律を制定したり改正したりすることだけではなく、社会に生きる広範な人々の意識を変化させるという役割も重要であるということがわかる。そのような意識の変化が起きれば、やがて一人一人の言動や行動のあり方が変化し、社会の価値観に大きな変化が生じ始め、それが法律や制度の改正や制定につながり、社会が全体として変化する。

以上のような視点を持っていれば、社会運動の歴史を学ぶことによって私たちは、今自分の目の前で、ほんの一握りの、「普通の人たち」しか声を上げていないという状況があっても、その運動は潜在的な重要性を持っていると理解することができる。また、長期的にそのような問題と関わり合い、やがてその問題が社会全体で議論されるようになれば、十分な知識を持って問題を理解し、その解決策について考えることもできるであろう。

最後に以下で本書の構成について述べておきたい。

本書の構成

本書は、序章、第Ⅰ部、第Ⅱ部、第Ⅲ部によって構成され、第Ⅰ部は第1章と第2章、第Ⅱ部は第3章と第4章、第Ⅲ部は第5章、第6章、第7章によって構成される。

序章では、社会運動についてこれまで提示されてきたさまざまな理論を概観し、社会運動の捉え方を紹介したのち、一六世紀から現在までの社会運動について、国境を越えるグローバル・ヒストリーから考えるという本書全体の視点を提示する。

第Ⅰ部は、ヨーロッパとアメリカにおける国境を越えた社会運動をテーマとする。第1章では女性運動、第2章では平和運動を扱う。第Ⅱ部は、アメリカとアジア・環太平洋地域をつなぐ社会運動がテーマであり、第3章では移民による国境を越えるネットワークと社会運動を、第4章ではマイノリティによる社会運動を扱う。そして第Ⅲ部では第Ⅰ部と第Ⅱ部で扱った地域も含めた、世界全体で結びつく社会運動をテーマとする。第5章では難民による社会運動、第6章では社会主義運動、第7章では労働運動を扱う。

各章とも、1・2節で各部のテーマに関わる社会運動の概観を提示し、3・4節では個別の事例を扱う。たとえば第1章では、大西洋を越えてアイルランドとアメリカとの間で結びついた女性による社会運動を扱い、第2章ではドイツの平和主義者オシエツキーと彼を支援する運動がテーマである。

また、第3章では中国系移民アナキストによる移民ネットワークを通じた国境を越える運動、第4章ではアメリカのマイノリティ運動、第5章ではハンガリーの難民による世界各地での運動、第6章では日本の初期社会主義者の思想、第7章では日本がアメリカの労働組合運動から受けた影響について扱っている。

本書の使い方

本書は、大学生一年生向けの講義でテキストとして用いられることを念頭に置いて編纂した。そのため、読者が社会運動の歴史を初めて学ぶ、ということを強く意識して、内容も含めてすべての文章を、できるだけコンパクトにまとめた。したがって、たとえば、それぞれの運動をめぐる専門的な研究の動向については述べていない。とはいえ、まったくの初学者にとっては、本文に記述されている事実だけでもかなりの情報量である。使用されている用語や概念、あるいは論理展開も含め、初学者にとっては必ずしも理解しやすい内容ばかりではない。講義等で用いるときには、理解できない用語や文章を見て悩むのではなく、まずは提示されている事実やストーリーを理解することを最優先にすることが望まれる。もちろん、講師による口頭の補足解説が必要となるだろう。また、できれば本書が提示する国境を越えた社会運動という視点が、それぞれの文章中のどこにあるのか、という点に注目しながら読み進めてもらいたい。

本書を読み、「わからない」、あるいは、「知りたいことについて書かれていないのはなぜか」と感じることがあると思うが、そのようなポイントをできるだけ多く発見し、多くの「問い」をたて、「探求」を始めるためのツールとして本書を活用してもらいたい。

そのために、巻末にはブックガイドを設け、それぞれの章に関する参考文献についての解説を行っている。できるだけ多くの「問い」を見つけ出し、ブックガイドの文献も参考にして、さらに「探求」してもらいたい。

本書は、あらゆる時代・地域・社会運動を網羅するのではなく、社会運動の歴史をグローバルな視点から捉える、というテーマを重視した。本書で扱われていない他の地域・時代・社会運動に関心を持つ一つのきっかけになればと願っている。

なお、本書はＪＳＰＳ科研費ＪＰ２４３２０１４８、ＪＰ１６Ｈ０３３６３の助成を受けた研究成果の一部である。

田中ひかる

社会運動のグローバル・ヒストリー——共鳴する人と思想【目次】

第Ⅱ部　アメリカとアジア・環太平洋地域をつなげる

序章　現代の社会運動とその特徴
——国境を越えた拡散と共鳴

田中ひかる

1　はじめに

二〇一一年は、中東で起きた「アラブの春」に触発されて、ヨーロッパ・アメリカ・東アジアの大都市で、それぞれの政府に対する抗議行動が頻発した年だった。そこでは、一つの地域で起きた運動が、国境を含めたさまざまな境界を越えて別の地域で運動に何らかの影響を及ぼす国境を越えた「共鳴」が起きた。そして、共鳴した複数の地域にいる人々が一つの地域で起きた運動の様式やレパートリーを活用し、あるいは模倣することで、世界各地へと広まっていく「拡散」が見られた。この背景には、グローバル化によってヒト・モノ・カネ・情報が国境を越えて行き交うようになったことに加えて、インターネットやSNS（Facebook, Twitter）の普及がある。

こういった運動は、特定の政党や統合された思想に結びついていない個人や小規模なグループが水平方向に結びつくネットワーク型の形態を取っているという特徴を持つ。このような運動の形態は、インターネットの発達と結びつけられて、一九九〇年代以降に顕著になった、と見られがちである。たしかに、かつて社会運動として注目されてきたのは、主として大規模かつピラミッド型の組織を形成し、豊富な資金力を背景にして、専門的な知識や経験を持つスタッフを雇い、政党や政治家に対してロビー活動をする組織だった。

しかしながら実際には、大西洋を挟んで一八世紀末から始まる社会運動にもネットワーク型のものはあり、また共鳴と拡散という現象も見られた。二〇一一年の社会運動は、私たちに、このように、過去にはあったが今までそれほど重視されてこなかった社会運動のありかたに目を向けるきっかけを与えてくれた。

本章では、こういったネットワーク型の運動が、時には大規模な組織と結びつきながら生み出してきた社会運動について、国境を越えた共鳴・拡散といった現象に焦点を当てながら、過去一〇〇年以上にわたり併存してきたこと、ネットワーク型の組織、もしくは無数の個人や小グループが形成するネットワークが近年では主流になってきたことを確認したい。その前に、以下では、社会運動が発生する原因や人々が運動に参加する原因およびメカニズムに関して、これまで社会学や政治学の研究者によって示されてきたさまざまな仮説や理論を見ていきたい。

2　社会運動を分析する上で重要な視点

紛争の政治と運動のコミュニティ

「社会運動」という言葉が使われ始めるのは、一九世紀半ば頃のヨーロッパである。当時、産業革命の影響で貧富の格差が拡大し、これが「社会問題」と呼ばれ、その解決を目指して労働者が起こすさまざまな社会変革運動が

「社会運動」と名付けられた（第6章を参照）。当時は、社会運動の主体は階級社会で抑圧された労働者であると捉えられた。しかし、二〇世紀になるとファシズムのような大衆運動が社会に対して多大な影響を与えた。そのため、二〇世紀後半になると、社会運動という語は、ファシズムを含む多様な運動に適用されるようになった。

社会運動を一九世紀頃からのヨーロッパの統一国家における運動として狭く捉える見方がある。これによれば、一七五〇年よりも以前にあったさまざまな運動は、一つの共同体や地域、その地域の権力者だけを標的とし、持続期間が短く、特定の地域でしか理解されないような伝統的な様式に沿った抗議形態をとった、という。他方でこの説によれば、一八世紀後半から現在までの社会運動は持続期間が長く、運動の範囲が広範で、国家の権力者、大規模な宗教組織や企業の代表者が運動の標的となった。後者のような社会運動は「紛争の政治」と定義されるのだという。

またこの捉え方に基づけば、こうした運動は世論に向けて集合的な主張を伴った行動やパフォーマンス＝キャンペーンを繰り返し、そこで用いられるボイコットや大衆デモといった戦術のレパートリーは定型化されているため別の地域や国で容易に利用される。こういった運動では、専門的なスタッフを雇用する「社会運動組織」が、運動の理念や目標、キャンペーンの方法を設定し、人々を動員する役割を担う場合もある、という（タロー 二〇〇六）。

しかし、以上のような、一七五〇年以降に社会運動が生まれたという見方が正しいとは限らない。今日の社会運動には、各国首脳の張りぼて人形を掲げ練り歩く、あるいは首脳に扮装してパフォーマンスをする、国会や会議場を取り囲んで鍋やフライパン、ドラムなどをたたいて抗議の意志を示す、ガイ・フォークスの仮面をかぶるといった抗議行動の様式が見られる。ガイ・フォークスとは、一七世紀に実際にあったイギリス議会爆破計画の責任者で、事件発覚後に処刑された人物であるが、イギリスでは現在まで一一月五日にガイ・フォークスの人形や仮面を使っ

図序－1　ロンドンでのアノニマスによる抗議行動でガイ・フォークスの仮面をかぶる人々（2008年）

出所：https://commons.wikimedia.org/wiki/File:Anon_London_Feb10_TCR_Protesters.jpg

た祭りが行われてきている。この仮面が、二一世紀に入ると、反逆者の象徴として理解されるようになり、ハッカー集団アノニマスが使い始め、今では世界各地の抗議行動でもこの仮面をかぶる人がよく見られるようになっている（図序-1）。

こうした現在見られるさまざまな抗議様式は、実は、一七五〇年代以前に見られた「シャリヴァリ」や「ラフ・ミュージック」のような伝統的抗議行動で使われた方法の一部が導入されているともみなしうる（蔵持　一九九一）。したがって、一七五〇年の前後で分断せず、数百年にわたる長期的な枠組みで社会運動を捉える必要がある。

また、「紛争の政治」だけが社会運動であるという理解にも問題がある。なぜなら、今日では、より日常的な活動で社会のあり方を変えることを目指す運動も、社会運動として捉えるようになっているからである。こういった傾向の社会運動は、環境・ジェンダー・教育・福祉・消費等々に関わる問題を自分たちの活動を通じて改善することにより、「文化」、つまり、日常的な価値観や生活のあり方全般の変容を目的とすることが多く、個人や小規模のグループなどが形成するネットワークもしくは「社会運動のコミュニティ」を基盤にしている。したがって、専門的なスタッフを雇用する「社会運動組織」とは異なる特徴を持っている。

原因と特徴をさぐる

一九世紀以来、社会運動は個々人の非合理的な判断や感情から生まれる、という説明があった。これに対して、階級社会という社会構造もしくは人々をとりまく環境が作り出すさまざまな矛盾が労働者の不満を醸成し、彼らの間で一定の信念に基づく問題解決への思考が生まれた結果、社会運動が起きる、という説明もあった。一九六〇年代以降になると、社会構造と労働者などさまざまな人々の心理との双方にある要素が複合して社会運動が生まれるという、より包括的な見方が生まれた。

さらに七〇年代になると、人々の不満や社会構造の問題だけで運動が必ず起きるわけではなく、運動が起きる場合、人員、資金、専門的知識、人的ネットワークなどの「資源」が動員される必要があるという理論が提唱される（資源動員論）。また、運動による問題の提示の方法（フレーミング）も、人々を運動に動員する上で重要であるという議論も生まれる。社会運動は、人々を運動に動員するために、運動が解決を目指す問題に関わる具体的な行動や事件を解釈する上での枠組み（フレーム）を不特定多数の人々に与える。このフレームを通じて、運動の目的や理念の説明および問題の捉え方を、社会の多くの人々にとって受け入れられやすい形で提示する。フレームは一つだけではなく複数あるが、その中でも最も基本的で運動にとって重要なものをマスター・フレームと呼ぶ。マスター・フレームは、特定の運動だけが使えるのではなく、複数の運動でも活用できる普遍的な性格を持っている（Staggenborg 2015）。

他方、政治体制、官僚制、政党や政治家と社会運動との関わり、あるいは社会運動が政治的に影響力のある人物や組織（＝同盟者）を持っているかどうか、といった、運動を取り巻く政治的環境（政治的機会構造）が、社会運動の発生や、社会運動が採用する戦略、その要求の実現可能性に影響を与える、という捉え方もある。この見方に基づければ、政治的機会が「開かれた」状態であれば社会運動は起きやすく発展しやすい、ということになる。

たとえば、第二次世界大戦後、アメリカの黒人運動団体や人権団体は、国連人権委員会などにアメリカにおける黒人差別や虐殺などに関する報告書を送り、その内容が国際的にも知られ、アメリカ政府が批判されるようになると、大統領などアメリカ連邦政府高官の一部が公民権運動に対して一定の支持を表明せざるをえなくなる。こうして一九五〇年代以降、政治的機会が「開かれた」ことが、公民権運動高揚の要因の一つとなったという指摘がある。この「開かれた」状態が維持されることで、運動がやがて衰退しはじめても、すぐに次の運動が登場して前の運動を引き継ぎながら発展していく「紛争のサイクル」が生まれたと言われている。また、そういった政治的機会は、実は社会運動が「開く」もしくは「こじ開ける」ものでもあることがわかる（Staggenborg 2015）。

その後、一九七〇年代には、女性運動、平和運動、環境運動、反原発運動が増大していく。こういった運動は、体制転換や社会変革ではなく、価値観や生活のあり方といった「文化」の変容を焦点としていたため、「新しい社会運動」と呼ばれ、次のように定義された。すなわち、共産主義運動や社会主義運動、労働運動などの「古い」社会運動は社会の構造的変化に伴う経済的苦境という物質的条件への不満から生まれたのに対して、「新しい社会運動」は、産業化が進展した結果、ポスト産業社会が形成され、ヨーロッパの人々が脱物質主義的価値観を持つようになったことに起因している、と。

このように、新しい社会運動は「古い」社会運動とは異なるものとして説明されてきた。しかしながら近年、労働運動の担い手の間にも環境意識の高まりあるいは、女性やＬＧＢＴの権利を求める意識が見られ、また、工業化を自然環境の保護より優先するなどと捉えられがちな開発途上国の人々の間でも、地球環境への関心は強く、環境運動への参加者も多い。したがって、今日では「古い」「新しい」という視点で社会運動を区別することはできなくなっている（Staggenborg 2015）。以上見てきたさまざまな理論や枠組みと同様に、あらゆる歴史上の社会運動を分析する上で重要な「ネットワーク」について以下で見ていきたい。

ネットワークと社会運動

社会運動の担い手たちは、小規模のグループによる日常的で個人的な人間関係の中で、表面的にはその存在が見えないゆるやかな「隠れたネットワーク」を形成する。ネットワークは、個人や小規模な組織を「結び目」としながら、上下関係ではなく対等で水平的な関係を特徴とする。その中で彼らは共通の経験などを通じて集合的なアイデンティティや価値観を共有し、いざ集合行為を起こすときには、このネットワークが機能して人々が運動に参加し、あるいは運動の拡大につながる。

そもそも運動の担い手たちは、運動に関与する以前から、日常生活レベルで共有する価値観や態度、さらには感情などを、運動とはおよそ関係のないスポーツやコンサートなどに参加することで獲得している場合もある。つまり、社会運動にみられるネットワークは、日常的な人間関係のなかですでに作り出され機能しているものである場合が多い。だから、運動が生まれる以前から人々が何らかのネットワークで結びついていた場合、運動は発生しやすくなる（クロスリー 二〇〇九）。

こういった運動の発生に関わるネットワークは、人々の信頼関係のなかで作り出されていた人間的・精神的な絆から成り立っている。運動が発生するときに、その担い手になる人々は、自分が持っているネットワークを運動のために利用していく。したがって、当初は別の目的のために機能していたネットワークが、運動の初期には当該の運動にとって基本的な組織として機能する。

運動に参加する人々は、友人や家族といった、運動と直接関わりのない人々とも結びついている。その結果、運動に関わっていない人も、家族や友人を媒介にしながら、運動に関する情報を知ることになる。これにより、同じ思想や感情を、自分たちの周囲の人々と共有することになる。その結果、多くの場合、家族や友人と連れだって、運動が主催する会合やデモに参加することになる。

社会運動ネットワークの一つとして、国際ＮＧＯを中心とする「国境を越える権利擁護ネットワーク」がある。奴隷制廃止運動、女性参政権運動、熱帯雨林の破壊に反対する運動、反アパルトヘイト運動、中南米・アジア・アフリカにおける軍事独裁政権や権威主義的政権下でのさまざまな人権侵害を阻止し、あるいは人権侵害の真相を究明する運動などが、その例としてあげられる。

さらに社会運動を、世界システムに対する反発である「反システム運動」として捉える視点がある。世界システム論によれば、地球規模で貧富の格差や富の不均等な蓄積が生まれる原因は、一六世紀以降ヨーロッパを中心にして形成されてきた近代世界システムにある。工業化されて豊かで強力な権力を持つ「中核」に対して低開発化されて貧しい「周辺」が原材料や労働力を提供し続けることでこのシステムは今日まで存続している。一六世紀にシステムが立ち現れてから、これに対する反発は世界の至る所で見られたが、組織的であり、また、このシステムを徹底的に批判し、これに代わる別のシステムを対置したという点で、社会主義運動、ナショナリズム運動、反戦運動、公民権運動、学生運動、フェミニズム運動、エコロジー運動などが「反システム運動」と見なされる（アリギ・ホプキンス・ウォーラーステイン　一九九八）。

しかし、「反システム運動」という捉え方だけで社会運動を見ようとすると、「隠れたネットワーク」がグローバルな歴史の中にこれまでも無数にあり、大きな運動の背景にはそれら小規模の運動が不可欠だったという点が見えなくなってしまう危険性もある。したがって、社会運動について検討する場合、さまざまな枠組みに基づく多角的な視点が必要となる。本書では特に、国境を越えるネットワークを通じて相互に共鳴し、その結果として拡散、あるいは結合するという特徴に焦点を当てて社会運動を理解する視点を重視し、以下で五〇〇年前から現在までの社会運動を、そのような視点から描く。

3　一五世紀末から二〇世紀前半までの国境を越える社会運動

大西洋革命と奴隷解放運動

一五世紀末からヨーロッパ諸国がアメリカやアフリカに進出することをきっかけとして、交通網が発達し、ヒト・モノ・カネ・情報が大西洋を挟んで新大陸とヨーロッパを行き交い、双方を結びつけていった。イギリスでは囲い込みによって共有地から追い出された人々が貧困層を形成し、船員や兵士となり、あるいは新大陸に移民した。アフリカから奴隷として南北アメリカ大陸・カリブ海地域に連行された人々は過酷な労働を強いられた。彼らの間からは常に反乱が起きた。こうして、イギリスや新大陸の貧困層、船員や兵士、アフリカ出身の奴隷、アメリカ大陸の先住民などが、大西洋を囲む地域で相互に共鳴しながら反乱や暴動を起こした。彼らの中には、人種や性別などの違いを超えた普遍的な人権概念を提起する者も現れた（Linebaugh and Rediker 2000）。

一八世紀末には、大西洋を挟んでアメリカの独立とフランス革命が起き、フランス植民地だったカリブ海の島ハイチでは、革命勃発の情報に共鳴した奴隷や元奴隷の黒人たちが独立革命を起こした。これに南米における先住民の蜂起、および一九世紀初頭の南米諸国の独立を加えて「大西洋革命」と総称される。これらの革命で掲げられた

「市民の権利」の獲得という目標は、白人男性で財産を持つ人々だけを対象としていたが、やがて黒人や女性にも広げる考え方があらわれ、そういった考えに対する共鳴が大西洋を挟んで生まれ奴隷廃止運動が始まった（Keck and Sikkink 1998）。また、イギリスで開催された世界奴隷制反対会議への出席を拒絶されたアメリカの女性たちが女性の権利を要求する会議をアメリカで開き、女性参政権の要求が決議され、ここから国境を越える女性運動が形成されていった（第1章を参照）。

労働者と移民

一九世紀半ば頃になると、欧米では社会の下層にいる労働者たちが社会運動の担い手として登場し、自らの権利を主張するようになる。彼らは、一八六七年に国際労働者協会（第一インターナショナル）を設立し、国境を越えた労働者の連帯、労働者の権利を訴えた。その理念の一部を引き継いで、ヨーロッパ各国では労働者政党が国会で議席を獲得するようになり、労働者の権利を守る法律の制定を要求した。一八九〇年代には、ヨーロッパやアメリカだけでなく日本の社会主義者も参加するグローバルな性格を持つ第二インターナショナルが発展する（第6章を参照）。

一九世紀末頃から第一次世界大戦前夜まで、ヨーロッパと南北アメリカ大陸で労働運動が高揚する。各国ごとに全国的な労働組合が結成され、児童労働や長時間労働の禁止、団結権・団体交渉権などの権利の獲得が重要な共通の目標として掲げられる。他方、国境を越えて移動する移民たちが増大すると、新聞やパンフレットなどの印刷物、あるいはアナキズムや社会主義を学んだ人々が、国境を越えて移動することで思想と運動を拡散し、国境を越える社会運動が形成された（第3章を参照）。

植民地独立運動・ファシズム・共産主義・亡命者・難民

一九世紀末以降、ヨーロッパ各国が植民地を拡大させるなか、アジア・アフリカの植民地には独立を構想する人々が現れ、第一次世界大戦以降に異なる植民地の人々が国際会議を開催するまでになった（プラシャド 二〇一三）。一九一七年のロシア十月革命は彼らに希望を与え、欧米だけでなくアジアでも共産党が結成されていった。一九三六年にスペインで共和政が樹立されると、その理念に共鳴した共産主義者を含む欧米の人々が、国境を越えてスペインに向かい、現地で義勇軍に入隊して前線でファシスト軍と戦った。

二〇世紀に生まれたファシズムや共産主義体制、権威主義的体制のもとでは、人権が抑圧され、虐殺が起き難民が生まれた。そのような難民をはじめ迫害されたさまざまな人々を救援する国境を越えた運動は、第一次世界大戦前から生まれ、第二次世界大戦を経て今日に至るまで、他国に亡命した難民たちが、故郷で迫害される人々を救援するために国境を越えた運動を展開するようになった（第5章を参照）。

公民権運動と一九六〇年代の紛争のサイクル

一九五〇年代にアメリカでは公民権運動が高揚し始めるが、当初からこの運動がアジア・アフリカなどで起きていた非白人諸国の独立あるいはそれらの国や地域で起きていた社会運動などから強く影響を受けながら発展していった、という点はきわめて重要である（第4章を参照）。その後、六〇年代のアメリカでは、学生運動、ベトナム反戦運動（第1章を参照）、女性運動（第2章を参照）、ＬＧＢＴの運動（第4章を参照）が次々に高揚するという紛争のサイクルが見られた。いずれの運動も、公民権運動が作りだした「権利」というマスター・フレーム、非暴力という運動の基本的な戦術、座り込みをはじめとするさまざまな運動のレパートリーを採用する。「権利」というテーマは、黒人教会で行われる説教で取り上げられていた宗教上のテーマに起源があり、その後、世界中の女性運動、ＬＧＢＴの運動、エスニック・マイノリティによる運動によって採用されるマスター・フレームになった。公民権運動は、アメリカの南部というローカルな場所を出自としながら、世界中のさまざまな社会運動と相互に影響を与えあいながら発展する、というかたちで共鳴を起こした。

他方、公民権運動に参加していた学生たちは、ベトナム反戦運動、大学改革運動を主導し、同時期にヨーロッパや日本で起きていた学生運動や平和運動に影響を与え、相互に共鳴や拡散が起きた。これら学生運動を特徴付けていたのは、権力や権威に対する批判的な思考や態度であり、これが後続する女性運動やＬＧＢＴの運動、動物の権利擁護運動、障害者運動（第４章参照）、環境運動へと引き継がれていった（Staggenborg 2015）。

環境運動の展開

一九六〇年代に起きたさまざまな運動の中で人々は、産業社会に批判的な生活のあり方を模索する「カウンター・カルチャー」を経験し、政府や大企業といった権力に批判的な視点を獲得していた。彼らは、六〇年代終わり頃から環境運動に関わり、その中からグリーンピースなどの国際ＮＧＯが設立されると、世界中の環境運動に大きな影響を与え、一九七二年にストックホルムで開催された最初の国連人間環境会議では、会議と並行して国際フォーラムを開催し、社会運動による国際的なネットワークを作り出した（Keck and Sikkink 1998）。このとき日本から、水俣病になった公害の被害者たちが参加し、世界に向けて公害を告発することで、日本の運動は世界と結びつくことになった。

一九七三年以降、ヨーロッパでは経済が停滞して若者の失業率が上昇する。八〇年代には、若者たちが都市部の空き家を占拠して自律的な生活を営みながら環境運動や反原発運動を展開し、エコロジーを強く意識した「オルタナティヴ」を模索した。やがてエコロジーは政治の論点となり、西ドイツでは緑の党が議会で議席を獲得するまでになる。同時期にはソ連のチェルノブイリ原発事故をはじめとする地球環境に甚大なダメージを及ぼす大規模事故が発生し、オゾンホールが発見され、二酸化炭素やメタンガスの発生による気候変動が地球環境と人間の生活に大きな影響を及ぼすという認識が世界中で共有されるようになる。こうして、国際環境NGOをはじめとする環境団体への加入者数が急増していった。

国境を越える環境運動のネットワーク

一九八〇年代になると、環境運動が欧米だけでなくアジアの開発途上国でも広まっていく。この頃から航空運賃が下がり、欧米とアジアの環境団体のメンバー同士が直接会って会合を開くことも可能になり、さまざまな国境を越える運動がつながり始める。その結果、八〇年代半ば以降には、インドネシアのボルネオ島にあるサラワクの熱帯雨林伐採に反対する運動が、ヨーロッパ・アメリカそして日本も含めたアジアの環境団体の連携で起きた。サラワクの先住民が樹木の伐採に強い抵抗運動を展開する一方、インドネシア産の輸入木材を輸入・販売する会社や店舗に対するボイコット運動が欧米や日本で展開され、政府や国際機関にも圧力がかけられ、ヨーロッパ各国で熱帯雨林原産の木材輸入量が激減した。同時期にはブラジルの熱帯雨林伐採に反対する運動やインドのダム建設反対運動も、地元の強力な反対運動と欧米の環境団体との連携によって作り出された国境を越えるネットワークによって展開され、森林伐採やダム建設を中止に追い込むことに成功している（Keck and Sikkink 1998）。この時期から、環境運動においても、小集団が水平方向に結びつくネットワーク型のラディカルな運動が目立つようになる。これらの運動は、指導者や専門家を中心としたピラミッド型で大規模な組織を嫌い、自らの直接行動で抗議の意志を示すことを目指した。

国境を越える人権擁護運動

アジア・アフリカ地域の植民地では、一九五〇年代に国家の独立が相次ぎ、西欧近代とは異なる独自の価値観や制度を確立することを模索した（プラシャド 二〇一三）。だがこれらの独立諸国の多くが、六〇年代以降に、人々の自由や権利を抑圧する権威主義的国家に変容していく。アムネスティ・インターナショナルは一九六一年にヨーロッパにおける人権弾圧の被害者を救援するために発足したが、まもなく世界各地で起きていた政府による人権侵害を明らかにして、国境を越えた人権擁護運動を展開するようになった。一九七〇年代になると、南米で軍事独裁政権が多数生まれ、政府に批判的な人々が逮捕・投獄されたり、行方不明になったり、最悪の場合には殺害されるという事件が多発した。アムネスティは軍事政権下のアルゼンチンでの人権侵害について現地調査を実施して詳細な調査報告書を発表し、不当な逮捕・投獄・誘拐・拷問・殺害が数千から一万人の規模で行われていることを明らかにした。この報告が国際的に認められた結果、アムネスティはノーベル平和賞を受賞する。

その後もラテンアメリカでは政府によるさまざまな人々に対する弾圧が続き、人権団体が一九八〇年代になると倍増した。アルゼンチンと欧米の人権団体が作り出した国境を越えたネットワークは、やがて各国政府によるアルゼンチンに対する制裁措置実施の動きを作り出し、アルゼンチン政府に圧力をかけることに成功する（Keck and Sikkink 1998）。こういった組織的な運動とは別に、軍事政権成立当初からアルゼンチンでは、息子が行方不明となった母親たちが毎週大統領府前の広場で集まり静かに示威行動を繰り返す「五月広場の母たち」の運動が始まっている。一九七八年にサッカーワールドカップがアルゼンチンで開催されると、世界中の人々が彼女たちに注目し、アルゼンチンの軍政を批判する国際世論が生まれ、これも軍政に打撃を与えた（今井 二〇〇〇）。以下では、ここまで見てきた過去の遺産が引き継がれた運動として、一九九〇年代以降に高揚するグローバル・ジャスティス運動について見ていく。

4　二〇世紀末から現在に至る国境を越える社会運動

IMF暴動

一九七三年に起きた石油危機以降、産油国が得た巨額の収益はヨーロッパの銀行に預金される。ヨーロッパは不況で投資先がないため、銀行が途上国に対して、天然資源を担保としてこの資金を貸し付けていく。ところが、途上国の収益は農産物価格の下落によって落ち込み、また、アメリカ政府が不況から脱却するために高金利政策を開始すると、開発途上国の債務は金利によってさらに膨らみ、各国の財政は危機的な状況に陥った。

ＩＭＦは、これら途上国に対して救済融資を行う代わりに、構造調整プログラムを受け入れさせた。具体的には、国営企業・公共サービスの民営化、公務員の賃下げや解雇、教育・医療・上下水道建設費などの削減、食料品などへの補助金の廃止、交通機関など公共料金の値上げなどの緊縮財政、および貿易・外国投資・金融の自由化・市場開放である。このプログラムの結果、債務が増大し、国家予算の半分が債務返済に充てられる国もあった。

債務返済のために、コーヒー・綿花など一次産品の生産と輸出拡大も要求された。これにより、債務国に住む人々が日常的に消費するための食料の生産が減少し、貧困層の食糧不足と単一作物の栽培による環境破壊が起きる。

他方、途上国からの一次産品の輸出が増大し、生産過剰が起き、農産物の国際市場価格が下落し、農民は困窮することになった。そこでＩＭＦの融資をさらに受けるためにアジア・アフリカ・中東・中南米などの各国政府が、物価の引き上げ、公共料金の値上げや増税などの方針を示すと、生活を脅かされた人々は抗議行動やストライキで抗議の意志を示すようになった。この「ＩＭＦ暴動」は、七〇年代から九〇年代の間に四〇近くの国々で多発した（Moghadam 2013）。

他方、構造調整プログラムによって、法的規制が緩和された生産特区が建設され、欧米の企業が生産拠点を貧しい国の生産特区に移して低賃金の労働力で生産を行い、多国籍企業が利潤を増やす一方、途上国の貧困は悪化した。これに対して、一九八六年以降、世界銀行とＩＭＦの年次大会が開催される場所には、環境・人権団体が集まり、会議に圧力をかけるようになる。八八年にベルリンで開催されたＩＭＦと世界銀行の会議に対する抗議デモの参加者は八万人にのぼった。

一九九〇年には全アフリカのキリスト教団体が途上国の債務の帳消しを訴え、これが「ジュビリー二〇〇〇」という運動につながる。「ジュビリー」とは、債務が帳消しになり、奴隷となった人々が解放された年として聖書に記載されている語である。この運動は大規模でグローバルなものとなり、抗議行動と要求を繰り返した結果、欧米や日本政府によって債務の帳消しが一部実施されるという成果をあげる（Staggenborg 2015）。

新自由主義政策と社会運動

一九八〇年代には、新自由主義政策が欧米各国で導入されていく。新自由主義政策とは、大企業や社会の富裕層の利益が増大すれば、その富がやがて社会全体にこぼれ落ち、社会は最終的に豊かになる、という考え方を基礎にしている。したがって、大企業が最大の利潤を獲得できる社会的な条件を整備することが政府の役割であり、市場と労働の規制緩和を進め、自由市場を阻害する国営企業を民営化し、補助金や福祉の削減などを積極的に推進すべきである、と主張される。この政策が最も早い時期に実施されたのは、軍事クーデターで一九七三年に権力を獲得したチリのピノチェト政権であった。一九八〇～九〇年代になると、欧米や日本でも、労働と市場の規制緩和、国営企業の民営化を推進し、福祉削減、企業減税といった新自由主義政策が導入されていく。

これに対して、イギリスでは八〇年代から抗議行動が起きるようになり、政府の方針にあらがう炭鉱労働者に対する弾圧が起きると彼らを支援する運動が起きるなど重層的な抗議が続いた。九〇年には大規模な人頭税反対運動が起き、これが一九七九年から続くサッチャー政権を退陣させた。その後、イギリスで高揚する「リクレイム・ザ・ストリート」（ストリートを取り戻せ）という運動は、行政が企業利益を優先して古くからの街区を破壊して高速道路を建設することに反対し、破壊される予定になっていた街区を占拠して「ストリート・パーティー」を開催し、道路建設や都市開発に反対の意思を表明するというものだった。この運動はアメリカやオーストラリアなど世界中で模倣され、運動はグローバルに拡散した（Staggenborg 2015）。

アメリカでは八〇年代から新自由主義政策が導入され、補助金をカットされた学校などの公共機関は、企業から融資を呼び込むために、施設にグローバル企業の広告を掲げるようになった。九〇年代には、こうした学校に通う若者たちが、自分たちの学校に広告を出すグローバル企業の製品が貧しい国々で劣悪な労働環境のもとで生産されていることに気づき、「反スウェットショップ運動」が始まる。「スウェットショップ」は搾取工場とも訳され、心身や生命に危険を及ぼしかねない劣悪な労働条件の下にある職場のことであり、具体的には農業や工業の原材料生産の労働現場、スポーツ用品をはじめとする衣料品生産に関わる労働現場を指し、アジア・アフリカ・南米・カリブ海地域といった貧困層が多くを占める地域に集中する。こういった職場で生産される製品が、先進国で若者が好んで購入するブランド化されたＴシャツやスニーカーであることに気づいた彼らは、労働組合、学生、キリスト教団体、コミュニティで活動するさまざまな運動と連携したり、貧困国の生産者に直接会うなかで、企業に対する抗議行動を欧米各地で展開した（クライン 二〇〇一）。

このような欧米の運動は、「グローバル・サウス」の社会運動から強い影響を受けて発展していたが、なかでも、一九九四年一月一日にメキシコのチアパス州で起きたサパティスタ民族解放軍の蜂起は、今日に至るまで強い影響を与え続けている。この蜂起は、北米自由貿易協定（ＮＡＦＴＡ）締結への抗議として決行された。一九八〇年代にＩＭＦに対する債務を支払うことができなくなったメキシコ政府は、ＩＭＦのさらなる融資と引き替えに構造調整プログラムを受け入れた結果、貧困層が増大した。この上ＮＡＦＴＡを締結すれば、貿易の自由化によってメキシコで最も貧しい先住民の生活は破壊される。そのような理由から、サパティスタは先住民の諸権利を守ることを訴えて蜂起し、チアパス州のいくつかの地域で自治を始めた。また、サパティスタはインターネットやマスメディアを駆使して自らの主張を広め、世界中から支持者を獲得した。一九九六年、サパティスタに共鳴する世界各地の活動家たち約三〇〇〇名がチアパス州に集まり、新自由主義政策に反対するという共通の目標、および、女性の権利・社会的公正・環境といった共通の価値観に基づくネットワークを設立した（Staggenborg 2015）。

一九九〇年代まで、国境を越える社会運動は大規模でピラミッド型の組織からなっていた。しかしその後、インターネットなどの発展により、小規模のグループや個人が水平方向で結びつくネットワーク型の運動が可能となった。欧米の運動は、チアパスのジャングルでサパティスタからこのような運動の方法を学んだ。

グローバル・ジャスティス運動

一九九〇年代には、これまでみてきたような運動が世界に広がるなかで、多国籍企業とこれを支援するＩＭＦ・世界銀行・ＷＴＯに対抗する、国境を越えたネットワークを、欧米とアジア・アフリカ・南米の運動が形成した。この運動は、地球上に住むすべての人にとって公正な政治や経済のあり方を実現するためのグローバル化を目指すという目標を掲げたため、「グローバル・ジャスティス運動」（グローバルに公正と正義を求める運動）と呼ばれるようになった。この運動は、新自由主義的な政策の結果、地球規模で格差が拡大しているが、この問題の最大の原因は、豊かな国々の代表者たちが、ＩＭＦやＷＴＯなどで、多国籍企業と豊かな国に有利な世界の経済の方針を決めてしまっていることにある、と主張した。したがって、彼らの抗議の標的は、これら国際機構の年次総会などに定められた（Flesher Fominaya 2014）。

　サパティスタから影響を受けた活動家たちは国境を越えたネットワークを形成し、シアトルで開催されるＷＴＯへの抗議行動を呼びかけ、一九九九年一一月三〇日、世界中からシアトルに集まった七万人以上の人々たちが、会議場を取り囲んで封鎖し、ＷＴＯ総会を中止に追い込んだ（図序-2）。このときの抗議運動の特徴は、環境保護・先住民の権利・労働者の権利・貧しい国の債務帳消しなどさまざまな問題をテーマと

図序－2　シアトルでWTOに抗議する活動家と弾圧する機動隊（1999年）
出所：『Newsweek』1999年12月13日号

する個々の運動や個人が結びついて一つの抗議行動を作り上げたという点にある。これが、世界各地で、その後の抗議行動への参加者を増やすきっかけとなった。

グローバル・ジャスティス運動は、世界で起きている多様な問題の原因がすべて新自由主義政策にある、という共通認識を作り出した。こうして、開発途上国における債務の増大と、途上国と先進国で同時に起きていた福祉の切り下げ、失業の増大、国際経済の不安定化が、すべて新自由主義を原因としていると説明されるようになった。その結果、自分たちは新自由主義に反対し、社会正義と環境的な公正を基礎にした民主主義を模索しているグローバルなアクターなのである、という集合的アイデンティティを共有することにもつながった（Staggenborg 2015）。

その後、二〇一〇年頃から現れるのは、世界各地の大都市にある「広場」を「占拠」して抗議の意志を示し、それと同時に、民主的で公正な社会や世界のあり方について議論し、これを社会全体に訴えていく、という運動スタイルであった。

5 「広場の占拠」――チュニジアからニューヨークまで

鍋とフライパンの革命

二〇〇八年に起きた世界金融危機で、最初に国家の破産に陥ったのはアイスランドだった。同国の三大銀行は、投資マネーを集め、タックスヘイヴンに資金を移して課税から逃れ、市民には莫大な借金をさせて資金を増やした。しかし〇八年九月、リーマン・ショックによって三大銀行はすべて崩壊する。その損益はＧＤＰの七倍に達し、経済は急速に落ち込み、膨大な失業者が生まれ、政府は非常事態宣言を出す。その後、毎週議会前で抗議集会が開催されるようになり、やがて集会の場で政府、銀行、財務監査機構の責任者の総辞職が要求されるようになり、さらに、国会を取り囲んでドラムや鍋、フライパンをたたくという抗議行動が提案された。〇九年一月、国会再開の日、数千の人々が国会を取り囲み、ドラムや鍋、フライパンを打ち鳴らして政治家たちに抗議の意思を表明した結果、政府は総選挙の実施を決める。選挙によって社会民主党と緑の党が勝利して連立政権が誕生すると、銀行の責任者と前首相が裁判にかけられた。その次の選挙で保守政党が勝利することで革命は終結するが、その後世界各地で起きる社会運動のさきがけとなった。

アラブの春

それからおよそ二年後の二〇一〇年一二月、チュニジアの地方都市で二六才のモハメド・ブアジジが焼身自殺を図る。彼は家族を支えるために子どもの頃から路上で青果を販売していたが、販売許可を得ていないという理由で常に警察や行政当局から嫌がらせを受けていた。この日も品物などを没収され、侮辱され暴行を加えられた。ブアジジは市役所に抗議に行くとともに没収された品物などの返還を求めたが拒否された。その直後、彼は周囲で人々がみている中でガソリンを頭からかぶり地方政府の建物の前で焼身自殺を試み、その後病院で息を引き取る。

数時間後には同じように嫌がらせを受けた経験を持つ青年たちが抗議を始め、自殺の現場や抗議行動の動画がSNSなどで拡散され、行政の責任者の追放、出版・報道の自由化、そして民主的な選挙を要求するデモが国中で起きた。チュニジアでは数年前からインターネットを通じて政治的な意思表明をする人々が増え、ウィキリークスがチュニジア政府の腐敗や圧政に関する文書をインターネット上で流すなど、政府に対する抗議行動の下地があった。また、人々は Twitter で議論を続け、さまざまな映像がSNSで拡散され、カタールに本社を持つアラビア語の衛星テレビ局アルジャジーラによる放送も人々に大きな影響を与えていた。さらに、友人、家族、そしてサッカークラブを通じて形成されていた強固な人的なネットワークも重要な役割を果たした。

こういった多様なネットワークを通じて集まった若者たちは、首都チュニスの中心部にある広場にテントを張って泊まり込み、社会変革について議論し、その動画がSNSなどを通じて拡散されていった。彼らの中に指導者は存在せず、また、広場に物資を運び込む、清掃する、議論のルールを設定する、といったさまざまな役割を果たす非公式のグループが、個々人の判断によって自然に生まれた。軍の最高指揮官がデモ隊に対する大統領からの攻撃命令を拒否すると、二三年間にわたって独裁的な政治を行ってきたベン・アリー大統領は、家族とともに国外に逃亡した。

チュニジアで起きた革命から強い影響を受けて、二〇一一年一月、エジプトでも革命が始まる。その担い手となる若者たちは、それ以前から、女性の権利を要求する運動や、労働者のストライキにも参加していた。彼らの間でFacebook上の運動が生まれ、これに他の運動が合流する。チュニジア革命の影響で、エジプトでも抗議の焼身自殺をする人々が現れると、カイロ大学経営学科の学生で二六歳の女性アスマー・マフフズは、自分自身の動画をFacebookにアップし、一月二五日に自分はたった一人でもタハリール(「解放」という意味)広場に行って抗議の横断幕を掲げると語った。

この呼びかけはインターネットと人的ネットワークを通じて拡散され、同日には二〇〇万人がタハリール広場に集まり、ムバーラク大統領の辞任と現在の政治体制の終焉を訴えた。抗議行動の参加者は、学生など中産階級の若者と経済的に困窮する下層階級が中心であり、女性の参加も目立ち、労働組合運動もストライキで革命を支援した。チュニジア同様、携帯電話とインターネットで情報が拡散されたが、それ以外にも人々はさまざまな方法で連絡を取り合っていたため、政府がインターネットを遮断しても運動は高揚し続け、二月には大統領辞任が発表される。その後、二〇一一年一月から三月にかけて、中東各地ではチュニジアとエジプトの成功に刺激されて抗議運動の連鎖が起きた。人々がインターネットとアルジャジーラによって情報を得ていたという点、都市の中心部の占拠、政権の退陣と民主化の要求、運動の担い手が、教育を受け、失業状態にあった三〇歳以下の中産階級の若者であり、女性も多かったという点では、いずれの地域の運動も似通っていた。中東各国では、経済の自由化による物価高騰に不満が表明されたが、人間としての尊厳も重要な要求項目であった。それゆえ多くの運動が政治の民主的改革を要求していた（Castells 2015）。

スペインの15-M運動

「アラブの春」が起きた頃、世界金融危機の影響とともにギリシャの赤字粉飾決算が明るみになったことを発端として、ヨーロッパ全土が財政破綻の危機を迎えていた。ギリシャ政府が、債務削減のためにヨーロッパ中央銀行やＩＭＦからの要求に従い年金・医療・社会保障・教育予算などの大幅な削減や公営企業の民営化を進めることを決めると大規模な反対運動が始まる。それ以外のヨーロッパ各国でも、教育・福祉予算と公務員の削減などが実施され、フランスやイギリスでは、「アラブの春」から学んだ学生、公務員、教員などによる大規模なデモが繰り返し起きるようになる。

スペインでは、不動産バブルが崩壊し、若者の失業率が四七％にまで達していた。二〇〇八年に政権についた社会労働党政権は、ドイツ政府とＩＭＦから財政支援を受ける交換条件として、債務削減のために緊縮財政を推し進め、金融機関を立て直すために、医療、教育、社会福祉予算を削減した。これに抗議する運動として、二〇一一年四月、「未来なき若者たち」という運動がマドリードでデモを開催すると、数千の若者が加わった。やがて、アイスランドの運動や「アラブの春」から学びながら、スペイン各地で活動する多様な個人やグループによるネットワークが構築された。彼らは、政治家が銀行家のために働いているために民主主義が機能していないのだ、と考えた。そこで、地方議会選挙が実施される一週間前にスペイン全土の路上で抗議行動を行うように呼びかけた。抗議の日が二〇一一年五月一五日に定められたため15-M運動（Movimiento 15 de mayo の略称）と名付けられた。

この運動への参加を呼びかけるなかで、彼らは次のように主張した。二〇〇八年から始まる金融危機とスペインの債務増大の原因は、銀行と金融機関が作り出した不動産バブルにある。その銀行を救済するために政府はＩＭＦやＥＵから融資を受け、これを返済するために緊縮財政政策を進めているが、融資の引き替えとして「売り物」になっているのは市民の生活を支える公的支出である。つまり、市民の生活が「商品」として売りに出され、その結果、大半の若者が失業し、人々は生活に困窮するようになっているのである、と。

このような主張がインターネットで拡散され、五月一五日にはマドリードやバルセロナをはじめとして五〇以上の都市でデモが実施された。マドリードでは、デモの最後に、数十名が市の中心にある広場に集まり、「真の民主主義」に関する合意に達するまではその場に居座るということを決めると、同様の行動がスペインの一〇〇都市で起きた。多くは七月初旬で終了するが、その後も数十万から数百万人規模のデモが繰り返された。

15-M運動への参加者は、仕事と収入のない二〇代の若者が多く、「怒り」を原動力として運動に加わっていた。彼らはインターネットを通じた議論を経て合意形成へと至る熟議民主主義を実践し、既存の政治を参加民主主義にする必要がある、という点で合意し、占拠した広場で実際に参加民主主義を実践した。占拠した広場では、全員が参加できる集会が開催され、対話や討論を通じて合意形成へと至るプロセスが実践された。これは、「真の民主主義」と「対抗社会」を構築する試みであった。また、運動の参加者たちは、「成果」の達成に固執しないことによって深い社会変化を起こす、という目標を達成することができると考え、長時間かけて議論することで自分が変わっていくというプロセスを重視した（Castells 2015）。この運動が、二〇一一年九月以降、アメリカで模倣されることになる。

ウォール街占拠運動

アメリカでは、二〇〇七年に発覚したサブプライムローン問題から〇八年の金融危機に至るまでに、多くの貧しい人々がローンの返済ができずに家を退去させられ、ホームレスと失業者が増大した。それ以前から、アメリカでは一握りの富裕層と人口の大多数の人々との格差がますます拡大していた。労働者の実質賃金はほとんど上昇しないのに、金融産業の収益は大幅に拡大し、富裕層一％が経済成長から得られた収益の五八％を獲得し、企業の最高経営者への報酬は労働者の平均年収の三五〇倍になっていた。アメリカの政治家たちは、金融機関を守ることが民衆の生活を守ることだと主張し、公的資金を投入して一部の巨大銀行を守った。貧困層に転落する中産階級の人々からは、アメリカの政治と経済の仕組みに対する強い憤りと不信感が示されるようになった。

こういった状況に怒りを覚えていた人々の多くは、オバマを大統領にするための選挙運動に参加した経験を持っていた。だが、オバマが金融機関の保護を進めたため、政権に対する失望が広がった。このような状況を背景に、二〇一一年七月、カナダの雑誌『アドバスター』のブログで、来る九月一七日にウォール街の路上を占拠することが呼びかけられ、タハリール広場の占拠とスペインの15‐M運動が新しい戦術として紹介された。他方、一握りの

図序－3　2011年９月26日にウォール街占拠運動で「われわれは99％だ」と書かれたプラカードを持って抗議する人物

出所：https://commons.wikimedia.org/wiki/File:We Are The 99%25.jpg

活動家たちは、スペインで実践された参加民主主義やタハリール広場の占拠に参加した人々から直接話を聞き、「経済的恐怖政治」に反抗する行動を呼びかけた。この呼びかけに答えた人々約一〇〇〇名がデモをしてウォール街のそばにあるズコッティパークを占拠した。このときまでに、「われわれは九九％だ」「ウォール街を占拠せよ」（Occupy Wall Street）というスローガンが運動の参加者たちの間で使われるようになっていき、その後世界中に広まった（図序‐3を参照）。

参加者の中心は若者で、女性の参加率も高く、失業中か半ば失業していた非正規労働者が多かった。労働組合のメンバー、退役軍人、ホームレス、共和党と民主党の支持者、アナキスト、左翼活動家といった多様な人々がいたが、大多数が社会運動で活動した経験を持っていた。その後、アメリカの九〇〇以上の都市、および世界各地でも、都市の中心にある場所を占拠する行動が試みられた。

運動にはリーダーが存在せず、すべては総会（General Assembly）での定期的な話し合いで決定された。また、ニューヨークをはじめとする各地では、グローバル・ジャスティス運動で実践されていた直接民主制に基づく意志決定方法が用いられ、話し合いや決定はインターネット上に公表された。

世論調査によると、この運動の主張に回答者の四割以上の人々が賛同している一方で、占拠という方法については、五割近くの人々が反対していた。また、集まって議論をしているだけと見なされてもいた。しかしながら、ウォール街占拠運動以降、それまでアメリカではマスメディアで取り上げられることがほとんどなかった社会的不平等の問題が、「九九％vs.一％」という運動のスローガンとともに取り上げられるようになった。富裕層と貧困層の間に対立がある、という認識が強まったのは、運動がマスメディアやインターネットを通じて人々の意識を変化させた結果であると考えられる（Castells 2015）。

6　おわりに

二〇一一年以降に世界各地で高揚した運動を見ると、ここまでみてきた諸運動と共通の背景を持ち、似通った運動形態であることがわかる。トルコでは、二〇一三年に首都イスタンブールの中心にあるゲジ公園を占拠する運動が起き、翌一四年三月に台湾の学生が中国との自由貿易協定締結に反対して一ヶ月間国会を占拠する「ひまわり革命」が起きた（港 二〇一四）。香港でもこの二〇一四年九月から一二月まで、学生たちが民主的な選挙を要求して中心街を占拠する運動を展開した（雨傘革命）。日本では二〇一一年以降、反原発運動が継続中であり、一五年五月から九月までの約五ヶ月間には、安保法制反対運動が高揚した。日本の場合は「占拠」ではなかったが、国会前や首相官邸前といった政治の中心部を定期的な抗議の場所にしたという点では、「広場の占拠」と同様の行動を起こしたと言える。

以上のような、二〇一〇年末から一五年までに世界各地で現れた運動は、別の地域や国で起きている運動からさまざまなことを学び、相互に影響を受け合い、運動が国境を越えてグローバルなレベルで共鳴し合い、拡散し、さらには増幅していく、という現象を生み出していた。しかしながら、このような運動の特徴は、インターネットやSNSがなかった一九世紀末からすでに見いだすことができる。以下、第1章から一九世紀以降の社会運動を見る中で、国境を越えた相互作用や共鳴が、社会運動の発生にどのような役割を果たしていたのかを考えていきたい。

参照文献

〈日本語〉

G・アリギ、T・K・ホプキンス、I・ウォーラーステイン（一九九八）『反システム運動』太田仁樹訳、大村書店。

今井圭子（二〇〇〇）「アルゼンチンの新しい社会と女性」国本伊代編『ラテンアメリカ――新しい社会と女性』新評論、四一–六一頁。

ナオミ・クライン（二〇〇一）『ブランドなんかいらない――搾取で巨大化する大企業の非情』松島聖子訳、はまの出版。

蔵持不三也（一九九一）『シャリヴァリ――民衆文化の修辞学』同文舘出版。

ニック・クロスリー（二〇〇九）『社会運動とは何か――理論の源流から反グローバリズム運動まで』西原和久ほか訳、新泉社。

シドニー・タロー（二〇〇六）『社会運動の力――集合行為の比較社会学』大畑裕嗣監訳、彩流社。

港千尋（二〇一四）『革命のつくり方　台湾ひまわり革命――対抗運動の創造性』インスクリプト。

ヴィジャイ・プラシャド（二〇一三）『褐色の世界史――第三世界とは何か』粟飯原文子訳、水声社。

〈英語〉

Manuel Castells (2015) *Networks of Outrage and Hope : Social Movements in the Internet Age*, 2nd ed., Polity Press.

Cristina Flesher Fominaya (2014) *Social Movements and Globalization : How Protests, Occupations and Uprisings are Changing the World*, Palgrave.

M. E. Keck and K. Sikkink (1998) *Activists Beyond Borders : Advocacy Networks in International Politics*, Cornell University Press.

Peter Linebaugh and Marcus Rediker (2000) *The Many-Headed Hydra : Sailors, Slaves, Commoners, and the Hidden History of the Revolutionary Atlantic*, Beacon Press.
Valentine M. Moghadam (2013) *Globalization & Social Movements : Islamism, Feminism, and the Global Justice Movement*, 2nd ed., Rowman & Littlefield Publisher.
Suzanne Staggenborg (2015) *Social Movements*, 2nd ed., Oxford University Press.

第Ⅰ部　ヨーロッパとアメリカをつなげる

第1章　女性たちの社会運動

崎山直樹

1　はじめに

古代ギリシャに生まれた喜劇『女の平和』では、アテナイの女性たちがセックス・ストライキと神殿の占拠を通じて、男性たちに戦争をやめさせたというストーリーが描かれている。たしかにこれはフィクションではある。しかし、そこで描かれる女性たちの生き生きとした姿を見ると、ヨーロッパでは紀元前から、女性が何らかの主張を集合行為によって表明し社会を動かした、そうした事実があったのではないかという可能性を考えさせられる。

とはいえ、そのように、女性自らが主張し、さらには女性の権利を要求する社会運動がヨーロッパで見られたという事実を証拠によって裏付けられるのは、後述するように、一八世紀末頃からである。その兆候は、それ以前の一八世紀半ば頃から徐々に表れていた。当時パリやベルリンといったヨーロッパ各地の大都市で、女性が主催する文芸サークルであるサロンが生まれていた。サロンでは、女性は主催する役割を担うだけで、参加するのは主に男性であり、女性がどこまで主体的に会を運営し、議論を主導していたのかという点については、サロンごとやそれを主催していた女性によってさまざまだったようである。

ただし、イギリスで一七五〇年代に生まれたサロンの一つブルーストッキングソサエティーは、社会的に身分の高い女性たちが、男性も交えた文芸に関する議論に学び、やがて個々に著作を刊行するまでになったという点では、女性が主体的に関わった社会運動であるといえる。ブルーストッキングソサエティーは、その後フェミニズム運動の起源として語られるようになり、大正期の日本でもその名は女性運動のシンボルとみなされていた。それゆえに、平塚らいてうらによる女性運動の機関誌はブルーストッキングにちなんで『青鞜』と名づけられた。

とはいえ実際には、ブルーストッキングソサエティーでは政治的な議論が禁じられており、女性の権利に関する議論は、未だなされていなかった。これが大きく変化するのが一八世紀末、アメリカ独立とフランス革命が起きた時代である。以下ではまずこの時代から現代までのフェミニズム運動を概観した上で、一九世紀末に大西洋を越えて展開したアイルランド女性たちによる社会運動についてみていきたい。

2　大西洋を越える女性運動

フランス革命と女性の権利

アメリカの独立およびフランス革命に象徴される大西洋革命は、国家権力と国民との関係性を問い直すことになっただけではなく、国家を構成する国民の間での自由と平等をどの程度認めるのかという争いの始まりでもあった。

これは単にすでに国民と見なされていた人々の間での関係性が問い直されただけでなく、新たにどのような人々を国民として認めていくのか、という問題でもあった。白人の有産階級、有色人種、労働者といったさまざまな属性の男性が徐々に国民と見なされていく一方で、人口の半分を占める女性の権利はなかなか認められなかった。一八世紀末から二〇世紀半ばまでの女性運動は、女性を国民の一員として認めさせ、国民として参政権を付与させることが重要なテーマとして位置づけられていた。以下ではイギリスとアメリカを中心にして、女性運動についてみていきたい。

一七八九年七月のパリの民衆によるバスティーユ牢獄の襲撃をきっかけに始まった革命は、八月には革命の理念を表明する「人および市民の権利の宣言」（人権宣言）を発した。この宣言に刺激されて女性たちは自らの解放を託し革命に参加し、一〇月にパリの女性たち七〇〇〇人がヴェルサイユへと行進し、国王に人権宣言を承認させた。

しかしこの人権宣言の主語は常に男性であり、すべての人間の解放ではなく、男性とりわけブルジョワジーの男性市民の解放を実現したものに過ぎなかった。人権宣言が男性中心的で女性を除外しているという批判は、同時代の女性からも指摘されていた。一七九一年、詩人であり劇作家でもあったオランプ・ド・グージュは、「女性および女性市民の権利宣言」を国民議会へ提出した。これは人権宣言と同様の構成であったが、その主語は女性あるいは女性および男性とされていた。革命の進展に伴って、女性たちによる組織化や運動の進展も見られたものの、次第に沈静化し、ロベスピエールによる独裁が成立する頃にはむしろ抑圧されるようになった。一七九三年一〇月には女性の結社および政治活動は完全に禁止され、一一月にオランプ・ド・グージュが処刑されるに至り、女性の政治参加の道は完全に閉ざされてしまった。

フランス革命が進展するなか、ドーバー海峡の向こう岸のイングランドには、メアリ・ウルストンクラフトという女性が登場した。彼女は、フランス革命において女性の立場や女性が直面する課題の解決が先送りされていることを問題視した。一七九〇年一一月にエドマンド・バークは『フランス革命の省察』を発表し、保守主義の立場からイングランドの伝統、慣習、相続、世襲制度を擁護してフランスにおける革命を批判した。それに対してウルストンクラフトはバークの革命論を批判するパンフレット『人間の権利の擁護』を匿名で発表する。この『人間の権利の擁護』は好評をもって世間に受け入れられ、第二版以降は著者名としてメアリ・ウルストンクラフトの名前が記載されるようになった。時代を代表する保守主義の思想家に対して、無名の女性が堂々と反論を行ったことが明らかとなるやパンフレットの評判はさらに高まった。

『人間の権利の擁護』から二年後の一七九二年に、ウルストンクラフトは前作のタイトルから一語だけ変更したパンフレット『女性の権利の擁護』を発表した。ウルストンクラフトは『女性の権利の擁護』のなかで、フランス革命政府が男女共学の国民教育を提案する一方で、男女双方の幸福のために女性の政治参加を排除するという方針を定めたことに対して異議を唱えている。ウルストンクラフトは、人間の自由や幸福を求めるにあたり女性の市民的・政治的権利を否定することは、自ら専制的支配者の役割を演じることと同じではないかと問いかけた。彼女にとって、人間の権利を論じながらも女性には発言権を認めないという姿勢は、革命の持つ可能性を閉ざすことに他ならず、とうてい見過ごせるものではなかった。

一九世紀のイギリスにおける女性たちの社会運動

一七九二年以降、ウルストンクラフトは恋愛にまつわるスキャンダルなどによって周囲から孤立し、三八歳で娘を授かるものの、出産後の産褥熱で亡くなってしまった。こうした不幸な死もあって『女性の権利の擁護』は急速にその存在が忘れられてしまった。また一九世紀を通じて、ウルストンクラフトの主張とは逆に、社会的、経済的、政治的、教育的慣行の広範な領域で女性を軽視する風潮が広まっていった。特に一九世紀中葉からのヴィクトリア朝の時代には、女性の活動領域を家庭に限定しようとする価値観がミドルクラスを中心に社会の幅広い階層に受け入れられていった。

この価値観は、端的に言えば男性と女性の領分を分かつという考え方であり、女性は妻や母として、あるいは結婚前には扶養家族として、家庭という私的領域にあるものとされた。その一方で男性は、有償労働を通じた経済活動、あるいは政治という公的領域に関わり、妻や生まれてくる子どもに対する経済的政治的責任を負う者とされた。ヴィクトリア朝時代におけるこのようなミドルクラスの家庭重視のイデオロギーに影響を受け、いくつかのジェンダー・ステレオタイプがつくり出され、繰り返し主張された。こうして「女らしさ」は、家庭への愛着、他者への奉仕、従順、弱々しさと同一視されるようになり、結婚と出産が女性にとっての至高の目標とされるようになった。またこうした価値観はイングランドの中産階級だけでなく、連合王国の諸地域ならびに北米大陸へも波及し、さらに社会階層を超え、労働者にも幅広く共有されていった（パーヴィス 一九九九）。

女性を公的な領域から排除し、私的な空間である家庭へと追いやり、役割を限定していくヴィクトリア朝的な価値観は、非常に強力なイデオロギーとして女性を抑圧していった。その一例として、一九世紀半ばに選挙法改正と社会の変革を要求し、多くの労働者を巻き込みながら社会運動として興隆していったチャーティズムにおける女性の位置付けをみてみよう。

チャーティズムは選挙権を求める運動であった。しかし女性に選挙権を認めるかどうかという問題について、チャーティストの男性メンバーの態度は常に曖昧であった。しかも、チャーティストの幹部が女性を中央の評議会のメンバーに加えたことはなく、関連する組織の正会員として女性の加入を認めるということさえなかった。したがって、チャーティスト運動が女性の様々な権利を意識していたとは考えにくい。

また時代が下るにつれ、労働者の女性に対する禁酒節制運動の影響が強まり、さらに女性が家庭外の仕事よりも家庭内の仕事を優先するようになったために、労働運動に積極的に関わる女性の数が減少していった。チャーティズムが熟練労働者を中心とする組織的活動を指向するようになると、不熟練労働者と女性は、より組織化された政治的組織に参加することが難しくなっていった。

ドロシー・トムプスンはこの当時の労働者女性の心性の変化について次のように叙述している。「労働者階級の女性たちは、家庭中心と劣った存在という二つを包み込んだものを自分たちのイメージとして受け入れてしまったようである。彼女たちはその生活様式の実状から、富裕な階級が当時の女性に押しつけていた飾りと無用という役割を担うことはできなかったが、しかしその含意のいくらかは受け入れてしまったようである。重要な決定はすべて家長である父がくだし、下位の成員が従順にうやうやしくそれを受け入れるという、ヴィクトリア時代風の感傷的にとらえられた家庭と家族像は、広く浸透し、すべての階級に影響した」（トムプスン 二〇〇一）。

このように、少なくとも一九世紀の半ばまでには、ヴィクトリア時代的な家父長的価値観が階層横断的に共有されていった。その結果、労働者階級の女性たちは一時的に女性の権利を要求する運動から退いていった。しかしそれに代わりミドルクラスの女性たちが、この運動の担い手として台頭することになった。しかも、女性の権利要求がチャーティスト運動を経由した結果、女性からの男性との対等性を求める主張と、女性と政治的代表権、および選挙権というものとの結びつきは強まっていった。

ヴィクトリア時代のミドルクラスの女性たちの多くには、労働を通じて社会と接点を持つことや、社会に貢献することは期待されておらず、父や夫といった家庭内の男性稼ぎ手が経済的に問題を抱えていなければ、女性の活動領域は家庭に限定されていた。しかしそのような場合においても女性たちは何らかのかたちで社会との接点を持とうと試みていた。たとえば救貧活動のようなチャリティ活動や禁酒運動のような社会改良運動などへの参加は、女性の活躍が期待されていた数少ない領域であり、女性の参加が求められてもいた。またチャリティを通じて、ミドルクラスの女性たちは貧困や教育といった社会問題に触れ、寄付あるいは選挙に際して立候補者を支援するために行われるさまざまなボランティア活動を通じて「選挙」や「民主主義」を経験し、組織運営者としてのノウハウを蓄積し、次第に政治参加への意思と現状の限界への自覚を育んでいった（金沢 二〇〇八）。

女性の権利を求める運動

このような女性のチャリティ活動や社会改良運動は、テーマによっては彼女らの生活空間を越える運動として国境をも越えていった。そのような動きの先駆けとなったのが奴隷廃止運動であった。一八世紀末よりイングランドを中心に盛り上がった奴隷廃止を求める運動は、一八三三年の奴隷制度廃止法の成立に影響を与えた。この法律の施行後、イギリス帝国内のすべての奴隷が解放されることになり、その後イングランドは他の国・地域での奴隷廃止にも圧力をかけるようになる。一八四〇年にはロンドンにて世界奴隷制反対会議が開催された。この会議では女性たちからの要望はあったものの、女性代表者に席を与えることが拒否された。しかし、会議には多くの女性たちが参加していた。なかでも新婚旅行を兼ねてアメリカより渡英していたエリザベス・ケイディ・スタントンは、そこでイギリスやアメリカ各地からやってきた女性の運動家たちと出会った。やがてこの出会いが、女性の新しい自由のための運動の契機となっていった。

一八四八年七月、スタントンはアメリカ合衆国ニューヨーク州の小さな工場町セネカ・フォールズで、とある集会を開いた。この集会には、二日間にわたりおよそ三〇〇人が参加した。そこでは「社会的、市民的、宗教的状況と女性の権利」のみならず、女性の政治的権利、とりわけ参政権についても議論が重ねられた。集会終了後、一〇〇人の参加者（女性六八名、男性三二名）が、アメリカ独立宣言を模した宣言に署名を行った。この宣言は、アメリカ独立宣言において入植者たちが英国王ジョージ三世を告発したのと同様に、アメリカの男性たちと男性支配を合法化していた制度を告発するものであった。その制度とは、参政権を含む女性の法的権利を否定し、夫による妻への暴行さえ認め、雇用、教育、財産の所有において女性を差別し、女性から自尊心と自らの能力への信頼を奪っているとされた。セネカ・フォールズの集会での宣言は単に一地方都市の一群の女性と男性たちが、女性の権利について声を上げたという事実を越え、後の女性の権利運動に大きな影響を与えることとなる。

一八八八年ワシントンD・Cで開催された国際女性会議四〇周年記念大会席上にて、この宣言の署名者の一人であったフレデリック・ダグラスは、この宣言の意義を次のように振り返っている。「それでは私たちは誰なのか？私自身もその一人に数えられるのだが、誰がことをなしたのか？　私たちは少数派であり、財源もなく、世界の中でもあまり知られている存在ではない。私たちを導いた最大のものは自分たちが正しいという確かな信念であり、また、正義が最終的に勝利するという強固な信頼であった」（ウェルマン　二〇〇二）。セネカ・フォールズで確認された共通の信念や信頼は、その後の女性の権利運動に波及することになった。アメリカにおいてこの集会を主催したスタントンはスーザン・B・アンソニーとともに、女性参政権の獲得に向けた運動の中核を形成していくことになる。

イングランドでは、『自由論』で知られるジョン・スチュアート・ミルが女性の参政権獲得に向けて行動を起こした。ミルは一八六五年に選挙公約として「女性参政権」を掲げ、ブリテン連合王国の庶民院選挙に出馬し、当選を果たす。ミルは、第二次選挙法改正案の討議のなかで女性参政権を改正法案に含むための修正案を提出した。これは否決されたものの、一八六八年には女性参政権全国協会が発足し、ロンドンをはじめエディンバラ、マンスチェスターなどの地方都市にも支部が設立され、ブリテン連合王国全体へと運動が拡大しき、六九年の地方自治体の選挙においては、女性納税者まで選挙権が拡大されることとなった（河村 二〇〇六）。

ミルは一八六九年には、『女性の隷従』を発表し、女性が男性に従属することが当然だと考える風潮を批判している。水田珠枝が論じているように、ミルのこのような思想や行動の背景には、妻のハリエット・テイラーからの影響があったと考えられる。テイラーはミルの『女性の隷従』に先立つかたちで、「女性参政権」という論文を匿名で発表しているのだが、テイラーのこの論文は一八五〇年代にアメリカで開催された女性の権利大会を受けて書かれたものであった（水田 二〇〇六）。

一八四〇年にロンドンで開かれた世界奴隷制反対会議は、アメリカ、イギリスという北大西洋両岸において女性の新しい自由獲得に向けた運動を引き起こした。この時期以降の特徴として、ある地域で起きた一つの事象が離れた地域での他の事例を引き起こすだけでなく、離れた地域双方の運動が、お互いの運動から影響を受けつつ、共鳴し合って新しい状況を切り拓いていったことがある。それぞれの運動はたしかに明確な成功には結びつかなかったかもしれないが、しかし離れた地域でのそれぞれの運動の蓄積が新しい時代を作り上げていったのである。

女性参政権運動

二〇世紀になると女性による国境を越えた運動は国際組織の設立を実現する。一九〇四年に国際女性参政権同盟が設立され、男女が同じ人間であることを根拠に男女の同権と参政権を主張する。同様の主張はそれ以前から社会主義者によっても展開されていたが、第二インターナショナルの大会で女性参政権を要求する決議が採択されたのは一九〇七年になってからであった。その一方で一九〇三年にエメリン・パンクハーストらによってイングランドに結成された女性社会政治同盟の会員は、自らをサフラジェットと称し、過激な運動を展開していった。演説会に出席してその場で反論をしたり、政府の建物の窓ガラスに投石したり、デモに参加して警察や男性の見物人と衝突し、逮捕されるとハンガーストライキで抗議するなどした。彼女たちの行動は国際的な運動に対して大きな影響を与え、アメリカなどでも同様の行動をとる女性たちが現れた。また一九一三年には国際女性参政権同盟の指導者の二人が中東とアジアを歴訪し、日本やインドを含めた各地の女性たちとの交流を始めた（Keck and Sikkink 1998）。

以上のようなヨーロッパとアメリカを中心とした女性参政権獲得運動は、主として国境および大西洋を越えて結びつく複数の女性運動が展開したものであった。その結果、セネカ・フォールズの集会から一〇〇年後、そして国境を越えた女性参政権獲得運動が始まった一九〇四年から五〇年後には、ほぼ全世界で女性参政権が認められるようになった。

第二次世界大戦後になると、アメリカでは一九五〇年代から始まる公民権運動に参加していた女性たちが、さらなる女性の権利を要求するようになった。新たな課題として注目されたのが、「性」の問題である。たとえば、一九六四年にアメリカで制定された公民権法では、「性」を理由にした差別を禁止する条項が盛り込まれた。

またこの頃から若い女性活動家たちは、公民権運動や平和運動あるいは国際連帯という課題にうまく対応できなかった既存政党および左翼運動とは距離を取ったニュー・レフト運動への参加の経験から学んだ直接民主制を、彼女たちが組織した非公式の社会運動に導入していった。こういった運動で女性たちは、女性だけの集まりの中で政治問題にかかわる私的な経験について語り合っていった。それまでの多くの社会運動では、男性的価値観が強く、運動の中心には男性が居座っており、女性が女性として自由に発言できる雰囲気はなかったし、また女性独自の視点からの主張や要求は退けられてきた。しかし、女性だけで話し合う空間の中で相互に意見を交わし、ともに励ましあうことで社会に対する意識を向上させ、自信を強めることによって、女性が直面する課題や困難が社会問題の中心的なテーマとなっていった。

特に一九六〇年代後半に欧米や日本で学生運動やニュー・レフトの運動が高揚すると、そこに参加した女性たちは、国家や大学といった権力を批判する運動の内部で女性が差別されるという事態に直面し、ここから、社会全体を支配する男性中心主義、とりわけ日常生活における女性差別の撤廃を目指す「第二派フェミニズム」といわれる運動が始まる。第二派フェミニズムは、女性の身体、とりわけ性をめぐる問題である、避妊・出産・中絶を女性自身の権利として主張する。とりわけヨーロッパの多くの国々には女性の中絶を禁じる法律が存在していたため、その撤廃が運動の目標となった（Staggenborg 2015）。

現在でもアメリカの一部の州やアイルランドのようにカトリックの影響力が強い地域や国家では依然として中絶の権利が認められていない。しかし六〇年代以降から現在までの間に、それ以外のほとんどの欧米諸国では法律が改正されて中絶が認められるようになっている。また中絶をめぐる議論が高まるなかで新たな問題として浮上してきたのが、強姦を含む女性に対する暴力であり、さらに公共空間にあふれる女性のポルノグラフィーの問題であった。一九七〇年代後半になると、言葉や態度などによる性的嫌がらせ、すなわち「セクシャル・ハラスメント」も女性に対する暴力の中に含まれると見なされるようになり、これを処罰する法律の制定が各国で進んでいった。

一九七〇年代以来の第二派フェミニズムの担い手たちは、選挙や議会を通じた制度改革を目指してきたが、それというのも、彼女たちの間では、女性はすべからく同じであり、同一の利害で結びついている、という前提があったからである。しかし一九八〇年代に運動に加わりはじめる新しい世代は、女性の間の差異を強調し、それまでの知識人やエリート、そして白人中産階級を中心とした運動を批判して、非白人の女性、貧困層の女性、トランスジェンダーといったさまざまな女性を運動に参加させていく必要性を強調するようになる。

このように二〇世紀後半の女性運動は、国境を越えて相互に影響を与えつつ、問題とする領域を拡大していくとともに、運動に参加する階層や対象を拡大していった。それだけでなく、国連を中心に、世界規模でも女性の問題が議論され、さまざまな政策への提言や制度の施行が実現していった。たとえば一九七〇年代には女性運動団体からの要請によって、国連が一九七五年を国際婦人年に制定し、国連主催の国際女性会議が一九七五年にメキシコ・シティーで初開催され、女性の識字、教育、健康が議題となった。さらに女性運動団体の要請を受け、一九七五年から一九八五年を「女性の一〇年」と決め、一九八〇年にはコペンハーゲンで、一九八五年にはナイロビで、一九九五年には北京で国際女性会議が開催された。こういった国際会議は、世界各地で活動する女性たちの話し合いや交流の場となり、開発途上国と先進国の女性たちが交流するなかで、運動を担う新しいリーダーが生まれていった。さらに国境を超える女性たちのネットワークも生まれ、女性の人権は西側先進国だけで享受できる特権ではなくなっていった。

そうした交流のなかで生まれたのが、地球上のすべての地域において「女性に対する暴力」は「人権侵害」だという議論である。その議論を受けて、一九九三年には国連人権会議で女性に対する暴力が人権問題の一つとして取り上げられ。さらに同年、国連総会で女性に対する暴力の撲滅が可決された。この流れを受けて日本で二〇〇一年に制定されたのが、いわゆるＤＶ防止法である。

二〇世紀後半の女性の社会運動の成果は、女性の権利をより日常生活レベルにおいても実現させた点にあり、それは「個人的なことは政治的なこと」というスローガンに集約される。社会運動を担う女性たちは、日常レベルで起きるさまざまな現象に権力関係を見出し、差別と抑圧の解消を求めた。このことは単に女性の権利だけでなく、子どもや障害者の人権を考える上でも非常に重要な論点を提供し、それらの人々の権利も次第に認められるようになっていった。このように女性の社会運動は、平和運動も含めて、二〇世紀後半においてきわめて重要な役割を果たしてきたといえる。

学術の世界を見ると、歴史学の分野では女性史研究が発展した。現実に展開するフェミニズム運動は、目立たないように見える一人一人の女性が、実際には強い意志を持ち能動的に行動する主体であること、あるいは家事や育児といった女性によって担われてきた再生産領域が重要であることを明らかにした。これにより、これまで記録が残されていないという理由で見過ごされ、軽視されてきた歴史上の女性が、意志を持った主体として描かれるようになった。これが女性史と言われる研究領域である。

さて、ここまで一八世紀末以降の北大西洋世界における女性の権利をめぐる議論とそれに伴う社会運動の変遷を確認してきたが、運動の基調となっているのはオランプ・ド・グージュやウルストンクラフトが主張したような女性の権利であり、男性との対等性であった。その対等性を担保するために財産権や教育、社会進出の必要性が論じられてきたし、そのための目標として参政権が捉えられていた。この構図はイングランドおいてもアメリカにおいても共通していたし、相互に影響を受けていた。しかし社会構造の違いや情勢の変化に伴い、両国間での女性の権利をめぐる進捗状況はやがて異なっていく。次節以降ではイングランドとアメリカの間に挟まれたアイルランドにおける女性の社会運動について検討することで、北大西洋世界における共時性と差異についてより深く検討したい。

3　婦人土地同盟の運動

一九世紀後半のアイルランド社会

一九世紀後半のアイルランドにおける女性の社会運動を考える前に、当時のアイルランドが置かれた状況を概観しておこう。中世に始まるブリテン島からアイルランド島への入植は、法、経済、文化のあらゆる領域を利用したアイルランドの統治システムを構築していた。一八〇〇年の合邦法成立で、それまで存続していたアイルランド議会は廃止され、ブリテン議会へアイルランド選出の代表を送ることとなり、アイルランドは連合王国を構成する一地域として位置づけられることとなった。しかし植民地統治のためのアイルランド総督府は残され、議員割当数も他の地域と比べ少なかった。これらのことに起因し、一九世紀のアイルランドの歴史は、連合王国内部での格差是正、対等な関係の構築を目指す複数の運動に彩られていった。

一八四六年のジャガイモの不作は、アイルランドが抱える矛盾を色濃く反映し、当初想定されていた被害を大きく越える大惨事となっていった。当時のアイルランドにおいてジャガイモは、単なる農作物の一つではなかった。アイルランドの農村では自営農よりも、地主から畑を借り商品作物を栽培し生計を立てる小作農が多かった。その小作農にとってジャガイモは貴重なカロリー源であるため、その不作は彼らの生存を脅かした。その年、ジャガイモ以外の小麦や大麦は豊作であったにもかかわらず、これらは地代を支払うために残らず換金する必要があった。そして地代を払ったあとに残るわずかばかりの現金では、飢えを凌ぐために必要な食料を購入するには心許なかった。結果として、ジャガイモの不作は飢饉へと発展していった。

「大飢饉」と名付けられたこの事態を通じて、多くの小作農が飢えと病気で亡くなった。辛うじて生き残った者もアイルランド島を離れ、ブリテン島の工業都市あるいはアメリカ大陸へと移住していった。一八四〇年代に最大八五〇万人まで増加したと推定されているアイルランドの人口は、大飢饉を経た一八五〇年初頭には約四五〇万人まで減少した。この大規模な人口の減少は経済だけでなくアイルランド語などアイルランド固有の文化にも深刻なダメージを与え、アイルランドの歴史に暗い影を残すこととなる。

アイルランドに暮らす人々にとって移民することは生き延びるための方策の一つとして認識されたので、大飢饉が収束したあとも一八五〇年代の前半までは北米大陸への移民の波は収まることはなかった。その後も、アメリカにおける南北戦争の影響で労働力需要が高まる一八六〇年代、あるいは一八七〇年代後半のアイルランドでの飢饉の影響を受ける一八八〇年代にも再び移民が増加した。このように一九世紀後半期にアイルランドは断続的に大規模の移民を送り出すこととなる。

大飢饉の経験は、アイルランドの安定のためには農村における土地問題の解消と自治権獲得という、二つの課題の克服が必要であることを明らかにした。イングランド、スコットランドからの入植者の子孫であった地主の多くは、大飢饉までに農村を離れ、都市に居住するようになり、農村での小作農の苛酷な生活に対する興味を失っていた。彼らの関心の中心は、農地からの収益を最大化することであり、それは可能な限り高い地代を設定することに他ならず、小作農の経営は常に厳しい状況に置かれていた。このことが大飢饉の被害拡大の背景にあった。

もう一つの課題は自治権の獲得である。アイルランドが飢饉に苦しむ最中、連合王国はどのような対応を採ったのか。穀物輸入による市場への食料供給、公共事業による購買力の創出、食料の無料配給、そして救貧法体制による管理下での食料供給が実施されたが、アイルランドの状況把握が不十分であったために、投下された資金に比して効果が上がったとは言い難かった。結果としてアイルランドの人々にとっては、このジャガイモの不作に端を発する大飢饉は連合王国の不作為による人災として認識され、このような状況を改善するためにも自治権が必要だと考えられるようになった（勝田・高神編 二〇一六）。

当時のアイルランドの状況として興味深いことには、これらの政治的要求が単にアイルランド島に暮らす人々によって主張されたというだけでなく、アイルランドをすでに離れた人々にも共有され、主張されていた、ということである。アイリッシュ海の対岸のブリテン島においても、また北大西洋の向こう岸であるアメリカ大陸においても、これら土地問題と自治権の要求が、アイルランド人の問題として共通の課題だと主張されたのである。

特にアメリカに渡った人々の活動は、本国アイルランドに多大な影響を与えた。その理由としては、以下の三つがあげられる。一つに、政治活動を含むアイルランド人の社会運動は、連合王国政府による監視の対象であり、時として不当な逮捕など弾圧が加えられたため、より制約の少ないアメリカ合衆国において、アイルランド移民の相互扶助のつながりを利用するかたちで社会運動のネットワークが形成されていったこと。二つめの理由として、このような社会運動の広がりに寄与する新聞などのマスメディアの発達、すなわちマスメディアを通じて情報が拡散し、それぞれの地域の活動が有機的に結びついていったこと。特に一九世紀後半には、蒸気船による北大西洋航路の開発やニューファンドランド島とアイルランドを結ぶ電信ケーブルの敷設に伴い、これまで以上に人の移動や情報伝達の速度が上がっていったことがあげられる。また、アメリカではアイルランド系移民の紐帯を基盤に、アイルランド系アメリカ人を主な読者とするいくつかの新聞が発行されるようになった。こうした新聞で取り上げられた情報は、本国アイルランドへも即時に伝わるだけでなく、アメリカの他の地方新聞にも掲載され、社会運動の展開に一役買った。

三つめの理由として、アメリカ移民社会特有の問題が存在する。アイルランドからの移民は一九世紀中葉の大飢饉以降に大規模化したが、それに先行するかたちですでに一八世紀末よりかなりの数の移民がアメリカ大陸へと移住していた。したがって、一九世紀末のアイルランド移民あるいはアイルランド系アメリカ人といっても、アメリカに定住して数世代を経ている者から移住直後の者までを含み、居住地域や職業、社会階層も多岐に渡っていた。より早くアメリカに定住したアイルランド系アメリカ人は、特に大都市圏において、新たに移住してきた同郷人に住居や職を提供し、その代わりに選挙の際に自身が支援する候補者への投票を促した。この集票役としてのアイルランド系移民の存在感は強く、民主党の支持基盤の一つとして機能するようになる。

このような相互扶助のシステムを通じて移民たちは、アイルランド人としての紐帯を固めるとともに、アイルランド系アメリカ人としてアメリカ合衆国の政治社会の中に居場所を確保していった。このアイルランド系移民のアメリカにおけるネットワークは、アイルランド本国での政治動向に影響を与えただけでなく、彼らが本国に送った献金が巨額であったため、アイルランドにおける社会運動の動向をも左右することになった。

土地戦争とアイルランド移民

一八七〇年代後半にアイルランドをおそった飢饉は、一八四六年の大飢饉ほどの被害とはならなかったものの、疲弊が恒常化していたアイルランド社会を揺るがすには十分なひどさであった。アイルランドにおける土地問題の解決が急務であるという認識が幅広い社会階層の人々の間で共有され、各地で小作農を中心とする抗議運動が盛り上がっていくなかで、若手政治家のチャールズ・スチュアート・パーネルや一八五〇年代より継続されてきた政治運動であるフィーニアン運動からの中心人物となっていたマイケル・ダヴィットらが土地問題の解決のために動きだし、一八七九年一〇月にダブリンにてアイルランド国民土地同盟（以下、土地同盟）が結成された。英国国教徒であり王族や貴族とも血縁関係を有するエリート政治家であるパーネルと労働者出身ながら政治闘争で叩き上げられたダヴィットが小作農たちによる運動に合流した結果、宗派対立や社会階層を越えた国民運動としてアイルランドの小作農の待遇改善要求が組織化されていった。

アイルランド国民土地同盟は、小作農の生活改善のために「3F」と呼ばれる要求を掲げた。これは、経営が十分に成り立つ水準の「公平な地代」（Fair Rent）、契約期間中は農地を追われることがない「小作権の安定」（Fixity of Tenure）、そしてどうしても生活が成り立たない場合に小作権を販売することで必要な経費を工面できるようにするための「小作権の自由販売」（Free Sale）というそれぞれの頭文字に由来する。

小作農の生活を改善するこの3Fの要求が支持され、土地同盟の運動は小作農を中心に参加者を増やしていった。また一九世紀後半に武力闘争による解決も辞さない路線を打ち出していたフィーニアン運動と大きく異なり、アイルランド国民土地同盟は暴力による解決を非難し、できる限り非暴力での解決を目指した。非暴力での抗議活動を徹底するために編み出された採用された方策が小作料不払い、そして「ボイコット戦術」であった。

一八八〇年九月、クレア州でのパーネルの演説に感化された農民たちが、地代引き下げを認めない土地差配人チャールズ・ボイコットに対して非暴力的な方法で圧力を掛けたのがボイコット戦術のはじまりである。彼らがボイコットの屋敷を大人数で取り囲むと、危機を察した奉公人は屋敷から逃げ出し、農場で働いていた使用人たちは農作業を放棄した。近隣の食料品店はボイコットとの取引を止め、ボイコットは農村で完全に孤立した。最終的にボイコットは警察によって保護された。

その後ボイコットは、『タイムズ』紙へ書簡を送り事件の詳細を説明するとともに、自身の救済を世論に訴えた。

この事件は瞬く間に幾つかの新聞で報じられ、アイルランドの農村での抗議事件がブリテン島全体へと波及していった。一一月には『ニューヨーク・ヘラルド』紙もこの事件を取り上げ、いつしかこの事件は単なる一つの抗議活動から、アイルランド国民土地同盟による象徴的な運動の成果として位置づけられ、さらにその戦術は「ボイコット戦術」という名称が与えられるようになり、それ以来、今日まで「商品のボイコット」から「授業のボイコット」に至るさまざまな放棄や拒否の行動・運動の名称として使われ続けている（図1-1）。

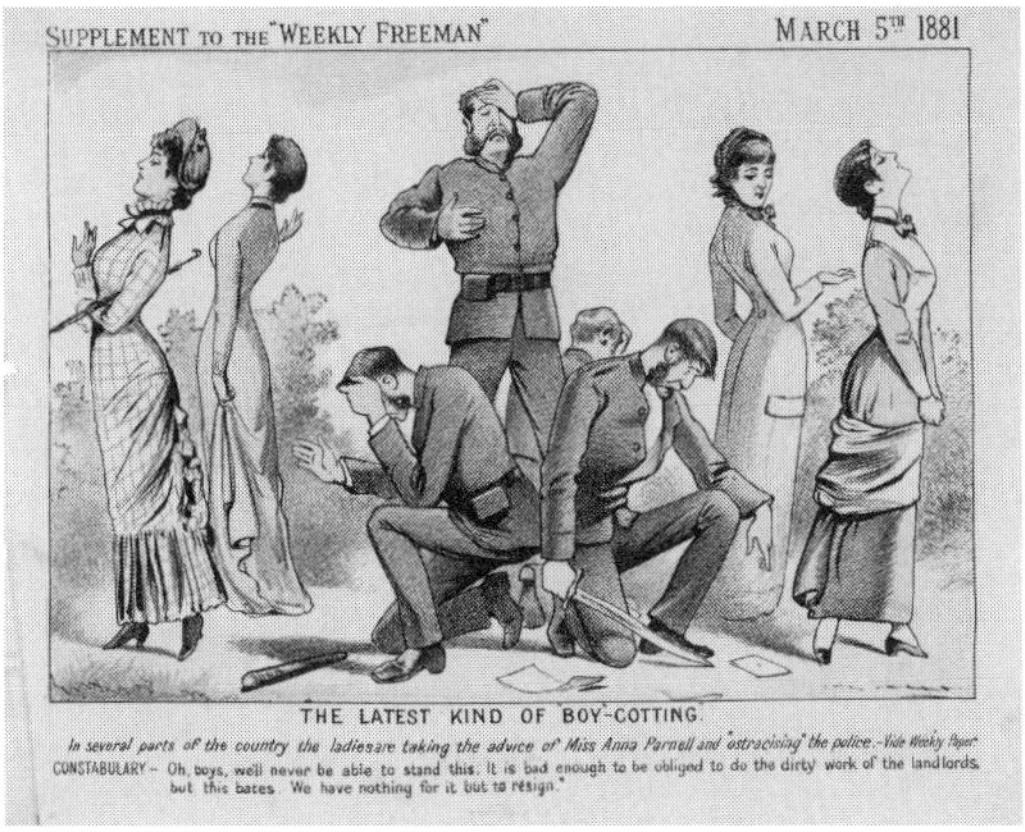

図1-1　「最新のボイコット戦術」

出所：アイルランド国立図書館（http://catalogue.nli.ie/Record/vtls000220737）

「ボイコット戦術」に象徴されるようにアイルランド国民土地同盟は、できる限り非暴力的な手段での運動を試みた。しかしながら地主や警察は、それに対して暴力をもって鎮圧を図ることも多く、その暴力に抵抗するかたちで小競り合いが頻発した。このため参加者の中から多くの逮捕者を出し、いつしか運動に対しても「土地戦争」という暴力を想起させる名称が与えられるようになった。逮捕者が増加したことを受けアイルランド国民土地同盟は逮捕者の家族への経済的支援を活動の一環に位置付け、同盟会員からの寄付金を募った。救援活動にはこれまで以上の資金が必要であり、経済的に困窮していたアイルランド社会からの寄付金では足りなかった。

そのため一八七九年一二月よりパーネルはアメリカに渡り、飢饉の被害者および逮捕された参加者の家族を支援することを名目に募金集めの活動を始めた。活動にあたっては北米大陸各都市に分散していたアイルランド系アメリカ人の元に赴く講演旅行を行うという形式が取られた。この当時『ニューヨーク・ヘラルド』紙で編集者を務めていたジョン・デヴォイが、この講演旅行の調整に一役買った。また、各都市に新しく移住してきたアイルランド移民を受け入れ、住居や職を斡旋していたアイルランド系アメリカ人の名望家たちが講演旅行の提案を受けいれ、土地同盟のために集会を開催した。

土地同盟の指導者パーネルがアメリカのマスメディアを巻き込みながら長期にわたって講演旅行をしたことはアメリカ社会にも影響を及ぼし、一八八〇年二月にはアメリカ合衆国下院にて、大統領ラザフォード・ヘイズも臨席する中、パーネルはアイルランドの問題について演説を行った。パーネルはこの北米滞在中にカナダのトロントを含めた六二都市で講演を行い、約七万ポンドの義援金を集めた。パーネルの講演に感化され、アイルランド国民土地同盟を支援する団体がアメリカ各地にも設立され、その後それらはアメリカにおける土地同盟として組織化されていった。アメリカの土地同盟は一八八一年に約四〇〇〇〇ドルを、一八八二年には募金活動で集めた約一八万ドルの義援金をアイルランドへ送った。

土地戦争と婦人土地同盟

アメリカでアイルランドにおける社会運動への関心が高まることで、それまでのアメリカおよびアイルランドでの社会運動とは異なる状況が生み出された。すなわち、政治的な課題を含む社会運動への参加が制限された、あるいは参加できたとしても補助的な役割しか与えられなかった女性が社会運動に参画し、ひいては活動において主要な役割を果たすようになっていったのである。その女性による社会運動を牽引したのは、二人の姉妹であった。

一八八〇年一〇月三〇日、ニューヨークで発行されていた新聞『アイリッシュ・ワールド』紙は、アイルランド婦人土地同盟（以下、婦人土地同盟）がニューヨークにて結成されたことを報じた。代表には、パーネルの母デリラが就任した。彼女は、アイルランドの裕福な地主一族に嫁いだが、生まれはアメリカであり、著名なアメリカ海軍提督の娘であった。一九世紀後半にはアイルランドを離れ、ニュージャージー州に居住していた。家柄も良く、知名度もあったデリラだが、報道記事やこの団体に関する同時代の言説を見ている限り、彼女の役割は名誉職的な位置付けであった。団体の実質的な指導者はデリラの娘で、パーネルの妹にあたるファニー・パーネルであった（図1-2）。

図1-2　ファニー・パーネル
出所：Côté（1991）

一八四八年生まれのファニー・パーネルは、パリで芸術を学んだあと、母デリラに連れられアメリカ・ニュージャージー州へ移住した。若いうちにアイルランドを離れたものの、アイルランド文化やアイルランドの政治状況に対する興味は失っておらず、一八四〇年代の青年アイルランド運動の影響を受けたロマン主義的かつ愛国的な詩歌を発表し一部の人々からは注目を集めていた。兄チャールズ・スチュアートが北米で資金集めの講演旅行を行っていた一八八〇年半ばに、ファニーは「来るべき闘争」と題した文を『アイリッシュ・ワールド』紙に投稿した。

この文章においてファニーは、アイルランドの土地戦争を、インドやアフガニスタンにおける反植民地闘争と連関させて論じ、そこに男性だけでなく女性も主体的に関わるべきであると主張している。この寄稿文は反響を呼び、それ以降、ファニー・パーネルと同紙とのつながりは深まっていった。

婦人土地同盟の結成を報じた『アイリッシュ・ワールド』紙は、その名前が示すようにアイルランドと深いつながりのある新聞であった。発行人のパトリック・フォードはアイルランド生まれで幼少期に両親とともにアメリカのボストンへ移住したアイルランド系移民であった。フォードは南北戦争後にニューヨークに活動の拠点を移し、『アイリッシュ・ワールド』紙を創刊した。同紙の主な読者はアメリカ各地で暮らすアイルランド系移民、なかでも労働者階層の人々であった。とりわけ同紙は、この時期にアイルランド系移民を中心に急速に組織化が進んでいた労働組合である労働騎士団と深く関わっており、この労働組合の広がりに伴い、読者を増やしていた。

『アイリッシュ・ワールド』紙は、アメリカにおけるアイルランド移民の共通の関心であったアイルランドの土地戦争について、かなりの紙面を割き、アメリカでの組織化に積極的に関わっていった。また労働騎士団も、組織としては目立った活動は示さなかったものの、この組織に関わっていた人々が個人としてアメリカにおける土地同盟に加わっていた。たとえば、労働騎士団の団長テレンス・パウダリーは、アメリカで結成された土地同盟の副会長に就任した。

労働騎士団がこの時期の他の労働組合と大きく異なっていた点は、女性の参加にある。一八八〇年代初頭に急速に規模を拡大した労働騎士団であったが、単に仕事場で組織づくりを進めただけでなく、家族、兄弟結社、親戚関係、宗教団体などを通しても組織化を図ったとされる。特に女性は、工場労働者だけでなく家事奉公人や主婦も組織化された。労働騎士団は最大約二七〇の女性支部を有し、一三〇の支部には男性だけでなく、女性の会員が属していた（エヴァンズ 一九九七）。おそらく婦人土地同盟が組織化されるにあたり、この労働騎士団のネットワークは有効に活用されただろう。『アイリッシュ・ワールド』紙によれば、結成から二ヶ月を経た一八八〇年末の段階で、婦人土地同盟は全米に二五の支部を設立し、同盟員は五〇〇〇人にのぼった。

このようにアメリカで始まった女性による土地問題への関与の動きは、アイルランドにも飛び火した。一八八一年一月、これまたチャールズ・スチュアート・パーネルの妹にあたるアンナ・パーネルを中心に、ダブリンで婦人土地同盟が結成された（図1-3）。アンナは姉ファニー同様に芸術家を志すも大成することはなかった。しかし一八八〇年には兄の活動の手助けをするようになり、土地同盟のアメリカ側とアイルランド側との連絡調整を担うようになっていたためアメリカ側の情報はいち早く彼女の元に伝わっていた。また土地同盟の運動に対する弾圧は日に日に強まり、抗議運動に参加していた男性を中心に逮捕者も出るようになっていて、運動の立て直しも急務であり、男性の代わりに女性が活動するということは合理的な判断ともいえる。

アメリカでの婦人土地同盟の活動は、在地のアイルランド系移民女性の組織化とそのネットワークを通じた資金調達に

図1-3　アンナ・パーネル
出所：Côté（1991）

あった。他方でアイルランドでの活動は、単に資金を集めるだけでなく、逮捕されていく男性に代わり土地同盟の活動を推進し、男性主体の土地同盟が次第に機能不全になっていくなかで、婦人土地同盟がアイルランド各地の地代に関する情報の収集や義援金の収集などの役割を担っていくこととなった。一八八二年初頭には、アイルランドにおける婦人土地同盟は全土で約四〇〇の支部を数えるまで発展した。

北大西洋を挟んでそれぞれに組織化された婦人土地同盟は、一八八一年の半ばまでにはアイルランドにおける土地戦争において重要な役割を果たすようになっていった。さらにその活動は、単に運動を支援することに留まらず、アイルランドの土地問題と連環させながら、女性の置かれた状況に対する異議申し立てへとつながっていった。

婦人土地同盟が主張する「女性の権利」

アメリカで始まりアイルランドに飛び火した婦人土地同盟の活動を理解するためにはそれぞれの土地における女性たちが何を求めて運動に身を投じていったのかについて、それぞれの文脈に即して考察する必要がある。アイルランドにおいてそれはおそらく運動を担う人手不足が要因だったのかもしれない。それまで運動を担ってきた男性参加者の多くが逮捕された結果、運動を継続するために自発的に女性が協力しはじめたのである。しかしアメリカでの運動を同じ要因で説明することはできない。おそらく別の要因があるはずである。先に触れたファニー・パーネルの「来るべき闘争」での主張にその鍵が隠されているかもしれない。ファニー・パーネルにとって土地戦争とは単に小作権をめぐる争いというだけでなく、アイルランドとイギリスとのいびつな権力構造に対する異議申し立てであり、しかも彼女は、そこに男性とともに女性も参加することに意義があると考えていた。つまり社会運動において男性と対等な立場に女性を位置づけたいという発想である。

このような発想は、アメリカにおける婦人土地同盟に関わった他のメンバーの発言からもうかがえる。『アイリッシュ・ワールド』発行人パトリック・フォードの妹で、アメリカにおける婦人土地同盟の中核的なメンバーの一人であったエレン・フォードは、一八八〇年一二月にニュージャージー州ニューアークで開催された集会で、次のような演説を行った。

私は女性の権利を信じている、それは、女性の権利が不公平に抵抗するものだからである。飢えている人に施しを与えることは思いやりのある行為である。しかし、人々をより貧しくする法律に抵抗しないことは、慈善の精神に背くものである。そしてイギリスの法律は、世界中の道端でアイルランド人が物乞いに身をやつすことを強いるようなものである。聖書には次のような言葉がある「働かざる者、喰うべからず」。このことを地主に置き換えて考えてみるべきであろう。アイルランドにおいて五〇〇万の人々が骨を折り働く一方で、わずか一〇〇〇人の地主は、放蕩三昧な生活を送っているのだ。（中略）イギリス政府は人々を飢餓で苦しめるという失敗を犯したにもかかわらず、また土地同盟を苦しめているのだ。ニューアークそしてアメリカの男性と女性よ、あなたがたはそれでいいのか？（『アイリッシュ・ワールド』一八八〇年一二月一一日号の記事より）

ここでエレン・フォードは聖書の一節を引きながら、アイルランドの不在地主とともにイギリス政府の無作為も批判している。そしてこのような批判を展開する主体に男性だけでなく女性も含めている。つまりアイルランド人の一員として男性と女性を同等に位置付けている。しかも男性と女性を同等に扱うことを正統化するために、エレン・フォードは冒頭で女性の権利に触れている。不公平に抵抗する女性として、アイルランドが被ってきた不公平

図1－4　「包囲された陣地」
出所：アイルランド国立図書館（http://catalogue.nli.ie/Record/vtls000224452）

に対しても異議申立をするのだと。このような主張は多くのアイルランド婦人土地同盟参加者に共有されたものであった。

ただし、女性が運動に参加するということは、これまで運動を独占的に担ってきた男性側に困惑を与え、それは最終的に抑圧的な態度として表出されるようにもなった。このことに対して、アンナ・パーネルは次のように反発した。

> 目標を達成するためには、あなた方には組織が必要なのです。これまでアイルランドの女性は組織化されたことはなかった。上流階級の女性は手をそっと掲げるだけで、救貧のためと偽られた組織の中で戯れることもできた。しかしそこでは決して男性の友人や親族の導きがなくなることはなかった。だが、これまで信頼し、助けを求めてしまっていたその手の導きを、拒むのに最適なタイミングが来たのです。あなた方は自立する方法を学ばねばならないのです。（『アイリッシュ・ワールド』一八八一年三月一二日号の記事より）

ここにあるアンナ・パーネルの「目標」とはどのようなものであったのか。おそらくそれは、自立した女性として男性と同等にアイルランドの問題に関わることだったのではないか（図1－4）。運動に参加する女性に対する男性からの抑圧が強まるなかで、こうして女性による女性のための組織の重要性が認識されていった。

ところが、アンナ・パーネルの主張とは裏腹に、男性による抑圧は強化されていった。アンナ・パーネルの発言に先立つ一八八一年二月には、ダブリンに置かれた婦人土地同盟の本部事務所にダブリン首都警察の査察が入った。同年三月には、アイルランドのカトリック高位聖職者が女性たちの活動を公然と非難した。土地同盟内部でも女性の運動参加について議論されるようになっていく。

アンナ・パーネルはこのような男性側の態度の変化について、「婦人土地同盟は、その活動に対して敵意を持つ人たちが反発することを予想しておくべきであった。婦人土地同盟の参加者が〈優秀な人間〉〔男性：引用者注〕であれば、もっと活躍できたかもしれない。そうではないからこそ、婦人土地同盟は扱いづらいのだろう」と不満を表明した。実際のところ婦人土地同盟の活動は活発で土地同盟の活動が停滞するなかで、それを側面支援する役割を越え、アイルランドの土地戦争を支えていた。だからこそアンナ・パーネルは、そのような女性の運動を、「女性だから」という理由でやめさせようとする男性側の論理に対して抗議したのである。

一八八一年秋以降、土地同盟の活動を監視していた警察や、女性の社会運動参加を問題視していたカトリック教会に加え、アイルランドの治安維持に責任を有していたアイルランド総督府も土地同盟の活動に女性が参加することを問題視するようになる。その際にアイルランド総督府側が構築したロジックは、この時代の男性によって掌握されていた統治権力が女性をどのように見なしていたのかを端的に表すものであった。

アイルランド総督府は、他の男性たちと同様に、女性が社会運動に参加することで、女性の身体的な安全が守られないことを憂慮していた。そのために女性の安全を管理・保護する法律の適用が検討された。結果として、法律は残っていたものの長らく存在が忘れられていた、女性の路上での売春行為を禁ずる法律が女性による社会運動に対して適用され、一八八一年一二月、婦人土地同盟の参加者の数名が逮捕された。

女性たちは、男性によって守られるべき存在としての女性という位置づけから抜け出し、同じネイションの構成員として異議申し立てを始めていた。しかし、これ対して統治権力の側は、あくまでその存在を「守られるべき」ものへと押し戻し、法を通じた暴力によってその位置づけを固定しようと試みたのであった。しかもこのような心性は、同じ志を持ち運動に参加していた男性にも共有されていた。アイルランド総督府からの「弾圧」を受け、運動に参加する女性の身体的安全を守ることができなくなったことを憂慮した土地同盟は、一八八二年五月に土地同盟の活動に女性が参加することを禁じた。

国政の状況変化も婦人土地同盟の活動に大きく影響を与えた。アイルランドの状況を憂慮した首相グラッドストーンによってアイルランド土地法案が連合王国議会に提出され、一八八一年八月にアイルランド土地法が成立した。この法律の目的はアイルランドに自営農を創出することであった。この法律が施行されることで創出される自営農は全体の中ではごく少数に留まるものの、連合王国側からの譲歩を引き出したこと、またパーネルを含めた運動幹部が逮捕されるなど土地同盟への弾圧が激しくなったことも踏まえ、土地同盟は一八八二年までにこの法律を受け入ることを決定し、土地戦争の収束が模索されていった。こうした中で婦人土地同盟も活動の意義を失い、終息を迎えていった。一方のアメリカにおいても婦人土地同盟の活動は次第に衰え、特に一八八二年にアメリカでの運動の中核にいたファニー・パーネルが亡くなると、運動は急速にその求心力を失っていった。

婦人土地同盟のみならず、アイルランド国民土地同盟そのものも、アイルランド土地法の成立を受け、歴史的な役割を終えようとしていた。チャールズ・スチュアート・パーネルを中核とするグループは土地問題の次の課題として、アイルランドの自治権獲得に向けた運動を開始していった。アイルランド同盟と名付けられたこの組織は、アイルランドおよびアメリカ合衆国で構築された土地同盟のネットワークを利用し、急速に組織化が図られた。

だが、土地戦争との大きな違いは、そこに女性の参加がほとんど見られなかった点にある。また、自治権獲得問題と直結する参政権の問題について、女性側から求められていた婦人参政権の問題はアイルランド同盟ではほとんど議論されなかった。つまりアイルランド同盟が目指した自治とは、あくまで連合王国からアイルランドを切り離し、アイルランド人男性による自治を目指すことであり、女性はそこから排除されていたのであった。

4　おわりに

アイルランド人およびアイルランド系アメリカ人の女性による社会運動は、一八世紀末から約一〇〇年にわたり主張されてきた女性の社会運動という文脈に立脚し、それまでの活動の伝統を継承しつつアイルランドの土地戦争という具体的争点のなかでも展開されたものであった。たしかに、常に彼女たちを抑圧していた男性中心の社会あるいは家父長的な価値観によって活動が制限され、彼女たちの運動は終息していった。

しかしながら、そのような状況の中で、ほんのわずかな期間であっても、女性の権利を主張するに至った彼女たちの運動は、彼女たちがそのような自覚をするに至ったという点で、今日から見ても価値のあるものではなかっただろうか。しかも、彼女たちの経験は次の運動へと継承されていった。たとえばアンナ・パーネルは一八八五年にロンドンへ旅立ち、ハリエット・テイラーの娘でミルの養女であったヘレン・テイラーの参政権運動に協力し（Côté 1991）、その後一九一〇年には、アイルランドの女性によるナショナリズム運動を支援している。一方アメリカのエレン・フォードも、婦人土地同盟解体後にスーザン・B・アンソニーらの婦人参政権運動に合流し、女性の権利獲得運動に参加していった。

女性の権利をめぐる闘争は多くの挫折の繰り返しであり、その成果も常にほんの少しだけの改善に留まるのかもしれない。しかしながらオランプ・ド・グージュやウルストンクラフト以降、女性の権利をめぐる社会運動に関わった人々は、それぞれの問題として引き受け、力を尽くし、さらに次の世代へとバトンをつないでいった。アイルランドにおける婦人土地同盟もその長い歴史の一部である。女性の前に立ちふさがっていた重い扉は、このような女性たちの異議申し立てが繰り返されることで、少しずつ隙間を広げていったのである。

以上見てきたアイルランド婦人土地同盟の意義を二点あげておきたい。まず一つめに、この運動は女性の権利要求を伴うものであったが、その要求する権利は、同時代的にも盛んであった参政権を求めることではなく、男性と対等に共通の社会的課題に向き合うことを要求していたという点である。おそらくこれは誰がネイションの一員であるのかという問題と関連する重要な要求である。もう一点は、運動の目的が女性のために限定されていないにもかかわらず、女性によって女性が組織化された点である。男性の居ない場に女性たちが集い、ともに行動することの意義が発見された。それはたしかに短期的なものであったかもしれないが、その経験はさらに次の時代へと継承されていった。

逆にこのような婦人土地同盟の歴史を見ることを通じて、女性たちの新しい運動のあり方や形態が生まれたきっかけとしての、国境を越えた人や情報の双方向のやり取りが、運動の形成において重要な役割を果たしたということも明らかになった。アイルランドからアイルランド系アメリカ人への呼びかけがなければ、アメリカにおいて草の根的に組織化が行われることはなかっただろうし、また移民たちがアメリカで関わったさまざまな社会運動の経験がなければ、このような新しいかたちの社会運動が生まれることもなかっただろう。この点においては一九世紀後半という時代が大きな影響を与えているといえよう。

このように、一九世紀末以降の女性による社会運動は、扱う問題の対象を広げ、女性が主体となり組織化されるようになり、また組織のあり方も国境を越えた連帯を模索するようになっていった。その延長線上に現代の女性による社会運動は存在している。したがって、本章で見たさまざまな女性運動の歴史は、よりよい社会の実現にむけた原動力を生み出した諸運動の一つであったと言えるだろう。

参照文献

〈日本語〉


梅垣千尋（二〇一一）『女性の権利を擁護する――メアリ・ウルストンクラフトの挑戦』白澤社。

勝田俊輔・高神信一編（二〇一六）『アイルランド大飢饉――ジャガイモ・「ジェノサイド」・ジョンブル』刀水書房。

金澤周作（二〇〇八）『チャリティとイギリス近代』京都大学学術出版会。

河村貞江（二〇〇六）「女性参政権運動の展開――選挙権をめぐる階級・ジェンダー・ネイション」河村貞江・今井けい編『イギリス近現代女性史研究入門』青木書店、一二五-一二六頁。

サラ・M・エヴァンズ（一九九七）『アメリカの女性の歴史――自由のために生まれて』小檜山ルイ・竹俣初美・矢口祐人訳、明石書店。

ジューン・パーヴィス（一九九九）『ヴィクトリア時代の女性と教育』香川せつ子訳、ミネルヴァ書房。

ジュディス・ウェルマン（二〇〇二）「セネカ・フォールズ女性権利大会――社会ネットワークについての研究」栗原涼子訳、リンダ・K・カーバーほか編著、有賀夏紀ほか編訳『ウィメンズアメリカ　論文編』ドメス出版、二〇〇二年、七〇-九四頁。

ドロシー・トムプスン（二〇〇一）『階級・ジェンダー・ネイション』古賀秀男・小関隆訳、ミネルヴァ書房。

水田珠枝（二〇〇六）「男女の平等と差異――ジョン・スチュアート・ミルとハリエット・テイラー」河村貞江・今井けい編

『イギリス近現代女性史研究入門』青木書店、一八-三二頁。

〈英語〉

Jane McL Côté (1991) *Fanny & Anna Parnell : Ireland's Patriot Sisters,* Gill and MacMillan.

M. E. Keck and K. Sikkink (1998) *Activists Beyond Borders, Advocacy Networks in International Politics,* Cornell University Press.

Suzanne Staggenborg (2015) *Social Movements,* 2nd ed., Oxford University Press.

Margaret Ward (2000) "The Ladies' Land League and the Irish Land War 1881/1882 : Defining the Relationship between Women and Nation", Ida Bloom, Karen Hagemann and Catherine Hall eds., *Gendered Nations : Nationalism and Gender Order in the Long Nineteenth Century,* Berg, pp. 229–248.

第2章　国境を越える平和運動

竹本真希子

1　はじめに

平和運動は他のさまざまな社会運動と比べても、その成果がわかりづらいものであるといえるし、またそもそもその定義に曖昧なところがある。「平和」の意味が第一義的には国家間の争いである「戦争の不在」だとすると、平和運動は戦争を防止あるいは阻止しようとするものである。その意味では、平和運動はそもそも国と国との関係を調停しようとするゆえに、国境を越える運動であったといえる。しかしながら今日では平和運動は必ずしも戦争を止めるものだけを意味しない。「平和」はテロや内戦、宗教対立や民族対立、貧困や労働、人権、健康や環境といった問題とも結びついて議論されているからであり、こうした運動もまた「平和運動」と呼ばれることがある。平和運動と一口にいっても、その中身は時代ごとにあるいは地域ごとに異なっているのである。

本章ではこのような平和運動を理解するための試みとして、近現代の世界を中心に平和運動がどのように始まり、何を求め、どのようにしてグローバルに広まっていったかについて考察する。なかでもドイツの動きを中心にした欧米の平和運動を振り返り、日本との関係も含めて論じたい。

2　平和運動の歴史

国際協調運動としての平和運動と社会主義者の反帝国主義運動

古代ギリシャの文化を代表する文学や歴史書が戦争を扱っているように、「戦争」と「平和」に関する議論は古代から多くみられた。しかし社会運動としての平和運動は、きわめて近代的な現象として一九世紀にはじまったものである。

本章で扱うヨーロッパの平和運動と平和思想を考えるにあたっては、キリスト教の影響が大きいということを念頭に置く必要がある。キリスト教自体は必ずしも平和主義と同義ではなく、キリスト教が引き起こす多くの戦争もあったが、同時に聖書に見られる隣人愛や非暴力などの思想は平和運動の思想的土台となった。特にメノナイト派やクエーカーなどの一派による絶対的平和主義は、のちの平和団体設立や兵役拒否運動の基盤となった。平和運動の本格的な組織化が始まったのはアメリカやイギリスで、キリスト教徒を中心に各地で平和団体が作られたのが最初であった。アメリカで一八一五年に平和団体が作られ、こうした運動がフランスやベルギーにも伝わり、さらに国際的な運動へと広がっていった。フランスで初めて平和協会が設立されたのは一八二一年のことである（渡辺 二〇一四）。

世界的な国際協調と戦争の法制化への努力を示す例が、ハーグ万国平和会議である。第一回は一八八九年にロシア皇帝ニコライ二世の呼びかけによって日本を含めた二六か国の代表を招いて開催され、第二回は一九〇七年に開催された。第三回は第一次世界大戦が勃発したために開催されなかったが、二回の会議の結果、紛争の平和的解決方式を定めた国際紛争平和的処理条約や陸戦法規慣例に関する条約、殺傷力の強い拡張弾頭であるダムダム弾の禁止宣言などが採択され、ハーグに常設国際仲裁裁判所が設立されるなど、軍縮や戦争に関する法規制が進んだ。

このハーグ万国平和会議と時を同じくして、欧米各地で平和運動の組織化が始められ、国際協調の運動として盛んになった。国際連盟協会による国際連盟設立を求める運動が各国に見られた。また国際平和常設連盟、国際平和事務局、赤十字国際委員会といった国際組織の設立もこうした当時の風潮を反映するものであった。ドイツ語圏においては反戦小説『武器を捨てよ！』の著者であるオーストリアのベルタ・フォン・ズットナーがイニシアチブをとりオーストリア平和協会が設立されたほか、彼女の弟子であるアルフレート・ヘルマン・フリートらを中心にしてドイツにも平和協会が作られた。ズットナーは欧米各国を飛び回って遊説し、軍縮や平和を呼びかけた。アメリカでは実業家であり「鋼鉄王」と呼ばれたアンドリュー・カーネギーが、その財力を生かし一九一〇年にカーネギー国際平和基金を設立して戦争根絶を呼びかけるなどの運動を行なった。

こうした平和運動は、一九世紀にさかんになった自由解放運動や民主主義の運動とともに行われるようになったものであり、イギリス、フランス、そしてドイツでも、基本的にはブルジョワ層やエリートが担い手であった。

このような国際協調による平和運動とともに二〇世紀の平和論の基盤となったのが、社会主義である。社会主義運動はドイツで特に盛んであったが、それ自体は必ずしも平和主義ではない。しかし社会主義者たちが反資本主義の観点から帝国主義批判の運動を展開したことで、これ以降、社会主義者から反戦平和運動が唱えられることとなった。特に労働者の国際組織である第二インターナショナルの反戦運動がよく知られている。同じ頃日本でも平和運動の萌芽が見られ始めたが、これはキリスト教と社会主義の影響を受けたものであった。フレンド派（クエーカー）の宣教師らによって一九〇五年に設立された「大日本平和協会」は、すでに明治期にズットナーの『武器を捨てよ！』を日本に翻訳紹介している。

このように第一次世界大戦前の平和主義は、フランスでもドイツでも、国際法などに基づきながら国際協調の運動を進める自由主義者層と、反帝国主義の社会主義者の平和運動とによって担われていた（渡辺 二〇一四；竹本 二〇〇四）。

両大戦間期の平和運動

一九一四年六月にサライェヴォ事件が起こってセルビア系の青年によってハプスブルク帝国の帝位継承者が暗殺されると、七月にオーストリア＝ハンガリー帝国がセルビアに宣戦布告し、第一次世界大戦が勃発した。すると、社会主義者たちだけでなく平和主義者たちの多くも戦争に賛成していった。ドイツではのちにローザ・ルクセンブルクとともに共産党を作ることになる社会民主党のカール・リープクネヒトが数少ない反対者の一人であった。リープクネヒトのほかに第一次世界大戦前に反戦を唱えた社会主義者として知られているのが、フランスのジャン・ジョレスである。しかしジョレスは第一次世界大戦直前、狂信的な愛国主義者によって暗殺された。この光景はノーベル文学賞を受賞したロジェ・マルタン・デュ・ガールの小説『チボー家の人々』にも描かれている。

少数の反対者はいたものの、全体としてみれば、第一次世界大戦開戦時にはそれまでの国際協調や反戦・反帝国主義の雰囲気は失われ、多くの人々は愛国主義にとらわれることとなった。フランスでは「ユニオン・サクレ」

（神聖なる同盟）、ドイツでは「城内平和」と呼ばれる挙国一致体制ができあがったのである。

一九一四年七月に始まった第一次世界大戦は史上初の「総力戦」となり、戦場の兵士のみならず銃後の人々を巻き込んで大きな被害を出した。大戦中、平和運動は多くの場合弾圧されたが、国際連盟協会など若干の組織が活動を継続している。またイギリスやアメリカではフレンド派などのキリスト教の宗派に属する人々を中心に、絶対的平和主義に基づき兵役拒否を行うものもいた。

第一次世界大戦終結時にはドイツのブラウンシュヴァイクで反戦運動が起こったほか、厭戦の気運が高まるなかキールの軍港で水兵の反乱があり、ドイツ国内の情勢は混乱していった。

一九一八年一一月にドイツ革命が起こり、皇帝ヴィルヘルム二世がオランダに逃亡したことによって、ドイツには「即興の共和国」とも呼ばれたヴァイマル共和国が誕生した。社会民主党を中心とした「ヴァイマル連合」が政権を担うこととなったが、新しい政権はその船出から困難に直面した。「勝者の裁き」となったヴェルサイユ条約はドイツの戦争責任を規定して厳しい賠償を求め、ドイツはこれにより多くの領土と国民を失うこととなったからである。これが後にアドルフ・ヒトラーによる領土回復の動きと第二次世界大戦開戦へつながることとなる。

第一次世界大戦後の国際政治の大きな変化は、アメリカ合衆国とソヴィエト連邦の世界の表舞台への本格的な登場と、大戦で荒廃したフランスやドイツの地位の低下にみられる「西洋の没落」である。

大戦末期にはアメリカ大統領ウッドロウ・ウィルソンによる「一四か条」から国際連盟が設立され、集団安全保障による平和が目指されることとなった。国際連盟の設立は一九世紀から活動していた平和主義者にとっては一つの到達点であったが、アメリカ、ソ連、ドイツの不参加などにより理想とは程遠く、平和主義者たちはさらなる世界政府を目指して活動することとなった。他方、一九一七年にロシア革命を成し遂げたソ連の指導者レーニンは同年に「平和に関する布告」を出し、ここで無併合・無賠償による第一次世界大戦の停戦を唱えたが、これはその後の平和に関する議論に大きな影響を与えた。

第一次世界大戦での総力戦の経験は、各国の人々に平和運動への参加を促すことになった。なかでも積極的に参加したのが、左派の知識人であった。ドイツでは後述するカール・フォン・オシエツキーやクルト・トゥホルスキー、クルト・ヒラーら若い世代が平和運動に加わった。また数多くの平和団体が設立され、平和団体同士の活動をまとめるために「ドイツ平和カルテル」も作られた。こうした左派の運動はドイツに限らなかった。国土が直接西部戦線の戦場となったためベルギーと並んで大きな被害をうけたフランスでも、左派の知識人による平和運動は活発であった。作家アンリ・バルビュスによる反戦運動である「クラルテ運動」はドイツや日本の知識人にも刺激を与え、日本ではバルビュスの小説『クラルテ』から影響を受けた雑誌『種蒔く人』が発行された。こうした平和団体の活動が活発になっただけでなく、文学の分野でも戦争と平和は重要なテーマとなり、特にドイツの作家レマルクの『西部戦線異状なし』は第一次世界大戦を主題とした反戦小説として後にアメリカで映画化もされて世界的に知られる著作となった。

文学的な活動と並んで一九二〇年代に活発になったのが国際関係論である。これは第一次世界大戦後の平和構築や国際連盟の設立によって促された議論であり、この頃から集団安全保障体制が国際政治の主流となっていった。平和運動にかかわるもののなかには、こうした流れを「集団安全保障は軍事同盟とかわらない」と否定的に見る見方もあった。国際関係論は当時よりもむしろ第二次世界大戦後の核戦争の脅威のなかで活発になり、平和学という分野を生み出すことにもつながった。この時期はまたヨーロッパ統合運動も展開され、不戦条約と戦争違法化への努力がなされるなど、平和のための取り組みが活発になったが、これらが実現していくのは第二次世界大戦後のことである。

ファシズム下の平和運動

全体としてみれば一九二〇年代から三〇年代には、平和への努力に批判的あるいは否定的な「反平和主義」というべき見方が大勢を占めた（入江 二〇〇〇）。平和主義者はほとんどの国で少数派であり、平和主義者への暴力や弾圧は絶えず行われていた。特にドイツでは平和主義と平和運動は「挫折」した運動と位置づけられることになるのである。

一九二〇年代から三〇年代初頭にかけてヨーロッパの国々を中心にファシズムや軍事政権による独裁国家が生まれた。ドイツでは一九三三年のヒトラーによる政権掌握後、ナチ党による独裁の時代が始まった。ドイツの平和運動は一九三〇年頃からすでに弱体化していた上、その担い手の多くにユダヤ人が含まれていたこともあり、活動を継続するのが難しい状況になった。ペンクラブや反ファシズム統一戦線などが反ナチ抵抗運動や平和を訴えたが、これらは数少ない運動であり、二〇年代に活躍した平和主義者や民主主義者、社会主義者などの著作はナチの焚書などによって破棄されていった。ナチ期の抵抗運動としてはミュンヘン大学の学生を中心とした「白バラ」の運動やヒトラー暗殺未遂事件である「七月二〇日事件」などが知られているが、どちらも失敗し、弾圧を受けた。ヴァイマル共和国期のような平和運動はドイツ国内では見られず、平和運動や抵抗運動は、主に亡命した知識人によってヨーロッパ各地やアメリカで行われたのである。

冷戦期の反核運動と平和運動のグローバル化

平和運動は第二次世界大戦後に反核運動が始まったことによって大きく変化する。一九四五年八月の広島と長崎への原爆投下は核時代の到来を告げるものであった。これ以降、平和運動の主流は反核運動となっていく。世界的な反核運動は、一九四五年に始まったわけではない。広島・長崎への原爆投下による被爆の実態については、連合軍の検閲もあり、ジョン・ハーシーの『ヒロシマ』など一部を除いて最初の一〇年はそれほど知られていなかった。そのためこの時期は被爆者にとって「失われた一〇年」となった。

一九五一年に日本がサンフランシスコ講和条約を結ぶと、ようやく日本および諸外国に広島・長崎の情報が本格的に伝わるようになった。一九五四年にマーシャル諸島でのアメリカの水爆実験「ブラボーショット」によって日本のマグロ漁船である第五福竜丸が被曝すると、日本ではすべての核実験の禁止を求める原水爆禁止運動が始まった。この頃世界平和会議（評議会）が開催され、ストックホルム宣言やラッセル＝アインシュタイン宣言が出されるなど、反核運動は世界的な潮流になりつつあった。

イギリスでは五〇年代に「核軍縮キャンペーン」(Campaign for Nuclear Disarmament: CND) が始まったが、これは「復活祭行進」と呼ばれるデモによって広まり、西ドイツなど各国でも連帯行動があった。復活祭行進は現在でも反核デモとしてヨーロッパ各地で行われている。またアメリカの核実験によるマーシャル諸島の被曝問題は、広島・長崎の「被爆者」だけでなくすべての核実験の被災者、さらに原発による「被曝者」まで含む「グローバル・ヒバクシャ」の運動として今日につながっている。

日本では原水禁運動以外にも平和運動が活発に行われた。憲法九条による平和主義が国家アイデンティティーと呼べるものになったが、実際には再軍備や日米安保条約、米軍基地問題など平和主義に反する問題が多く存在し、これらへの抗議運動が憲法改正（特に九条をめぐって）に反対する運動とともに平和運動の主要なものとなった。一九七二年に本土に復帰した沖縄での平和運動はそのなかでも生活と密接につながり、規模の大きなものとなったが、多くの場合、沖縄の運動と本土の運動の連結は難しい状況がつづいた。

反核運動も含めて、第二次世界大戦後の平和運動は冷戦の影響を大きく受けていた。アメリカではマッカーシズムのもとで左派の運動が弾圧され、平和運動は一部のキリスト教信者を除いて少数派となった。またドイツは英・米・仏の西側三ヶ国による占領地区とソ連が占領していた地区によって、ドイツ連邦共和国（西ドイツ）とドイツ民主共和国（東ドイツ）という二つの国に分断され、一九九〇年まで冷戦下のイデオロギー対立のもとに東西のドイツが存在することとなった。

こうしたなかで、ドイツにおいて平和運動や平和主義が日本ほど活発だったわけではなかった。東ドイツではソ連流の「平和政策」が叫ばれたが、権威主義的な国家では市民の自発的な平和運動は成り立たなかった。一方西ドイツでは、戦前からの平和運動の流れは途絶え、ドイツ平和協会などヴァイマル共和国期にあった組織がようやく苦難のもとで再建された。平和運動はむしろ一九四〇年代末から五〇年代初めにかけて、再軍備に関する議論を前に「オーネ・ミッヒ」（私ぬきで／私はごめんだ）という反対運動として登場した。これは組織化された運動だったわけではなく、「自分を巻き込まないでほしい」という自発的な市民の下からの運動であった。こうした運動の登場は第二次世界大戦後の平和運動が、ヴァイマル共和国期までのように一部の知識人を中心としたものでなくなったということを意味する。

ところで、第二次世界大戦の前後における平和運動の大きな違いのひとつが、グローバル化の規模である。前述のように平和運動はそもそも国際協調と社会主義者のインターナショナルによる運動に基づくものであったが、第二次世界大戦以前は、各国ごとの団体が他国の同様の運動と直接的に連携するのは難しかった。しかし第二次世界大戦後になると、平和運動は世界同時多発的に行われるようになっていく。特に一九六五年から始まった米軍のベトナムでの軍事行動に対するアメリカ国内での反対運動は、その様子がテレビで放送されたこともあってリアルタイムで世界的に広まり、日本など他の国においてもベトナム反戦運動が活発になった。その一つの例が、一九六五年四月に作られた「ベトナムに平和を！連合」（当初の「ベトナムに平和を！市民文化団体連合」から改称、通称「べ平連」）である。べ平連は作家の小田実らによって結成されたグループであったが、全国各地あるいは大学や高校、職場などにも「べ平連」を名乗る団体が作られて、六〇年代の日本の平和や反戦に関する運動を代表するものとなった。

ベトナム反戦運動はまた一部の国では一九六八年の学生運動にもつながっていった。六八年の学生運動は欧米各地で社会を大きく揺るがすものとなった。アメリカでは公民権運動とも結びつき、運動は社会現象となった。また六八年に運動が最も盛んだったフランスでは「五月革命」と呼ばれる事態にまで発展した。西ドイツでは六八年の運動の影響により環境保護運動や女性解放運動などの「新しい社会運動」が広まり、一九八〇年代にかけて社会運動が活発化する基盤を作った。ドイツを中心として各国で平和や環境保護を唱える「緑の党」が創設されることになるのである。

「新しい社会運動」の登場は、一九七〇年代から八〇年代にかけてのドイツやオーストリアなどでは反核兵器の運動と反原発の運動を結びつけ、原子力利用すべてへの抗議運動をもたらすこととなった。もともとドイツではワイン農家や環境保護の運動家によって反原発運動が行われていたが、戦争が起これば環境も破壊されるという考えから、一九七〇年代末になると環境保護団体と平和団体が協力するようになったのである。日本と比べて西ドイツでは平和運動と環境保護運動が早くから結びついたことは、二〇一一年三月一一日の東日本大震災以降のドイツと日本の原発政策の違いに影響を与えたといえるであろう（Takemoto 2015）。

また一九五〇年代末に広島を訪れて被爆者を取材し、『灰墟の光』を執筆してヨーロッパに被爆の恐ろしさを伝えたドイツ出身のユダヤ系ジャーナリストにロベルト・ユンクがいる。彼らによって行われたオーストリアの反原発運動は世論を味方につけ、オーストリアでは建設が進められた原発も、一度も使われないまま一九七〇年代に脱原発を選択するということになったのである。

すでに見たように、冷戦下の平和運動はイデオロギー対立の影響をうけてきたが、第二次世界大戦後明らかに平和概念は広がり、草の根の運動、反核運動が主流となっていった。またナチのホロコースト後に世界人権宣言やジェノサイド条約が作られるなど、人道や人権の擁護が世界的な課題となったことから、平和運動は反戦や停戦の運動にとどまらず、各地の人権擁護などの運動とも連動するようになった。

第二次世界大戦後の平和運動の歴史の一部として、核戦争勃発に対する危機感から平和研究や平和学が発展したことにも触れておくべきであろう。特に北欧の平和研究の成果は広く知られ、ノルウェーの平和研究者ヨハン・ガルトゥングの説く「積極的平和」や「構造的暴力」の概念は世界に広まった。「戦争の不在」だけでなく暴力の存在自体が平和を脅かすということの考え方は、現在の平和学の基本となっている。しかしその一方で、「平和」の概念がより広く受け止められることによってかえって定義しづらいという問題も起きている。また、平和研究や平和学は平和運動や現実の政治的要求と結びついて発展してきたものであることから、これをいかに学術的に行うかという問題も議論されている。この意味でも平和学はまだ新しい学問であり、現在も発展途上にあるといえよう。

冷戦終結期の運動

冷戦の影響から平和運動が脱するのは、一九八〇年代初頭のことであった。この時期は「新冷戦」と呼ばれて東西の緊張が再び高まった時期で、一九七〇年代末からのソ連のアフガニスタン侵攻やアメリカの中性子爆弾の開発など、東西の核戦争の危険の再来が叫ばれた。加えて、西側諸国による八〇年のモスクワ・オリンピックのボイコットなど、新冷戦の影響は政治の場にとどまらず、市民にも危機感を抱かせた。こうしたなかでＮＡＴＯは社会主義陣営と軍縮交渉をつづけながらも、その一方で西ヨーロッパに新型核兵器を配備するという「二重決定」を行うこととなる。これにより、新型核兵器の配備予定地であったオランダ、西ドイツ、イギリス、ベルギー、イタリアなどでは抗議運動が高まっていくこととなるのである。

八〇年代初頭の反核運動の特徴は、そのグローバルな広がりにある。イギリスやオランダ、西ドイツから始まった運動は日本にも広まり、「ヒロシマ行動」や国連の軍縮会議にあわせてのデモは被爆地・広島だけでなく東京や大阪でも多くの人々を集めた。ヨーロッパでは、キリスト教会が主体的に各国の運動をつなぐ役割を担った。特に東西ドイツの市民が教会の活動を通して交流して、平和や民主主義、環境問題などについてお互いの事情を知っていったことは、のちにベルリンの壁の開放や冷戦崩壊、そして東西ドイツ統一という「平和革命」につながる重要な活動となった。

一九八〇年代初頭の世界的な反核運動の気運は政治デモ以外に、文化にも影響を与えた。たとえば西ドイツのバンド「ネーナ」が歌った「99 Luftbaloons」（邦題「ロックバルーンは99」）は現在の日本でもなお知られる曲だが、これはＮＡＴＯ「二重決定」への抗議運動が高まっている一九八三年に発表され、反戦ソングとして世界的に大ヒットした。

またこの時期、西ドイツでは核兵器に対する関心から広島・長崎への関心が高まり、多数の原爆関連書籍が出版されたほか、緑の党の当時のリーダーであったペトラ・ケリーなどの著名人が広島を訪れた。西ドイツの議論に呼応する形で日本でも文学者等による反核の議論が高まった。しかし八〇年代時点では、ドイツとは異なり、日本では平和運動と反原発運動が積極的に連携することは少なかった。日本において反原発が本格的な社会運動となるのは、二〇一一年三月一一日の東日本大震災と東京電力福島第一原子力発電所での事故以降のことである。これ以降、日本においても「反核運動」という言葉で反核兵器と反原発が取り上げられることになった。

このように一九八〇年代初頭の世界的な反核運動は、東西ドイツの統一と冷戦の崩壊に対して一定の役割を担ったといえる。さらに、東西ブロックを超えて平和をもたらそうとする東西ドイツに住む人々の意識が、次第にドイツ統一を実現に向かわせたといえるであろう。

一九九〇年代以降の平和をめぐる議論

冷戦終結により東西対立という大きな危機は回避されたが、世界では内戦やテロなど新たなかたちの紛争が見られ、もはや古いかたちの国家間の戦争を防ぐだけでは平和は訪れないという考え方が広まっている。むしろこうした古いかたちの国家間戦争が始まることはもうほとんどなく、世界は「新しい戦争」（メアリー・カルドー）の時代に入ったのである。また貧困や自然災害、環境破壊といった問題も人間の生活を脅かすものとして関心が高まっている。「人間の安全保障」論は、こうした議論の延長線上に、かつての「戦争の不在」を重視する平和論とは異なる新たな視点を提供するものとして登場した。

人間の安全保障という概念は、国連開発計画（ＵＮＤＰ）の一九九四年の『人間開発報告書』で初めて使われた。

ここでは人間の安全保障は、経済の安全保障、食料の安全保障、健康の安全保障、環境の安全保障、個人の安全保障、共同体の安全保障、政治の安全保障の七つの要素から構成されているとされた（カルドー 二〇一二）。国家間の対立である戦争がない状態でも平和は訪れないこと、あるいは戦争のない「平和」であるはずの状態で虐殺行為が行われているという考え方が、それまでの国家安全保障とは違う「人間の安全保障」という新たな議論を生み出した背景にあった。

九〇年代以降の平和運動で大きなものは、一九九〇年の湾岸戦争や二〇〇三年のイラク戦争への反戦運動である。これらの反戦運動は一国だけで行われることはなく、テレビでも数多く報道されてすぐに国際的に連帯した運動となる傾向にあった。また平和運動ではないが、Facebook や Twitter などのソーシャル・ネットワーク・サービス（ＳＮＳ）が利用された二〇一〇年の「アラブの春」のような運動の登場も、社会運動のグローバル化および大衆化の例といえる。

運動のあり方だけでなく、冷戦後の一九九〇年代には平和の概念も変化することとなった。前述のように九〇年代に登場した「人間の安全保障」という概念は、長い間国家を中心としてきた戦争と平和に関する議論をさらに変化させることとなった。また環境問題が平和の問題としても受け止められるようになっている。つまり現代は、原発事故やテロなど戦争とは違った脅威が増えるにつれて、平和の概念が大きく広がりつつある時代だといえる。運動も、かつての知識人主導の平和運動とは異なり、今日ではＮＧＯの活動や個人を中心としたデモによって実践されている。平和運動は国際協調の運動から誕生し、国民国家のあり方が問われていく中で、しだいに国家の枠を越え、個々人の権利や抵抗のためのグローバルな運動へと展開していったといえるだろう。

以上、本節では一九世紀から今日までの平和運動の歴史的発展を概観した。以下では、平和運動のひとつの例として、両大戦間期のドイツの平和主義者であるカール・フォン・オシエツキーの足跡を取り上げたい。彼の名がドイツという枠を超えてどのようにして世界に広まったか、そしてそれが当時の平和運動にとってどのような意味を持っていたのかについて述べることとする。

3　カール・フォン・オシエツキーからみるドイツの平和運動

オシエツキーの平和運動

カール・フォン・オシエツキー（一八八九〜一九三八年）はヴァイマル共和国期のドイツのジャーナリストで、一九三五年度のノーベル平和賞受賞者である。彼はヒトラーと同じ年にハンブルクに生まれた（図2-1）。若い頃にズットナーや社会民主党の指導者であるアウグスト・ベーベルの演説を聞いて政治に関心を持つようになり、一九一一年には民主主義協会の機関誌に投稿した文章が掲載されている。第一次世界大戦で西部戦線に塹壕掘として従軍した経験が彼を決定的に平和主義者とした。一九一九年にはドイツで最初の全国的平和団体であるドイツ平和協会の書記を務め、この頃から積極的に平和運動に関わることとなった。

オシエツキーが最も熱心に関わった平和運動は、「戦争はもうごめん」運動である。これは第一次世界大戦後の反戦の気運を持続させるために、大戦の悲惨な記憶を風化させないよう、毎年大戦勃発の日に反戦デモを行うという運動であった。これは、リベラルな新聞『ベルリーナー・フォルクスツァイトゥング』（*Berliner Volks-Zeitung*「ベルリン民衆新聞」）の主筆であったカール・フェッターを中心に、オシエツキーとともに一九二〇年代の左翼文化を代表し、週刊誌『ヴェルトビューネ』（*Die Weltbühne*〈『世界舞台』という意味〉）を率いたジャーナリストで作家の

図２－１　オルデンブルク市にあるオシエツキーの像
出所：筆者撮影，2017年。

クルト・トゥホルスキー、当時の主要な平和団体のひとつであったドイツ人権同盟の代表オットー・レーマン＝ルスビュルトなど、第一次世界大戦への従軍体験を平和につなげようとする「従軍兵士の平和同盟」の人々が始めた運動である。さらにこの運動の成果と平和主義を実際の政策に反映させようと、オシエツキーらは共和党を結党し、国政選挙にもうってでた。しかし知名度の低かった同党は、わずか〇・二％の得票しか集められずに惨敗している。

　共和国という新しい体制は、オシエツキーら平和主義者にとって平和のための土台として重要なものであった。帝政期と違って国民は「臣下」ではなくなったのであり、共和国の「自律的な人間」こそが平和をつくるのだと考えていたオシエツキーは、平和運動もそれまでのようなエリートによる運動ではなく大衆運動になるべきだとして、「平和運動は政治的にならなければならない」と主張した（週刊誌『ターゲブーフ』*Das Tagebuch*〈『日記』という意味〉一九二四年一〇月四日付の記事「平和主義者」より）。しかし、その思いと裏腹に平和運動は左翼政党間の対立や平和団体内部の権力闘争などにより分裂していった。その結果、ドイツの平和運動はヒトラーの台頭を待つまでもなく一九三〇年頃には衰退がはっきりした。

　オシエツキーは平和運動家として知られていただけでなく、厳しい国防軍批判でも有名であった。彼が編集長をしていた週刊誌『ヴェルトビューネ』は、繰り返し国防軍が秘密裡に進めていた再軍備を暴く記事を掲載していた。そのためオシエツキーは国防軍や保守派から睨まれることとなり、一九二九年にはヴェルサイユ条約に違反するドイツ国防軍の再軍備の計画についての記事を掲載した責任者として国家反逆罪で訴えられた。その結果一九三一年に有罪判決を受けた。これは明らかな言論弾圧であった。

ヴァイマル共和国期の平和運動は、主に左派の知識人によって担われていた。現在でもその後継団体が残っているドイツ平和協会を中心に、平和運動家たちは、第一次世界大戦後のドイツに根強く残る軍国主義に警鐘をならし、国際協調や人権の擁護、共和国体制の維持などを訴えた。またヴァイマル共和国末期には反ナチ、反ファシズムの言論活動を続けていた。彼らはドイツが復讐主義や戦争崇拝を持ち続けたままでは次なる戦争がおこると警告したが、当時それは聞き入れられなかった。

「平和主義」はナチ期以前にも決して多数派の見解ではなかった。むしろ当時は侮蔑と弾圧の対象で、社会主義者やユダヤ人と並んで、平和主義者は「国家の敵」と見なされていた。すでにヴァイマル共和国期にも平和主義者が暗殺されることはあったが、一九三三年一月にヒトラー政権が誕生すると、彼らの身の安全はますます危うくなり、逮捕されるのを待つか亡命するかを迫られるまでになった。実際に多くの平和運動家が逮捕され、刑務所や強制収容所に送られたのである。オシエツキーも一九三三年二月に逮捕され、強制収容所に収監された。他の多くの左派の政治家や平和主義者と並んで「著名な囚人のひとり」となった彼は、いつ殺されてもおかしくない状況に陥ったのである。

図２－２　ノーベル平和賞受賞者の切手
左からシュトレーゼマン，クヴィッデ，オシエツキー
出所：個人蔵

反ナチ抵抗運動としてのノーベル平和賞受賞キャンペーン

これまでドイツには四名のノーベル平和賞受賞者がいる。一九二七年にノーベル平和賞を受賞したのがルートヴィヒ・クヴィッデである。彼は民主党の政治家であると同時に歴史家であり、またドイツ平和協会やそのほかの平和団体の指導者としても知られ、文字通りドイツの平和運動の顔であった。

クヴィッデが受賞する前年の一九二六年に同賞を受賞したグスタフ・シュトレーゼマンは、ドイツの外相としてフランスの外相アリスティード・ブリアンとともにロカルノ条約の締結に奔走し、独仏協調に尽力した政治家である。一九七一年に受賞したヴィリー・ブラントは社会民主党の政治家で、西ベルリン市長や西ドイツ首相および外相を務めて東方外交に尽力した人物である。特にワルシャワのゲットーにあるユダヤ人犠牲者追悼碑での「跪き」で謝罪の意を示したことは世界的な反響を引き起こし、現在でもその行為はドイツの「過去の克服」をイメージさせるものとして知られている。

こうした人々に比べて、オシエツキーに世界的な知名度があったわけではない。また彼は何かしらの体系的な平和思想を書き残すような思想家や運動家、あるいは政治家でもなく、さらには当時の平和団体のリーダーというわけでもなかった。彼は一人のジャーナリストだったのである。それではなぜ一九三五年度にオシエツキーにノーベル平和賞が授与されることになったのだろうか（図2-2）。

その背景には平和運動と反ナチ抵抗運動をめぐる当時の厳しい状況があった。ナチ体制下で、オシエツキーは亡命という選択をせずドイツに残り、その結果逮捕され、強制収容所に入れられた。一方、ドイツを逃れることができた平和主義者たちは、プラハ、ジュネーヴ、パリ、ロンドンなどでそれぞれの活動を始めるものの、多くは国籍を剥奪されて亡命先で厳しい生活を余儀なくされ、不安定な生活やナチに追われることにより常に生命の危険にさらされることとなった。また言葉の問題で仕事ができなかったり外国で孤独に耐えられず悩みを抱えたりした結果、自殺したものも多くいた。オシエツキーとともに『ヴェルトビューネ』を代表する論客のトゥホルスキーも一九三五年にスウェーデンで自殺している。

このような厳しい状況下でも、亡命した平和主義者のなかには亡命先で平和運動を続けようとしたものがいた。ドイツでは活動が許されなかった人権同盟のパリ支部がつくられ、また亡命平和主義者を支援する団体も各地に設立された。このような人々のなかから、強制収容所に入れられたオシエツキーの釈放を求める運動が始まったのである。そのためにオシエツキーがノーベル平和賞を受賞することを通じて、彼が強制収容所に入れられている事実を世界中に伝えようとした。

アルベルト・アインシュタイン、トーマス・マン、ロマン・ロランら当時から世界的に著名だった知識人がオシエツキーの受賞のためのキャンペーンに関わったのをはじめ、当時亡命していたブラントもノルウェーやスウェーデンでの活動に尽力した。さらにフランスやチェコスロヴァキア、スイス、イギリス、アメリカなどの国々でもオシエツキーの友人たちが彼のために活動した。言論弾圧の結果とはいえ、オシエツキーが「国家反逆者」として有罪判決を受けたという事実が彼の受賞を妨げるのではないかと危惧されたが、オシエツキーを支援する亡命知識人たちの努力の末、一九三六年一一月一日までにノーベル平和賞候補の提案の権利をもつ約一〇〇〇人がオシエツキーを推薦し、最終的にオシエツキーのノーベル平和賞受賞が決定した。彼はこうして一九三五年度の受賞者となったのである。

オシエツキーのノーベル賞受賞に激怒したヒトラーは、以後は全ドイツ国民にノーベル賞の受賞を禁止するという政令を発布し、ノーベル賞の代わりに「ドイツ芸術・科学国民賞」を創設した。そのため一九三八年の化学賞リヒャルト・クーン、三九年の化学賞アドルフ・ブーテナント、生理学・医学賞のゲルハルト・ドーマクはノーベル賞の受賞を禁止され、賞を辞退することとなった。なおこの三名は第二次世界大戦後に正式な受賞者としてメダルと賞状を受け取っている。オシエツキーは受賞を決意するものの、受賞式に参加することは許されなかった。ノーベル平和賞受賞により世界からの注目が集まった結果、彼は強制収容所からベルリンの病院に移されたが、一九三八年五月四日に死去した。しかしナチ政権時代には墓を作ることが禁止されたため、ようやく戦後になって妻が病院近くに墓を建てることができたのである。

オシエツキーのノーベル賞受賞に関する情報は欧米のみならず、日本でも報じられている。読売新聞は一九三六年一一月二七日付けの朝刊の記事「ナチスの爆弾　ノーベル賞で諸威へ抗議」および夕刊の記事「平和賞にドイツ不満を聲明」で、オシエツキーの受賞についてオスロ駐在のドイツ公使がノルウェー政府に対して抗議を行ったことを報じている。また一九三七年には雑誌『世界文化』で取り上げられている。同誌は京都帝国大学の大学院生中井正一を中心として創刊されたもので、美学や芸術に関する同人雑誌『美・批評』を前身としている。

『世界文化』は満州事変後の日本でファシズムが高まる中で、これに抵抗しようとした反戦反ファシズムの統一戦線の雑誌として知られた。海外情報欄には反戦平和の主張も載せられた。同人たちがフランス知識人の影響を強く受けているためにフランスに関する記事が多く掲載されたが、スペイン、ドイツの事情についても触れられ、諸外国の反戦反ファシズムがここで伝えられた。

オシエツキーの記事は一九三七年に二回にわたって掲載され、鵜飼（鷹田久規のペンネーム）がオシエツキーの活動とノーベル平和賞受賞を、当時すでに出版されていたジンガーとブルガー、そしてヤーコプによって書かれたオシエツキーの伝記（Singer und Burger 1937 : Jacob 1937）に添って紹介した。『世界文化』は一九三七年一一月に同人たちが検挙されたことによって発行停止となったが、中井正一をはじめとして、新村猛、武谷三男、久野収ら『世界文化』に集った学生たちは、一九四五年以降には日本の論壇を担う知識人となっていく。

オシエツキーの平和運動史における意味

オシエツキーのノーベル平和賞受賞ためのキャンペーンは彼を助けたいという亡命ドイツ人たちの取り組みから始まったものであったが、結果として反ナチの世論をつくり、ヒトラー政権下の平和主義者がおかれた状況を世界に広めることにつながった。オシエツキー自身もこのキャンペーンの意味を理解し、自らがノーベル賞を受賞することでドイツの状況を世界に知らしめることができると考えたのである。

しかしながらオシエツキーは、戦後のドイツにおいては必ずしも評価の高い人物だったわけではない。冷戦期のイデオロギー対立を反映し、左派が描くオシエツキー像は、東ドイツでは「労働運動の闘士」として実際よりも共産主義的な人物とされ、西ドイツではオシエツキーだけでなくヴァイマル共和国期の左派の平和運動そのものが敬遠されることが長く続いた。

こうした状況が変化するのが、一九七〇年代である。オシエツキーがオランダとの国境に近いニーダーザクセン

図2-3　オルデンブルク大学にあるオシエツキーの言葉が刻まれた記念碑
出所：筆者撮影，2017年。

州のパーペンブルクにあるエスターヴェーゲン強制収容所に収容されていたことから、その近隣にあるオルデンブルク市において学生を中心に大学名を「カール・フォン・オシエツキー大学」にしようとする動きが起きた。これに対して「左派」のイメージが強いオシエツキーに対する嫌悪感が保守層を含む人々から示され、大学名問題は市を二分する大事件となった。

六八年の学生運動の記憶も残るなか、大学の反ファシズムと民主主義の意志を示す名前として「オシエツキー」を掲げようとする学生たちに対して警察が動員されたことも大きな議論となった。長い間「オシエツキー大学」は「通称」として使われる時代が続き、正式名称となったのは一九九一年、ニーダーザクセン州の州知事に後にドイツ首相となる社会民主党のゲアハルト・シュレーダーが就任してからのことであった。現在では生まれ故郷のハンブルクをはじめとして、オシエツキーの名を冠した学校がいくつか設立されている。

オルデンブルクのカール・フォン・オシエツキー大学には「学問や技術は（人間を：引用者注）助けるためにあったのではなかった。これらは絶滅の道具を、最も恐ろしい殺人の道具を作ったのだ。我々は学問を再び人間的にしなければならない」（「これからのドイツ　あらゆる弱気な人への言葉」『ドイツ一元論同盟ハンブルク支部月報』一九一九年二月一日号より）というオシエツキーの言葉が刻まれた記念碑が建てられている（図2-3）。これは第一次世界大戦後、新しい時代の訪れとそこでの平和運動の高まりに希望を抱いた彼の言葉である。

オシエツキーは日本だけでなくドイツでも決して広く知られた存在とはいえないが、二〇一〇年に中国の民主化運動の活動家である劉暁波がノーベル平和賞を受賞した際に、その名が話題に上ったことがある。このことは、政治的に抑圧された社会で広い意味での「平和」のために活動する人々がいる限り、オシエツキーが想起され続けるであろうことを示唆している。彼の思想と行動、そして彼を支援するために展開された国境を越えた運動は、一九世紀以来展開されてきた無数の平和運動とともに、これから平和を作り上げようとするすべての人々の貴重な共有財産である。

4　おわりに

国際協調から始まった平和運動は、二〇世紀という大衆の世紀を経て、草の根の運動へと転換していった。オシエツキーはその過渡期に登場し、社会的なエリートと大衆をつなごうとしていたのであった。彼はヴァイマル共和国期に、平和運動は知識人の運動から大衆運動になるべきだと訴えた。そして決然とドイツの軍国主義に対抗し、国家反逆罪という罪に問われることとなった。ドイツの平和運動に対する厳しい批判者でもあった「国家反逆者」オシエツキーが世間の注目を集めてノーベル平和賞を受賞することができたのは、ドイツからの亡命者たちと彼らを支持する人々によるファシズム台頭に対して国際的に共有した危機感によるものであった。

オシエツキーが求めた平和運動の大衆化が成し遂げられたのは、第二次世界大戦後になってからのことである。ホロコーストと第二次世界大戦の経験、そして西ドイツでの民主主義の定着は、市民の間に「不服従」や「抵抗」

への意識をもたらし、平和運動は主に核戦争への危機感に駆り立てられた草の根の運動として発展した。その一方、平和運動は冷戦下のイデオロギー対立の影響を受け、オシエツキーに対する評価もこれに巻き込まれることとなった。こうした状況が変化したのは、ベルリンの壁の崩壊と冷戦の終結以降であった。

以上のように平和運動は、戦争の規模の変化だけでなく、社会そのものの変化によってその内容を変えている。「平和」をより普遍的なものとして議論するためにも、それぞれの国や文化、社会が求める「平和」とは何であるのかを意識する必要があるだろう。

参照文献

〈日本語〉


入江昭（二〇〇〇）『二十世紀の戦争と平和［増補版］』東京大学出版会。

長有紀枝（二〇一二）『入門　人間の安全保障――恐怖と欠乏からの自由を求めて』中央公論新社。

加藤善夫（一九九六）『カール・フォン・オシエツキーの生涯』晃洋書房。

メアリー・カルドー（二〇一一）『「人間の安全保障」論――グローバル化と介入に関する考察』山本武彦・宮脇昇・野崎孝弘訳、法政大学出版局。

ベルタ・フォン・ズットナー（二〇一一）『武器を捨てよ！』（上・下）ズットナー研究会訳、新日本出版社。

高草木光一編（二〇一六）『ベ平連と市民運動の現在《いま》――吉川勇一が遺したもの』花伝社。

竹本真希子（二〇〇四）「カール・フォン・オシエツキーの平和主義」『歴史学研究』第七八六号、一八―三二頁。

竹本真希子（二〇一七）『ドイツの平和主義と平和運動――ヴァイマル共和国期から一九八〇年代まで』法律文化社。

堤佳辰（一九九〇）『ノーベル平和賞』河合出版。

長橋芙美子（一九八二）『言葉の力で――ドイツの反ファシズム作家たち』新日本出版社。

広島市立大学広島平和研究所編（二〇一六）『平和と安全保障を考える事典』法律文化社。

渡辺千尋（二〇一四）「平和主義の限界——国際協調の試みと『祖国の防衛』」小野塚知二編『第一次世界大戦開戦原因の再検討』岩波書店。

〈英語・ドイツ語〉

Berthold Jacob（1937）*Weltbürger Ossietzky. Ein Abriß seines Werkes. Mit einer Biographie Ossietzkys versehen*, Paris.

Kurt Singer und Felix Burger（1937）*Carl von Ossietzky*, Zürich.

Makiko Takemoto（2015）"Nuclear Politics, Past and Present: Comparison of German and Japanese Anti-Nuclear Peace Movements," *Asian Journal of Peacebuilding*, Volume 3, Number 1, pp. 87–101.

第II部　アメリカとアジア・環太平洋地域をつなげる

第3章　移民ネットワークと社会運動

山口守・田中ひかる

1　はじめに

現在の国連の定義では、移住先に三ヶ月から一年住めば「短期的移民」、一年以上住めば「長期的移民」となる。そして、国境を越えて移動する人々の数は、二〇一三年には約二億三〇〇〇万人（世界人口の約三％）と推計され、今後も増加すると予想されている。

移民は移住先で移民同士のネットワークを形成し、多様な社会運動を展開することで、政治・経済・外交政策にも影響を与える。出稼ぎの場合には、その送金が故郷の財政基盤となり、帰国後には故郷に新しい文化をもたらすこともある。また、移民先に定住した人たちは、出身国で災害・戦争・社会運動等が起きたときには募金活動などを行い、義援金を故郷に送る（第1章を参照）。移民の多くは故郷と、あるいは世界中に移民となって散らばる同郷人との間にネットワークを持ち、相互に影響し合いながら社会運動を展開してきた（第6章を参照）。

本章では、このような移民による国境を越えたネットワークが作り出す社会運動のなかでも、移民国家であるアメリカ合衆国に渡った移民に焦点を当て、国境を越えるネットワーク型の社会運動の原型を作り出したともいわれるアナキストたちによる運動を検討する。前半では移民とネットワークの定義および歴史、そしてアメリカにおけるアナキズム運動の歴史について概観し、後半ではアメリカの中国系移民アナキスト（華人アナキスト）による社会運動を一つの事例として取り上げる。

2　移民による社会運動と移民ネットワーク

人の移動から歴史を見る

人の移動という広い意味での「移民」を英語では「マイグレイション」（migration）という。この語は、人・動物・モノの移動に対して広く用いられるが、「人の移動」については、出身地内部の移動、植民活動、国境を越えた移動など多様な意味を持つ（Manning 2005）。また、行政用語としての migration は、emigration（出国移住）と immigration（入国移住）に区別される。さらに、アメリカの法律用語においては、immigration という語は、入国時に永住許可を認められる外国人に対してのみ用いられる。日本でも「移民」という語は、ブラジルなどに向けて移住する人々が多かった時期には「出国移住」（emigration）の意味で使われたが、今日では、とりわけ国外から日本に移住する人々に関する議論の中では「入国移住」（immigration）の意味で用いられることのほうが多い。

ただし、時代や地域・国によって、人の移動には、さまざまな呼び名や定義がある。例えばドイツの場合、一九世紀より以前、あるいは一九世紀末までにドイツ国内外で見られた季節労働は「ザクセン渡り」「オランダ渡り」などと呼ばれ、一九五〇年代からドイツが受け入れた外国人労働者は、いずれ出身国に帰国するだろうと考えられていたため「ガスト・アルバイター」(客人労働者)と呼ばれた。日本では、農村地域から都市に出て働くこともしくは働く人々を指して「出稼ぎ」という語が用いられてきたことに倣い、一九九〇年代以降になると、日本に来て働く日系ブラジル人の渡航や渡航する人々もポルトガル語で「デカセギ」(Dekassegui)と呼ばれるようになった。本章で取り上げる「華人」も故国を離れて働く場を求めるという現象の一事例である。以下ではまず、一六世紀から現在までアメリカに移民した人々について見ておきたい。

アメリカへの移民

アメリカへの移民としては、まず、宗教的・政治的・文化的な迫害や排除、あるいは戦争や災害を契機とする、「難民」(第5章を参照)に分類されるような人々がいた。例えば一七世紀にはピューリタン、一九世紀には一八四八年の革命に参加した人々や社会主義者・アナキスト、二〇世紀にはユダヤ人・アルメニア人・ベトナム人・パレスチナ人などが難民として移民している。とはいえ大多数の移民は、第1章で見たアイルランド系移民のように、経済的な要因によって生み出されていた。

また、アフリカ大陸から一五〇〇～一八〇〇年の間におよそ一二〇〇万人の人々がアメリカ大陸に奴隷として運ばれたが、この数は同時期にヨーロッパからアメリカに向かった移民の数の約四倍と言われている。これ以外に、一七世紀のイギリスには流刑判決を受けた囚人を植民地に送り強制労働に従事させるという制度があり、大量の囚人がイギリスの北米植民地に送られていた。さらに、貧しい人々が移民する場合、数年の年季契約を結んで、旅費を前借りし、借金を返すために雇用者のもとで劣悪な隷属状態におかれて働かざるをえない年期奉公人も多かった。

その後、ヨーロッパで商業的農業の発展や工業化による経済的な変動が起きると、生活が立ちゆかなくなった小作農や熟練工、賃金労働者たちがアメリカへ移住するようになる。一九世紀末までは、イギリス、アイルランド、ドイツ、スカンディナヴィア諸国といった北西ヨーロッパからの移民がアメリカに流入する移民の大部分を占めていた。ドイツからアメリカへの移民は一九世紀半ばに最初のピークを迎え、一八八〇年代には一四五万人と最後のピークを迎える。同時期、アイルランド系移民もまたドイツ系移民に次いで多く、二〇世紀前半まで移民全体の中で少なからぬ割合を占め続けた（第1章を参照）。

一八八〇年代以降になると、イタリア・バルカン半島・ポーランド・ハンガリー・ロシアなど南東ヨーロッパ諸国からの移民が増加する。その中には多くのユダヤ人が含まれていた。一九世紀半ばになると中国からの移民が増大するが、本章後半で見るように、移民排斥運動を背景にして制定された一八八二年の移民法によって、中国からの移民は原則上不可能になった。代わって増加したのが日本からの移民である。

このように移民の送り出し地域が変化するのは、工業化・都市化が北西ヨーロッパから南東ヨーロッパ、さらにはアジアへと拡大していったからであるが、一九世紀に入ると、ヨーロッパやアメリカからの政治的・経済的影響力が強まったアジアやアフリカ地域の人々が、元々の生活を維持できなくなりアメリカへ移民する、という現象もみられるようになる。不熟練の賃金労働によってしか生きていくことができない人々が、当初は北西ヨーロッパ、そして一九世紀末には南東ヨーロッパ、さらにアジアやアフリカで膨大に生み出され、こうした貧しい人々が、成長と拡大を続けるアメリカへと移民していったのである。

その後アメリカでは移民を制限せよとの世論に押され、一九二四年に移民割当法が施行された。同法では一八九〇年の時点でアメリカに在住する移民人口の二％が各国の新規移民の上限に設定され、これによりアジアからの移民はほぼ不可能になり、南東ヨーロッパからの移民も大きく制約され、北西ヨーロッパからの移民も無制限ではなくなった。その後、アジアからの移民が再び制度上可能になるのは一九六五年に新しい移民法が施行されてからである。

二〇世紀初頭までに移民が増大したのは、アメリカにおける経済的な需要が移民を引き寄せ、移民を送り出す地域での政治・経済・文化・社会的な問題が移民を押し出したからであるが、それ以外にも要因はある。一九世紀になると、移民斡旋・仲介業者が多数現れて、移民が産業化し、なおかつ鉄道と汽船が発達したことで移動が以前に比べれば容易になった。それと同時に、アメリカと移民の故郷とを結ぶ情報の伝達速度も上がり、移民を決断しかねている人々が、より早く、より多くの情報を得ることが可能になった。加えて、先に移民した人々がすでに現地で生活を確立することで、その地域への次の移住がしやすくなる、ということもある。そのようにして、次に移民する人々にとってすでに先に移住した人々が移民をする上での物理的・精神的な条件を作っていることを、移民が鎖のようにつながった人間関係＝ネットワークを通じて生まれることから、「連鎖移民」(chain migration) と呼ぶ。そのような「鎖」を通じて人々は、移民先からの情報を集め、故郷に居続けるか移民をした方が有利であるかを検討し、移民を決断するのである。

移民と国境を越えたネットワーク

以上のようにしてアメリカに移民した人々が、定住することによって出身地のことを忘れて「アメリカ人」になったのかと言えば、そうではない。移民は同郷出身者と協力してさまざまなつながりを結び、故郷と同じ教会などの宗教施設を建て、故郷で話していた言葉で子どもたちに勉強を教える学校を設立し、故郷の言葉で印刷される新聞を発行し、食事やさまざまな習慣、建築物の様式に至るまで故郷のものに似通ったものを使い続け、自分たちが定住する新しい都市には、故郷の都市を思わせる名前をつけた。こうして同郷の移民が都市の一角に集まった結果、「リトル・ジャーマニー」「リトル・イタリー」「リトル・トーキョー」「チャイナタウン」という通称で呼ばれるような集住地区が世界各地に生まれた。

移民が集住するのは、同郷者とのつながりを利用しながら、新天地の厳しい条件の中で生き抜くための知恵だった。しかし他方では、故郷とのつながりをも保持しつづけていた。たとえば、アメリカで故郷の言葉による新聞を発行し、それを故郷にも送ったり、移民先の稼ぎを故郷に送金したり、さらには家族を呼び寄せるためにアメリカ行きの片道切符を郵送したりした。一九世紀末頃には船の渡航費が安くなり、アメリカとヨーロッパ往復の旅を楽しむ人々も増えていった。故郷に里帰りして結婚相手を見つけてアメリカに連れて行った人もいれば、アメリカで得た資金で故郷に戻って家を建て、アメリカには帰らない人もいた。

移民たちは故郷との関係を維持する一方で、移住国アメリカで経済的あるいは政治的な地位を確立しながら定住していくようになる。そのような定住のプロセスのなかでは、故郷との関係が維持されるだけでなく、他の異なる国々に移民した人々との間にネットワークが生まれ、国境を越えた移民のコミュニティが形成されることもある。そうしたネットワークに注目しながら、国境を越えた枠組みのなかでアメリカ史を捉えるべきだと、移民史家のD・ガバッチアはさまざまな移民の個人史を取り上げながら指摘している（ガバッチア 二〇一五）。以下では、こうした移民のなかでも、アナキストによる国境を越えたネットワークについて見ておきたい。

現代社会運動の起源としてのアナキズム運動

アナキズムとは「支配がない」（anarchy）状態、あるいは人間が支配から解放された自由な状態を理想に掲げる思想・運動であり、その支持者がアナキストである。アナキズムという言葉を理念として掲げる運動は一八八〇年代頃に姿を現す。当時主流だったのは、革命を通じて国家をなくすことで支配のない社会を実現するという、社会主義的な考え方だった。これに対し、今日に至るまで、個人の考え方や生き方に焦点をあてた哲学的もしくは個人主義的なアナキズムも常に存在しつづける。哲学的・個人主義的アナキズムは、自分自身が権力を持たず、また他人を支配しないこと、権力や社会のルールに縛られず、さらに国家・宗教・地域・職場・地縁・家族に基づく法律・制度・しきたり・考え方といった社会のあらゆる常識や規則や決まり、さらには科学や学問からも自由な状態を自分の生活の中で作り出すことを希求する考え方である。

現在見られるような、国境を越えて個人と個人が結びつくネットワーク型の社会運動は、一九世紀にアナキストがその原型を作り出したと言われる。一九世紀末頃の社会民主主義組織や二〇世紀における国際的な共産主義組織による大規模な運動と異なり、アナキストの国境を越えた運動は個人と個人が結びつきながら作り出されるネットワークで構成されている。そのようなネットワークは、世界各地で発行されていたアナキストたちの刊行物とそれらの複数言語への翻訳、そして国境を越えて渡り歩く個人を媒介として結びついている。ネットワークの結節点は世界各地にある集会場や個々の自宅あるいは刊行物であったが、なかでも重要だったのは、相互の連絡に従事していた個人である。したがって、アナキストの国境を越えるネットワークはきわめてパーソナルな関係の中で形づくられるという特徴を持っている。

こういったネットワークで結びついたアナキストである移民を見ていくと、もともと新たな経済的な機会を見つけるために移民した場合もあれば、主として政治的な要因で故郷を離れて亡命者・難民として移民した場合もある。移民先でアナキストたちは、異なる出身地の移民であっても、同じ信念を持つ人々との交流のなかで共通の運動を形成した。

アメリカにおけるアナキズムの歴史

一九九〇年代以降、アメリカでは、グローバル・ジャスティス運動やウォール街占拠運動（序章を参照）などでアナキストが重要な役割を果たし、今日、アメリカのアナキズムは世界的にもきわめて重要な存在となっている。その源流には、H・D・ソローが唱えた個人による市民的不服従などの実践がある。この源流が一八八〇年代から始まるB・R・タッカーを代表とする個人主義的アナキズムの潮流となった。他方、これと同時期に、主としてドイツ系移民がもたらした社会主義的で暴力も辞さない革命を目指すアナキズムも高揚する（ウドコック 二〇〇二）。

だがこれらの運動は、一八八六年に起きたヘイマーケット事件での弾圧をきっかけに衰退する。一八八六年、一日八時間労働を実現するために、アメリカ全土の労働者が同年五月一日を期していっせいにストライキを起こしていた。シカゴでもストライキが至る所で起きていたが、ある工場は、代替の労働者を雇って操業を続けていた。これに抗議しようとしたストライキを支持する労働者たちに対して、警察が発砲して死者が出た。翌日、市内へイマーケット広場近くで抗議集会がアナキストによって開催された。集会の終わり頃、実力で集会を解散させようとする警官隊の先頭に一発の爆弾が投げ込まれて爆発し、そのときのけがで、警官一名が死亡した。

シカゴ警察は捜査令状なくアナキストたちを大量に検挙し、運動を徹底的に弾圧するとともに、警官一名を殺害した首謀者として八名のアナキストを起訴した。そのうち二名はアメリカ生まれでイングランド・スコットランドにルーツを持つ人々で、一名がアメリカ生まれのドイツ系移民二世、五名がドイツ生まれの移民であった。彼ら全員にアリバイがあるとわかると検察は罪状を「陰謀」の扇動に切り替え、七名に死刑判決が出された。

だが、証拠もない人々が処刑されるという理由から、被告の家族や友人、そして労働者や社会主義者たちの間で助命嘆願運動が高揚し、国際的な広がりを見せるようになった。その結果、イリノイ州知事の決定により二名は終身刑に減刑されたが、五名に対する死刑判決はくつがえされず、八七年一一月一一日、一名が獄中で死亡し、他の四名がジャーナリストを含む一〇〇名以上の人々が見守るなかで絞首刑に処せられた。

処刑され、あるいは獄中で死亡したアナキストのうちの四名がドイツ出身かアメリカ生まれのドイツ系移民二世であったため、この事件を境にして、アメリカでは「アナキスト」と移民がそれまで以上に敵視されるようになり、また、暴力や爆弾と「アナキスト」が結びつけられるようになったことで、アナキズムに対する労働者たちの支持も弱まっていき、ドイツ系移民労働者を中心とするアナキズム運動は衰退していった。

他方、事件発生から処刑までの一年以上の間に、被告となったアナキストたちの法廷などでの証言、あるいは、労働者の権利や自由で平等な社会の実現を訴える彼らアナキストによる主張が新聞記事やパンフレットなどを通じてアメリカだけでなくヨーロッパ各地でも広まる。その結果、死刑執行後、処刑されたアナキストたちは崇高な理念のために無実の罪で殺害された「殉教者」と捉えられ、国際的なアナキズム運動のシンボルとなった。また、事件のきっかけとなった五月一日は、一九世紀末以降、社会主義運動や労働運動によって、彼らの死を思い起こすとともに労働者の権利を訴えるための「メーデー」として祝われることになる（Avrich 1984）。

その後、アメリカで増大するユダヤ系・ロシア系・イタリア系移民のアナキストたちは、ドイツ系移民たちの運動を引き継ぎつつ、自分たちが生きる社会や自分たちが形成する運動において、「今・ここで」「支配がない」状態をどのように実現するかということを重視した。例えば、アナキストが運動を形成する場合には、トップダウン型の組織ではなく水平方向に結びつくネットワーク型の組織により「支配がない」状態を実現しようとした。また、アナキストたちは、運動における人間関係ではなく、個人的で日常的な人間関係であっても、できるかぎり所属組織・イデオロギー・人種・性差など、さまざまな違いにとらわれないようにしていた。さらに彼らアナキストたちは、自由・自主・自治をうたうフリースクールを設立したり、ＩＷＷのような労働組合に加わりサンディカリズムを支持したり（第7章を参照）、国境を越えたネットワークを通じて自分の出身地も含めたさまざまな国々の人々と結びついたりした。以下では、アメリカに渡った中国系移民のアナキストたちがこのようなネットワークをどのように生み出したのか、それはどのような役割を果たしたのかについてみていきたい。

3　アメリカにおける華人アナキストの社会運動

移民と華僑

「移民」という単語は中国古代の書『周礼』にすでに登場し、飢饉のとき食糧に余裕のある地へ「民を移す」という意で用いられた。その後、災害対策としてだけでなく、居住条件の良い場所への移住を指す意味でも用いられるようになる。その移民概念が国外への移住まで拡大して「華僑」と呼ばれるようになるには、一九世以降の欧米との摩擦、対立や交流の歴史が関係している。そもそも「華僑」の「僑」とは他郷に仮住まいするという意味で、外国に居住していても、帰るべき地「華」を強く意識した呼称である。なお中国を出自とする民族性や血統のエスニシティを指す場合は、「華人」や「華裔」が用いられる。いずれにしても、中華概念がなければ成立しない呼称である点は共通している。

書物やメディアで華僑という語が使われるようになるのは、清朝の移民政策が緩和する一八九四年前後だと言われる（成田 一九四二）。移住先の海外でも、一九〇七年にはシンガポールの華字紙『中興日報』で、「華僑」という単語が用例として見られる（劉伯驥 一九七六）。つまり清朝末期の一九世紀に華僑が海外定住移民を指す用語として成立していることは、国家や国境線が意識されているということであり、やがて一九一二年に成立する中華民国に象徴される近代的国民国家形成と深く結び付いていると考えられる。

中国における移民史を遡れば、歴代王朝による制限を受けながらも、海外移民は一九世紀までの段階でかなりの規模に達していた。一七世紀にはスペイン植民地であったフィリピンに二～三万人、一七九〇年にはオランダ統治下のバタヴィア（現ジャカルタ）周辺に一〇万人、一八二一年にはバンコクに四四万人、一八三一年にはシンガポールに一万人の華僑が居住していたという非公式統計もある（陳碧笙 一九八四）。

ただし清朝は公式には江戸時代の日本と同じように鎖国政策を採っていて、一八世紀初頭には海外渡航に対して厳しい制限が法律で定められていた。ただし、清朝がこうした政策を取るのは、中華文明の中心として、その外にある非文明圏に対する王朝意識があってのことで、日本のような島国の鎖国政策と異なるのは言うまでもない。清朝の対外姿勢が変化するのは、アヘン戦争でイギリスに敗れ、その文明観に揺らぎが生じる一九世紀半ば以降のことである。

まず一八四二年の南京条約で、清朝はイギリスの要求に応じて香港の割譲や上海など五港の開港を余儀なくされた。一八六〇年の天津条約で、清朝は海外移住を原則的に認めるが、一方で一八九〇年代まで交渉や妥協を経て、移民保護のさまざまな方策を試みた。その間三〇～四〇万人に上ると言われる海外への移民（華人労働者）は、次の三つの類型に分けられる。

①猪仔《ちょし》：広東語で子豚を意味する差別的蔑称。一九世紀初頭にはすでに始まっていたと言われるが、南京条約以降拡大した。主に東南アジアへの奴隷に似た人身売買型の移民労働者である。

②苦力《クーリー》：ヒンディー語から来た呼称。多くがラテンアメリカ・カリブ・太平洋各地域への人身売買型の移民労働者で、南京条約後に拡大する点は猪仔と同じだが、出国前に斡旋業者と契約を交わすところが異なる。

③自由移民：猪仔や苦力と異なり、拘束的条件のある出国移民ではない。一九世紀半ば以降、資本主義が進展した北米やオーストラリアへ不熟練低廉労働者として渡った移民である。

このうち、三番目の自由移民に属するのが、次に見る北米への移民である。ここで注意すべきは、ヨーロッパから大西洋を越えて北米へ渡った移民と異なり、太平洋を越えて渡米した華人移民は、基本的に宗教的、政治的目的がなく、ほぼ経済移民であったという点である。このことは移住後の北米における共同体建設やネットワーク構築に大きな影響を与えている。

アメリカの華人移民労働者

東南アジアへの移民と異なり、北米への華人移民はまず太平洋という大海を渡る必要がある。一九世紀半ばの太平洋航路は帆船を主とし、香港からサンフランシスコまで四五日間が標準航海日数であった。その後、蒸気船の発達で航海日数が約一ヶ月程度に短縮されるが、それでも太平洋上でこれだけ長期間過ごすのは、決して容易なことではない。

一八四五年夏に香港からサンフランシスコへ向かった太平洋航路の船上で、八〇日間の航海で五〇〇名の華人移民のうち一〇〇名が壊血病で死亡したという記録もある（劉伯驥 一九七六）。病気や事故による生命の危険を恐れず、それでも渡米した華人労働者には、アメリカで経済的利益を得るという共通の目標があった。当初、その目標をかなえる方法は二つあったが、いずれも過酷な労働であった。ゴールドラッシュに沸く西海岸での採金、そして大陸横断鉄道の建設である。

まず一八四八〜五四年のゴールドラッシュを契機として、多数の華人がアメリカへ入国する。この歴史を反映して、サンフランシスコは現在でも華語では音訳の「三藩」ではなく、「旧金山」と漢字表記されることが多い。一八六〇年の人口調査によれば、サンフランシスコの華人人口は三万四九三三人で、全市人口の十分の一を占めていたといわれる（劉伯驥 一九七六）。時代は多少下るが、一八七〇年代後半〜八〇年代初頭の全米華人人口が一〇万人前後なので、サンフランシスコに華人移民の多くが集中していたことがうかがえる。

ちなみにメキシコ領であったカリフォルニアが、アメリカ合衆国の州となるのが一八五〇年のことなので、海港サンフランシスコの都市形成がゴールドラッシュと分かちがたく結びついていて、現在でもチャイナタウンやリトル・イタリーが市の中心部に位置する歴史的背景が想像できる。北米で華人集中居住区がチャイナタウンと呼ばれるようになる最初の都市もサンフランシスコである。

ゴールドラッシュが終わると、一八六三〜六九年の大陸横断鉄道西部区間建設でまた華人移民が増加するが、それも建設修了とともに終わりを告げ、華人移民は次の段階へと移る。とりわけ清朝とアメリカの間で移民労働者の渡航・入国が合法化する一八六八年のバーリンゲイム条約以降は、アメリカの近代産業を下支えする不熟練低廉労働者としての性格を強くする。一八八二年に排華法が成立する社会的背景がここにある。「一八五〇年代には、アメリカの産業界で移民労働者が使われる割合が跳ね上がり、国全体の工場労働者の半分を占めるに至っている」状況があったところに、「中国人移民と同様、アイルランド系やイタリア系移民をスト破りとして使うことは一八七〇年代には広く行われるようになった」（リー 二〇〇七）ことが排斥の一因となった。

近代産業の発展に伴い、資本主義が必然的に不熟練単純労働者を必要とし、労働条件が経済効率によって規定された結果、労働市場における移民利用にエスニシティが大きく関係するようになった。特に英語が不得意なアジア系移民労働者は、欧米からの後発移民よりさらに劣悪な労働条件や低廉な給与で雇用できることに、資本家側は目を付けたのである。

ところが「一八七〇年代の不景気の中で、白人は仕事をめぐって華人と競合することになる。雇用主は華人労働者を低賃金で雇用し、白人労働者と対立させ、一連の事件を誘発した」（Kwong 1988）ことから、労働運動の場において、華人労働者は独占資本に協力してスト破りを行う者と見なされ、労働者同士の対立が発生した。その典型的な例が一八八五年ワイオミング州ロック・スプリングスにおける華人労働者襲撃・殺害事件で、本来労働者として資本家に対して連帯すべき白人と華人が、労働条件をめぐって対立する構図が生まれる。労働運動の成果と言うべき労働騎士団が中心となって引き起こしたこの排華事件は、移民労働者が実は「移民」と「労働者」という異なる二つの身分を内包した用語であることを喚起する。

労働者がよりよい条件を求めて労働運動を展開する際、労働者内部の階層差は、資本家に対する闘争過程で連帯によって克服されるべきである。だが資本主義における賃労働が必然的に生み出す労働運動は、賃労働が確保されてこそ成立するため、その賃労働の水準を破壊するものとして、移民が攻撃対象となった。「一九世紀末のアメリカ労働市場の特徴は、南・東欧系の新移民の賃金労働者が大量に流入したことである」（貴堂二〇一二）と言われるが、移民と労働者は二項対立的な認識に陥る危険性があったということだろう。これは、二一世紀の今日まで続いている大きな問題でもある（第7章を参照）。

こうした労働問題を背景としていたため、一八八二年の排華法は当初華人労働者のみに適応される法律で、同じ華人でも商人・学生・教師・外交官・一般旅行者は対象外であった。エスニシティそのものを排斥の基準とすることは、明らかに移民の国アメリカのイメージに反する。にもかかわらず、こうした法律が施行される背景には、「中国人を一時的に働くために入国を許された者、用がすんだら故国に戻る者」（タカキ 一九九六）と見なす考えがあった。要するに、これよってヨーロッパからの白人移民が主流のアメリカの人種的同質性が守られることを期していたのである。それを示すように、排華法前後のアメリカのメディアにおける華人表象は、図3-1に見るように、人種的特徴をあげつらい、侮辱、嘲笑するものが目立つ。

図3-1　アメリカのマンガにおける華人移民イメージ
出所：胡垣坤ほか編（1997）

一九四三年に撤廃されるまで、途中の修正を経ても有効であった排華法は、移民問題と労働問題の対立を内包したアメリカ社会の新来者と既住者間の対立や排斥から生じた。華人移民労働者の場合、問題は華人＝エスニシティ、移民＝マイノリティ、労働者＝被搾取階級という三層に跨《また》がっている。例えば、華人の労働運動の場合、民族主義的な方向へ進めば、エスニック共同体、つまり華僑社会の連帯や強化が必要になり、必然的に出自国中国との紐帯が重要になる。一方、国際主義的な方向へ進めば、華僑というエスニシティを前提としながらマイノリティ間の連帯を探ることになる。またそれ以外のオルタナティヴな方向もあり得る。人種や言語の境界を超え、アナキズムのような理想主義によって、華人であることを脱構築する立場である。華人移民労働者の場合、通常は民族主義的立場をとる者が多く、一部には国際主義的な立場を受容する者がいるが、以下に見るように、民族や国家を否定してオルタナティヴな方向へ進むアナキストは、在米華人移民労働者の中では希少である。

華人の社会運動

華僑社会の紐帯は、血縁、地縁、業縁、つまり家族や親族、出身地、従事産業の三要素に基づくとよく言われるが、一九世紀末〜二〇世紀初頭のアメリカ華人移民労働者の社会運動には、華人社会のそうした特徴を反映した大きく二つの流れがある。ただ相互に関係のない運動ではなく、中国における政治状況を反映して、多かれ少なかれ互いに連動している。一つは出身地中国における革命活動の延長、もしくは後方基地としてのナショナリズム運動、もう一つは居住地アメリカにおけるマイノリティとしての権利獲得運動である。

前者は、孫文らの辛亥革命への関与が中心となる。華人は一般的に漢族とほぼ同義であり、一九世紀に渡米した華人の多くは広東出身者なので、清末改良派への支持活動、および同じ広東出身の孫文らの滅満興漢を旨とする革命活動、さらには中華民族主義による中華民国成立への援助まで、在米華人共同体は故国中国の革命活動を経済的に支える組織として機能した。孫文は辛亥革命以前に四回サンフランシスコを訪れているが、華人移民労働者の歴史をなぞるように、前二回の一八九六年と一九〇四年は船で、後二回の一九〇九年と一九一一年は大陸横断鉄道でサンフランシスコに到着している。いずれも在米華人社会内保守派の妨害をはねのけて、資金集めや革命宣伝のための訪問であった点で、アメリカの華人がまなざしを故国に向けて政治運動に関与する傾向があったことを示している。

チャイナタウンがその活動の中心だが、ここはそもそも移民の生活条件の維持やノスタルジア充足のため、飲食・宗教・風習・言語等において、伝統中国を再生産するのが通例である。今日でもサンフランシスコのチャイナタウンには、中華料理店、寺廟、会館が林立している。チャイナタウンとは単に中国人居住区ではなく、中国式生活様式の場であることがよくわかる。この場合の生活様式が、故国憧憬に基づいて伝統を再生産するものでありながら、孫文らの近代化を目指す革命活動と矛盾しないのは、民族の伝統が国民統合の役割を果たすからである。

一方、在米華人社会にはナショナリズム以外の政治思想運動も存在し、居住国における社会運動の萌芽となった。ただし、その多くは故国中国の社会主義運動の延長、もしくは影響を受けた運動であった。たとえば、一九一二年に成立した中華民国の初代総統となった袁世凱の秘書の江亢虎は、一九一三年、皇帝への野心を持つ袁に離反して、東京経由でサンフランシスコへ渡り、社会主義同志会の名目の下に政治活動を行った。江亢虎はアメリカの社会主義者やインドの独立運動家と交流があったと言われるが、チャイナタウンで華語学習会を開き、国民党員の協力を得て反袁世凱の活動を繰り広げた。その活動は在米華僑社会の運動と言うより、故国の運動の延長、もしくは連携であった。

ところが、同じ反袁世凱の立場を取っていても、中国アナキスト第二世代を代表者する師復の終生の同志だった鄭彼岸は、一九一三年反袁世凱を掲げた第二革命が失敗すると渡米し、サンフランシスコのチャイナタウンの華語夜間塾を拠点に、一九三〇年代までアナキズム宣伝活動に従事した。彼は江亢虎のように反共・反北伐、さらに対日協力へと思想的転向をせず、アナキズム思想普及に尽力して、華人社会内で、後の左派運動の種を蒔いた。

こうした背景の下に一九一〇年代後半に誕生した華人サンディカリスト（労働組合主義者）組織のサンフランシスコ工芸同盟総会は、在米華人社会内で初めて賃金労働者として社会運動を繰り広げた画期的な組織であり、第一次世界大戦後の不況および華人労働者の長期的な経済条件悪化の中で、労働組合を中心としたアナキスト活動を模索した。チャイナタウン内の縫製工場主や商店主に対して、九時間労働、時間外手当など九項目の要求を突き付け、受諾しない場合はストライキを行うと宣言した。一九世紀後半に白人労働者からスト破りと見なされることもあった華人労働者が、同じ民族の華人資本家に抗して、初めて自主的、組織的に立ち上がった特筆すべき行動である。

華人社会内で起きた初めての労働争議に困惑したチャイナタウンの工場主や商店主のうち、三二人がこの要求を受け入れたという統計が残っている（麦礼謙 一九七三）。華人でもなく、移民でもなく、ひたすら労働者という立場から資本家と闘った初のケースであると同時に、華人や移民を契機とする共同体ではなく、労働者が運動を通じて連帯組織を結成しようとした点で、大きな意味を持っている。

この勝利を得て、工芸同盟総会は洗濯業や農業部門にも組織を拡大し、一九一九年にはサンフランシスコ郊外のスイスンで農業労働者を組織して支部を結成、同時に組織名をアメリカ工芸同盟総会と改称した。一九二〇年には協同組合を結成するほど運動が盛り上がったが、一九二二年にいったん下火になり、活動が停滞した。その後、一九二四年に『工声月刊』を創刊して、活動を再開した。誌上では会員千数百人を自称していて、当時アメリカで最大の華人左派組織だったことになる。ただ、一九二七年には再び消滅状態に陥ったといわれる。これに代わって華人社会内で思想・労働運動を堅持することになるのが、アナキストグループ平社（The Equality Society）である。

平社と劉忠士

平社の中心人物、劉忠士、別名レイ・ジョーンズ（Ray Jones）は、一八九二年中国広東に生まれ、一九〇九年にアメリカへ渡った華人移民労働者である。回想によれば「平社は一〇～一二名程度のとても小さなグループでした」（Avrich 1995）とあるので、工芸同盟総会と比べるとかなり規模の小さい団体だったことになる。彼は中国やアメリカの近代史に名が残る思想家でも政治家でもない、ほぼ無名の華人アナキストであるが、逆に無名であることが、その思想と人生の歴程や意義を如実に示している。

劉忠士はアメリカへの華人移民としては比較的遅い方で、彼がアメリカに入国した一九〇九年の華人移民入国者数は一九四三人と、一九世紀に比べて少ない。すでに排華法が施行されていて、移民労働者として入国することができないので、在米華人居住者の親族と偽るなど、おそらく名前や履歴を偽装しての入国だっただろう。ちなみに彼の渡米と同年の一九〇九年に、孫文もサンフランシスコを訪問している。

劉忠士は自分の人生を、アメリカのアナキスト研究者ポール・アヴリッチのインタビューの中でこう語っている。

> 私は八二歳になります。一九〇九年にアメリカへやって来てから、さまざまな職業に就きました。鉄道建設労働者や、サクラメント近くの農場労働者などです。平社は一〇～一二名程度のとても小さなグループでした。私たちは刊行物を発行して、それを無料で配布しました。中国やアメリカ全土で配りました。巴金は仲間内で最も重要な書き手でした。（中略）

表3-1　1930年代在米華人労働者平均月収

鉱夫	15-25＄
鉄道建設	20-25＄
洗濯	15-20＄
土木	15-30＄
店員	15-25＄
料理人	15-25＄
雑用	10-15＄
教員	35-40＄

出所：李徳浜（1994）『近代中国民史要』哈爾濱出版社。

私たちは野外活動や講演会などの活動を通してサンフランシスコのイタリア語・英語併用グループと交流がありました。私はサンフランシスコ公立図書館へ雑誌『平等』を寄贈しましたが、資料や写真などは保存しませんでした。私はアナキストに生まれついたのだと思います。その理想は最初から私の中にありました。アナキストは今でも最も美しい理想であり、いつの日か実現するだろうと思います。（Avrich 1995）

平均的な華人移民の例に漏れず、劉忠士も肉体労働者として働いたが、また他方では多くの華人移民と異なり、財産や安定した地位を築くことをせず、一生を「美しい理想」に捧げた。ポール・アヴリッチと同時期に劉忠士にインタビューした、アメリカ華人史研究者のヒム・マーク・ライ（Him Mark Lai：麦礼謙）は、劉忠士が縫製労働者、農場労働者として一日一・二五ドル程度の収入しかなかったことを聞き取っている（一九七三年一月一四日に麦礼謙が行ったインタビューによる）。毎日仕事があり、週休一日とすれば、月収三三・七五ドルになるが、移民労働者がそうした条件に恵まれることは稀で、当時の華人移民労働者の平均月収に関しては表3-1のような非公式統計がある。これらの額は当時の大企業に勤める白人労働者の五％～二〇％の水準と推定できる。

この表3-1を参照すると、劉忠士も華人移民労働者の典型的な経済状態にあったことが想像できる。しかし、他の華人移民と異なり、その貧しい生活の中でもアメリカ各地のアナキスト団体に寄付を続けていたと、ポール・アヴリッチは前述インタビューの前書きで、その思想的献身行為を紹介している。

劉忠士の姿勢には、華人というエスニシティを超えて、アナキストとして生きる思想的一貫性が徹底していて、およそ華人移民労働者のステレオタイプに当てはまらない人物と言ってよい。実際、一九二八年に劉忠士は、ニューヨークで逮捕されたイタリア人アナキストのアーマンド・ボルギ救援のためのビラ撒き中に逮捕され、家宅捜索や暴行を受けるなど、晩年に至るまでイタリア系移民アナキストとの同志的友情が途切れることはなかった。個人的に親しかった同志アンジェロ・ルカの息子の証言によれば、郵便物もルカ家経由で受け取っていたという。

また同じく親しかったイタリア系移民アナキストのドミニク・サリトは、アーマンド・ボルギ講演会のときの劉忠士の思い出として、「ジョンジーは誰よりも早くやって来て、椅子を並べ、ボルギの講演に熱心に聴き入っていました。ひと言もイタリア語がわからないにもかかわらずです。そして終わると椅子を全部片付け、一番後に会場を後にしました。彼はいつも歩いてやって来ました。笑うことはあっても、滅多に喋りませんでした。内面にどのような感情を抱いていたかわかりませんが、とにかく献身的な人でした」（Avrich 1995）と、その誠実な姿を回想している。

劉忠士の思想形成——ナショナルな地平を超えて

劉忠士のアナキスト思想の中核が、中国を離れる前にすでに形成されていた可能性はある。中国アナキスト運動第一世代の機関誌『新世紀』（パリで創刊）、『天義報』（東京で創刊）はともに一九〇七年の創刊だが、そこに至る過程で広東を中心とする新思想の受容がなければ、孫文らの革命活動も、またアナキスト運動もあり得ない。「私はアナキストに生まれついたのだと思います。その理想は最初から私の中にありました」との本人の言からすれば、広東での少年時代にすでに思想の核は形成されていたかもしれない。

図3－2　劉忠士蔵書票
出所：個人蔵

　ただ一七歳の若さで渡米した経歴から考えると、思想として開花したのはやはり渡米後と見るのが妥当だろう。華人というエスシティによって差別を受け、移民というマイノリティとして不公平な権利状態に置かれ、労働者であることによって資本家から搾取される日々の中で、一九一〇年代のサンフランシスコにおける劉彼岸らの活動や、工芸同盟総会結成のような現実の社会運動、さらにはアメリカ各地のアナキズム運動情報に触れながら、自らのアナキズム思想を深化させたと思われる。ただし、アナキズムが国家や政府を否定する自由思想であることから考えれば、思想を受け入れる空間は華人社会にあったとしても、アナキズム思想を深化させる契機は華人エスニシティではなく、移民及び労働者という弱者の立場だったはずである。

　著作をほとんど残していない劉忠士の思想内容を理解する資料は少ないが、かろうじて残された私信の中に少し手掛かりがある。たとえば一九二二年の父親宛書簡で劉忠士は、故郷広東にいる妹の結婚を両親が取り決めようとしていることに反対している。書簡の前半で劉忠士は、まず両親が信じている因習的な信仰や風習を迷信として批判し、その伝統的観念を厳しく批判する。そして「結局のところ、婚姻制度は劣悪で廃絶すべきものです。下の妹の結婚を父母が決めてしまった件ですが、妹が相手の男性を知っているか、気に入っているかどうか、私は知りませんし、またそのことはどうでもいいです。妹に自由な権利や自分の考えがあってほしいと願うばかりです」(劉忠士 一九二二)と、妹が封建的婚姻を強制されることに強く反対して、旧来の婚姻制度を全面否定している。

劉忠士が父親に向かって主張するのは、男女が自由意思によって結びつく近代的婚姻観である。「もし妹がその男性と知り合い、気に入り、愛し合い、共同生活を送ることを願うなら、両親は二人の自由にさせるのがよろしい。自由意思で夫婦となれば、それで十分です。しかし、いま妹は結婚が取り決められ、私はその不合理な婚礼儀式に反対なのです」(劉忠士 一九二二)と劉忠士は手紙で訴えている。自由恋愛を提唱するこうした考えは、一九二二年アメリカという時空と、海を越えた中国の五四新文化運動の潮流が共鳴したかたちになっている。

さらに数ヶ月後の父親宛書簡では、「父上が今年弟を学校へやらなかったことを知りました。弟に勉強の機会を与えないことは、私有財産制資本主義の教育からの圧迫によるものです。資本主義の私有財産制を打破すれば、貧困に苦しむことなく、子女は親の負担なしに完全な教育を受けられます」(劉忠士 一九二二)と、資本主義を批判する立場に立って、弟の進学を強く支持している。近代教育が近代人を育成するという考え自体は、今日から見ればプリミティヴに見えるかもしれないが、劉忠士の家族が暮らす一九二〇年代初頭の広東の農村にあっては、自由世界を創設するための重要な方法である。

ここで家族宛書簡を確認したのは、劉忠士が他の華人移民労働者と同様に、故国との紐帯を保ち続けたことを示すためではなく、むしろ逆にその紐帯を通じてアナキズムのような近代思想を伝播させていることに注目してのことである。華人ネットワークを通じて国家・民族を否定するアナキズムが広がることは、エスニシティと思想の自家撞着ではなく、ネットワークという人間関係の輪が持つ可能性に鍵がある。劉忠士のそうしたアナキズム思想が活動として顕在化するのが、後で見る一九二七〜三一年にかけての雑誌『平等』発行である。

その後、一九三〇年代になると、太平洋の彼方で日中全面戦争が始まる。アナキスト劉忠士は当然ながら反戦活動に加わるが、その立場は華人の祖国愛、愛国主義とは大きく異なり、ナショナリズムを批判しながら、貧しき者のために戦争反対を呼びかけるというというものであった。当時彼は「両国の人民は／資金を集めて援助し／金を借りて戦争し／国のために奉仕する／貧者が犠牲となり／富者が驕り栄える」(カリフォルニア大学バークレー校図書館所蔵劉忠士遺稿より)と詩に書き、国家間の戦争という視点で問題を考えることの弊害を指摘して、華人社会の主流であった愛国主義に抵抗した。実際に彼はアメリカ在住華僑の互助組織である中華会館の戦争募金を拒否して、他の華人に殴られるという経験もしている(麦礼謙 一九七二)。さらにベトナム戦争反対運動が昂揚した一九六〇年代にも積極的に反戦活動に参加し、一九六八年には「私は年老いて孤独であるが、反戦の列に加わってデモに参加し、何度も歩いて公園の集会に出かけたものだ」とノートに書き残している(劉忠士遺稿より)。

こうした思想と行動の一貫性こそが劉忠士にとって、アナキズムの実践そのものだった。それはナショナルな革命の求心力に吸収されてしまう多くの華人移民と異なり、自分の生活思想の内部に普遍性、世界性を内包する理想への献身であり、華人としての出自を超えて、理想によって個人が結びついていく共同性への憧憬の表れでもあった。劉忠士は出発点として華人というエスニシティを有しており、華語を母語としていて、最後まで英語が不得意であった。その一方、彼は一生をアナキズムの理想に捧げ、華僑という言葉から連想される蓄財や血統主義とは無縁の人間であった。彼は生涯を土木労働者、縫製労働者、あるいはスタインベックが『怒りのぶどう』で描くようなカリフォルニアの農場労働者として終え、華人社会とも距離を置いて生きた。華人移民であった彼が晩年親しくしていたのは、イタリア系移民のアナキストであった。

移民労働者として教育を受ける機会もなく生きた劉忠士は、自らの肉体労働で得た金で、以下に見るように雑誌『平等』（図3-3）の発行を可能にし、パリ在住中国人アナキストの巴金たちに文章発表の場を提供するが、自身で何かを著して歴史に名を残すようなことはしなかった。だが無名のまま生きた彼は、実は周囲の人々の記憶に大きな存在として残っている。まさに『怒りのぶどう』主人公トム・ジョードのように、劉忠士は「暗闇のどこにでもいる」のである。

雑誌『平等』の背景

サンフランシスコで劉忠士を中心に発行されていた華語アナキズム雑誌『平等』（図3-3）の背景を知るために、この雑誌の編集作業を中心的に担い、また主要な執筆者でもあった、国際的に知名度の高い中国のアナキスト作家巴金、および中国アナキズム運動について、簡単に述べておきたい。

一九二七〜二八年のフランス留学時代、巴金の思想的苦悩は、一つに中国国内のアナキズム運動が一九二七年四月の蒋介石のクーデターを契機に分裂、挫折することに原因があった。実は中国アナキズム運動は、蒋介石のクーデター以前に、国共合作を基盤とする北伐に対してどのような態度を取るかで、すでに内部対立が表面化していた。巴金はフランス留学当時の一九二五年から書簡を交わしていた著名なアナキスト、エマ・ゴールドマン（Emma Goldman）宛ての手紙の中で、「中国アナキストの多くが、あなたの言うように〝国民党アナキスト〟であることは確かです。一部には革命のため、民衆のために闘う人々もいますが、多くは日々の糧のような自分の生活のためです」（一九二七年七月五日付エマ・ゴールドマン宛書簡）と述べ、国民党と共産党という二大勢力に挟まれて思想的自立性を失っていく多くのアナキストを批判している。

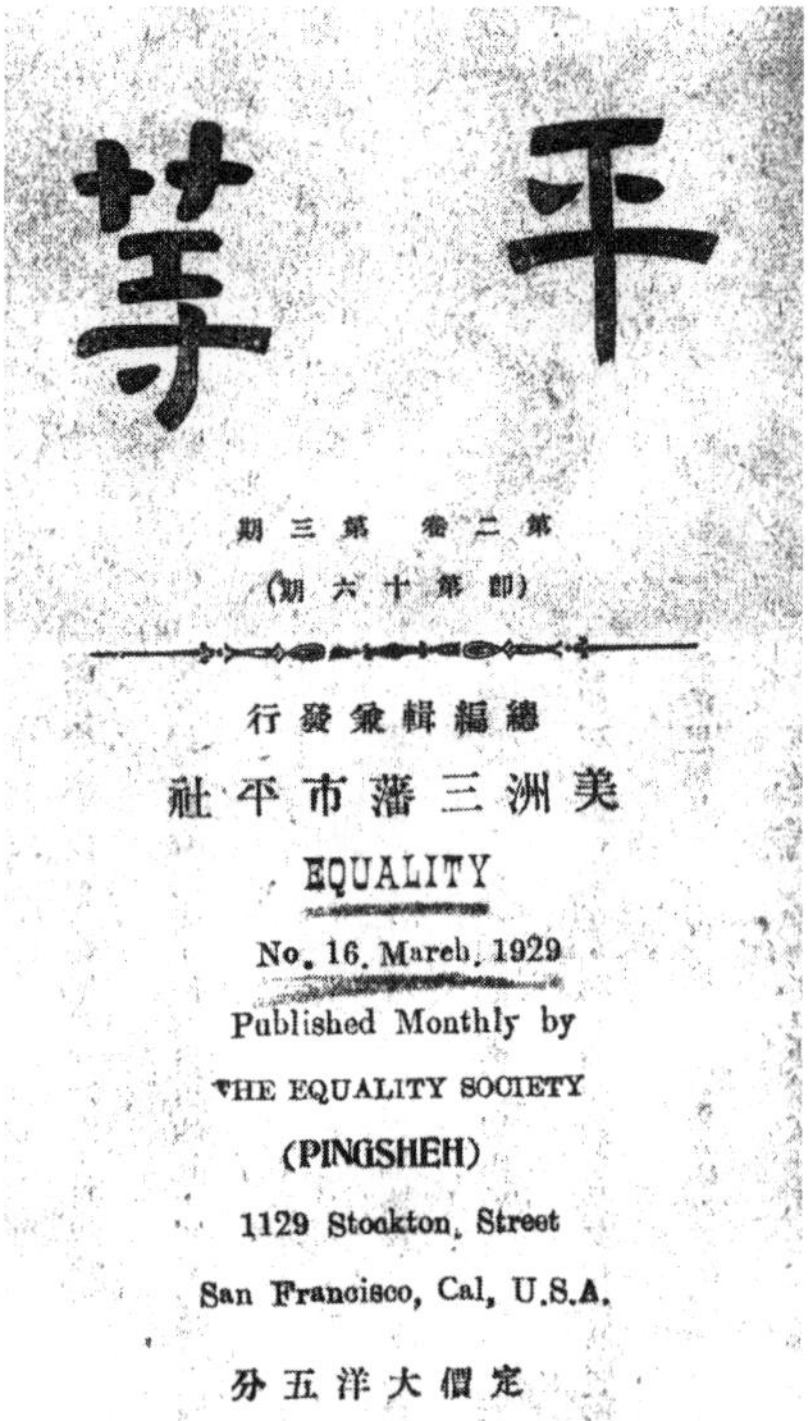

図３－３　『平等』第２巻第３期表紙
出所：個人蔵

この問題に対してゴールドマンは、「中国に関して我々の同志が取っている偏狭な態度にそう失望する必要はありません。あなたはこの運動の中ではまだ若い。だから私たちの隊列には、当初から二つの集団があることを知らないのです。一つはアナキストを偉大なる闘争や生活の重圧から離れて、小さな集団の中で行われる知的研究と見なす人々。もう一つは、クロポトキン、バクーニン、ルイズ・ミッシェル、マラテスタ、ロッカーなどのような偉大で、普遍的な精神です。アナキズムが社会の建設的な要因であることを願うなら、人民に近づき、人民の戦いの一部にならなければならないと考える人々です」（一九二七年五月二六日付巴金宛書簡）と説明し、アナキズムを現実の社会運動の中で考えることの重要性を指摘している。

当時の中国アナキズム運動の論点は、国民党と共産党を中心に推進された国民革命におけるアナキストの自立性、資本主義批判、ナショナリズムへの警戒、および民衆運動への態度の四点に集約されるだろう。蒋介石によるクーデター発生前に、巴金はパリの下宿の同居人であり、またアナキストとして同志であった呉克剛、衛恵林とこの問題を議論して、『無政府主義と実際問題』（一九二七）を発表している。この三人の主張を並べてみると、アナキストの自立性、資本主義批判、ナショナリズムへの警戒に関して、衛恵林、巴金、呉克剛の順にその程度が薄らいでいく。ただアナキズムを机上の空論としてではなく、民衆が自らを解放する実際の運動の中で検証される思想と考えている点では、三人の主張に大きな相違はない。

だが三人がパリでこうした議論を行っている間に、蒋介石のクーデターが勃発して、国民革命自体が崩壊し、『無政府主義と実際問題』の議論の前提が崩れてしまう。これを受けて、巴金はアナキストとして次に進むべき道を模索するわけだが、当時の中国国内のアナキズム雑誌には、彼の主張を受け入れるだけの余裕も戦略も中立性も乏しかった。かわりに巴金に意見発表の場を提供し、中国アナキズムの問題が、国際アナキズム運動や世界革命とつながることを示したのが、サンフランシスコの華人アナキズム雑誌『平等』なのである。

雑誌『平等』とアナキスト・ネットワーク

『平等』は、現時点で確認できる限りでは、一九二七年七月から一九三一年一〇月まで全部で二三号発行されている。編集は当初フランスで、後に上海で巴金が中心になって行ったが、特に巴金のフランス留学時代に重なる第一号から第一三号は、紙面のかなりの部分を巴金自身が執筆している。パリにいた巴金がどのような経緯で劉忠士と連絡を取り、『平等』を編集することになったか、現時点ではまだ不明の点が多いが、劉忠士に宛てた巴金書簡や『平等』の記載内容から発行過程が多少判明する。例えば一九二九年四月劉忠士宛巴金書簡に次のような記述がある。

『平等』第三号を郵送したので、きっとすでに受け取っていることと思います。第四、五号合刊は通常の倍ほどの紙幅があり、近々出版できます。合刊の理由は印刷所の仕事が遅滞しているためです。第六号は編集をすでに終え、近いうちに印刷所に回します。いずれにしろ『平等』は必ず維持し続けます。原稿面では沈仲九と呉克剛と私の三人が今後も執筆を続ければ、よい結果が得られるでしょう。第二号から百部余分に残します。と言うのも国内にいつも欲しいと言う者がいるからです。第七、八号はサッコ・ヴァンゼッティ特集号です。私はそれを冊子にしようと思っています。この合刊は五〇〇部余分に印刷して国内で配布しようと思いますが、如何でしょうか。

これを見ると、『平等』はサンフランシスコの華語雑誌だが、パリや上海で巴金が編集し、上海で印刷してアメリカへ送っていたことが判明する。巴金のフランス留学時代と重なる『平等』第一巻（一九二七年七月〜一九二八年八月）は全部で一三号発行されているが、特徴的なのは、主な内容が世界のアナキズム運動の紹介や翻訳であることで、特に第四号のサッコ・ヴァンゼッティ事件や、第五号、六号のヘイマーケット事件の特集号が象徴的である。またクロポトキンの著作の翻訳が多いが、これは巴金の思想的傾向を反映している。

さらに巴金自身の手でロシア・エスエル左派運動史が翻訳されている点は、パリから上海へ戻った巴金がロシア・ナロードニキの紹介・翻訳を精力的に行い、ゲルツェンやゴーリキーなどの翻訳にも乗り出していることとも関連し、この時期の巴金の関心がアナキズムとナロードニキにあったことを示している。要するに第一号から一三号までは、世界のアナキズム運動を知り、中国であれアメリカであれ、その受容の中から自分たちの運動を世界へつなげようとする試みの過程であったと分析できる。

巴金の中国帰国後に発行された第二巻（一九二九年一月〜一九三一年一〇月）は全部で一〇号発行されている。第一巻から引き続き世界のアナキズム運動の紹介や翻訳があるものの、中国国内の情勢を踏まえたアナキズム革命論・運動論が連載されている点で、第一巻とは少し方向性を変えている。第一巻の各号にも中国アナキズム運動内部の問題に対する主張はあったが、第二巻ではそれが連載というかたちで継続的に議論されている点が特徴的である。

世界を知ることで、アナキズムの普遍性を確認する主体を確立する方向性が見える第一巻の時期と比べ、第二巻は当初からの在米華人向けの情報発信という形式を保ちながら、しかし実質的には中国アナキズム運動固有の問題に焦点を当て、自分たちの運動内部でアナキズムの世界性や普遍性を追求することを目指しているように思える。言わば世界を知る窓口であると同時に、世界へ発信する窓口でもある雑誌として構想されていたと考えられる。

4　おわりに

最後に、本章でみてきた事例をもとに、移民とネットワークの関係についてもう一度整理しておきたい。

まず、そもそも在米華人アナキストによる華語雑誌『平等』の読者は、いったいどこにいたのだろうか。またどの程度広がっていたのだろうか。劉忠士自身の言によれば「それを無料で配布しました。中国やアメリカ全土で配りました」とあるが、実際にはそれより遥かに広い地域まで配布されていた。例えば第一巻第四号の巻末に連絡所として、カナダ、キューバ、フランス、中国の四ヶ国の個人および機関の住所が記載されている。このうちカナダの連絡所は華人の労働組合になっていて、アメリカ工芸同盟総会と似たカナダの華人労働者サンディカリスト組織と連携していたことが想定できる。キューバに連絡所があるのは、歴史的に見れば苦力移民の結果か、そのなごりと想定できる。

言って見れば、華人＝エスシティ、移民＝マイノリティのネットワークに沿って、労働者＝被搾取階級のアナキズム思想が広がり、また同時にアナキストのネットワークに沿って、華人・移民の紐帯が強化される機制がそこにあることになる。国家や政府を否定するアナキストであれば、祖国憧憬のような中国性（Chineseness）は否定されることになるが、その拒否思想たるアナキズムが華人移民ネットワークで広がるパラドクスを解明するには、民族主義や一般的な国際主義ではなく、個人と個人が理想で結びつくアナキズムの思想的原理に注目する必要があるだろう。

アナキズムとは人を孤立させる思想ではなく、人が自由な権利を行使することを通じて、他者と関係を結ぶ思想である以上、華人・移民・労働者の個別レベルに留まってネットワーク形成するのではなく、絶えず各レベルを超えて、新たなネットワーク形成に向かう継続志向こそが、アナキズム思想の実践となる。劉忠士と巴金の共同作業による華語雑誌『平等』は、一九二〇年代に太平洋と大西洋を跨いで展開された、その稀有で貴重な実践の成果である。

人種や民族や言語は二一世紀の今日、世界各地で集団統合の手段として用いられ、排外主義に陥れば集団間の戦争の原因になってしまう。およそ一〇〇年前に実践された劉忠士や巴金のようなアナキストのグローバルな活動軌跡から学べることは、人種や民族や言語が統合手段ではなく、個性や個人の特徴を示す要素であると認識することで、各個人が自主的に手を取り合って、新たなネットワークや共同体創設に向かうことができるということである。

参照文献

〈日本語〉
ジョージ・ウドコック（二〇〇二）『アナキズム』（Ⅰ・Ⅱ）白井厚訳、白水社。
ダナ・R・ガバッチア（二〇一五）『移民から見るアメリカ外交史』一政（野村）史織訳、白水社。
貴堂嘉之（二〇一二）『アメリカ合衆国と中国人移民』名古屋大学出版会。
胡垣坤ほか編（一九九七）『カミング・マン』村田雄二郎ほか訳、平凡社。
ロナルド・タカキ（一九九六）『もう一つのアメリカン・ドリーム』阿部紀子・石松久幸訳、岩波書店。
成田節男（一九四一）『華僑史』蛍雪書院。
ロバート・G・リー（二〇〇七）『オリエンタルズ——大衆文化のなかのアジア系アメリカ人』貴堂嘉之訳、岩波書店。
〈英語〉
Paul Avrich (1984) *The Haymarket Tragedy*, Princeton University Press.
Paul Avrich (1995) *Anarchist Voices : an Oral History of Anarchism in America*, Princeton University Press.
Peter Kwong (1988) *The New Chinatown*, New York : Hill and Wang.
Patrick Manning (2005) *Migration in World History*, Routledge.
Emma Goldman's letter to Li Pei Kan (May 26, 1927), Emma Goldman Archive, International Institute of Social History, Amsterdam, The Netherlands.
Li Pei Kan's letter to Emma Goldman (July 5, 1927), Emma Goldman Archive, International Institute of Social History, Amsterdam, The Netherlands.
〈中国語〉
陳碧笙（一九八四）「関於華僑史分期的幾個問題」呉沢主編『華僑史研究論集』上海：華東師範大学出版社。
麦礼謙（一九七三年一月～一二月）「美国華人左派運動簡史（二）・（三）」サンフランシスコ：『為民報』。
李徳浜・石方・高凌（一九九四）『近代中国移民史要』哈爾浜出版社。
劉忠士家族宛書簡（一九二二年二月二八日、三月二一日）Ray Jones Archive, Him Mark Lai Collection, Ethnic Studies Library,

University of California, Berkeley.
劉伯驥（一九七六）『美国華僑史』台北：黎明文化事業公司。

第4章　マイノリティがつくりだす社会運動

山本明代・田中ひかる

1　はじめに

「マイノリティ」という語は、日本語では一般的に社会的少数者と訳されており、政治勢力、階級、民族、人種、ジェンダー、性的志向、障害の有無など、多様な人々が想定されている。つまり、マイノリティとは、特定の人々ではなく、自らの意志に関係なく、誰もがいつでもなりうる状態を指す言葉である。

こういった人々が構成する「マイノリティ・グループ」は、アメリカの社会学では、社会で優位を占めている多数派に属する人々と比べて思いのままに人生を歩んでいくことができない、社会の下位に置かれた集団と定義されている。あるいは、「マイノリティ」とは「多数派」に従属している人々であり、「多数派」とは「マイノリティ」を支配している人々であるとも規定されている。この場合、多数派に支配され従属している人々は、人生で得られるはずの成功、教育、富、幸福追求に関わる機会をわずかしか持たず、それらをほとんど享受することができない。しかも彼らは、数的には「多数派」よりも多い場合がある。

たとえば、現在のアメリカで「マイノリティ」と呼ばれている黒人（アフリカ系）、ヒスパニック、先住民の人数を合わせると白人よりも多いが、支配的な力を持っているのは白人である。また同じく、「マイノリティ」とされる女性は男性とほぼ同数存在するが、男性は依然として女性よりも権力と富を掌握している。こういったマイノリティ・グループのメンバーは、偏見や差別を受けてきた経験を持つことが多い（Schaefer 2015）。

以上の定義がすべてのマイノリティに当てはまるわけではない。とはいえ、マイノリティとして社会運動を始めるために立ちあがる、あるいはそれらに参加する者は、自分がマイノリティに属するがゆえに不当な扱いを受けていること、そのため思いのままに人生を歩むことができず能力を発揮できない、ということを強く実感している。

アメリカのロック・バンドのグリーン・デイは『マイノリティ』（二〇〇〇年）という楽曲で、「多数派のモラル」を拒絶し、「マイノリティ」でありたいと主張する人物の心情を歌っている。この場合の「マイノリティ」は、多数派と異なる価値観や生き方をあえて自らの決断で選択することで成立する。社会運動においても、「マイノリティ」という語は自ら選択される場合が多い。

ただし、選択より重要なのは、「多数派」によって自分たちが不当に差別・抑圧され、権利を奪われている、という共通の経験を基盤にして、支配され従属させられているという現状を批判し、権利を獲得する運動を形成し、これが政府との激しい対立や独立運動に発展する場合もある、という点である。

本章の前半では、ヨーロッパ・南北アメリカ、そして太平洋・オセアニア地域において展開された歴史上のマイノリティによる社会運動を概観する。そして後半では、アメリカ合衆国で一九五〇～七〇年代に展開された公民権運動、エスニック・マイノリティの運動、ＬＧＢＴ、先住民、障害者の運動について検討し（女性運動については第1章を参照）、最後に、アメリカの運動がグローバルに影響を与え、さらにこれらの多様な運動がグローバルに結びついていった状況について見ていく。

2　マイノリティによる社会運動の歴史

グローバルに認められたマイノリティの権利

国連が一九四八年に採択した世界人権宣言の第一条では、「すべての人間は、生まれながらにして自由であり、かつ、尊厳と権利とについて平等である」とされ、第二条では、「すべて人は、人種、皮膚の色、性、言語、宗教、政治上その他の意見、国民的もしくは社会的出身、財産、門地その他の地位又はこれに類するいかなる自由による差別をも受けることなく、この宣言に掲げるすべての権利と自由とを享有することができる」とされている。しかし、これは個人に関する普遍的な原則であっても、マイノリティの権利を保障する上では有効ではなかった。

その後、一九六五年に国連で採択され九五年に日本も批准した「人種差別撤廃条約」、六六年に採択された、植民地の自決・独立の権利として民族自決権の保障をうたう国際人権規約、六九年に採択された「すべての人民」が「自決の権利を有する」ことを宣言する「経済・社会・文化的権利に関する国際協定」、一九七九年に国連で採択され八五年に日本政府も批准した女性差別撤廃条約などは、マイノリティの権利を守るための国際条約の一部である。さらに、一九九二年には国連総会で「国民的または民族的、宗教的および言語的少数者に属する者の権利に関する宣言」が採択され、ここではじめて、民族、宗教、言語的なマイノリティに所属する人々の人権の尊重もうたわれた。

二〇〇六年には国連総会で「障害者権利条約」が採択され、日本もこれを二〇一四年に批准し、これをふまえて一六年には「障害者差別解消法」が施行されることになった。他方、二〇〇七年には先住民族の権利に関する国連宣言が採択された。アメリカ・オーストラリア・ニュージーランドなどはこの宣言を批准していないが、二〇〇八年にはオーストラリアとカナダの首相がそれぞれの国会で先住民族に対する政府による過去の抑圧についてその一部を認め謝罪し、それ以降も改めて謝罪がなされてきている。さらに、二〇一一年には国連人権理事会で「性的マイノリティの人権に関する決議」が採択された。

こういった国連における条約、宣言、決議は、批准した国家が国内法を施行・整備するように方向付ける上で重要であると同時に、マイノリティの社会運動を推進し、差別撤廃の重要性に関する認識を各国で共有するための役割も果たしている。とはいえ、このような国連での宣言や決議が採択される背景には、世界中で数世紀にわたって展開されてきたさまざまなマイノリティによる社会運動がある。以下では、ヨーロッパ・南北アメリカ大陸・太平洋およびオセアニアでマイノリティそして彼らの運動が形成されていく過程についてみていく。

先住民・奴隷の反乱から民族独立運動まで

今日のマイノリティ集団と同様に社会で従属的な地位に置かれ、抑圧された人々を数世紀前までさかのぼれば、たとえばヨーロッパでは中世以来カトリック教会から異端として迫害されたさまざまな個人やグループがいる。ユダヤ教徒、カタリ派、非暴力主義を貫くクエーカー教徒（第2章、第5章参照）、フランスのユグノー派、レコンキスタすなわち七一八年から一四九二年まで行われたキリスト教国によるイベリア半島の再征服活動以降に迫害されたイスラーム教徒などがこれにあたる。

レコンキスタが終了すると、一五世紀末のコロンブスの航海を皮切りに、スペインやポルトガルなどがカリブ海、さらには南北アメリカ大陸を侵略して植民地化する。これらの地域の先住民は、入植者による侵略に抵抗して虐殺されたり、あるいはヨーロッパから持ち込まれた伝染病によって膨大な死者を出した。その結果、多くの先住民が絶滅し、生き残ったとしても奴隷化されていった。このような植民地化の過程でヨーロッパからの侵略者に対して先住民たちが起こした無数の反乱は、今日的な意味では社会運動であったといえる。

スペインの司祭ラス・カサスは、先住民を虐殺したり奴隷として使役することの不当性を訴え続けたが、先住民の代わりにアフリカの黒人を奴隷として導入することについては積極的であった。そのような考えは間違っていたとラス・カサスが気づいたのは晩年になってからである。こうして先住民の代わりに南北アメリカ大陸とカリブ海地域に奴隷として導入されたのは、アフリカで拉致されて大西洋を経由して連行されてきた黒人たちであった。

黒人たちはそのような不当な行為にただ従ったわけではなく、拉致されるとき、航海の途中、そして移送先のカリブ海やアメリカ大陸の各地に到着してからのいずれの時点でも反乱を起こした。その結果、スペイン植民地は常に争いの勃発する状態に置かれた。また、なかには山間部に逃亡し、アフリカでの習慣に沿った共同体を作り出し、焼き討ちなどによってヨーロッパ人たちに抵抗を続けた黒人たちもいる。

黒人奴隷の反乱と並んで先住民の反乱も続き、特に一七八〇年にペルーでおきたトゥパック・アマルの反乱は、鉱山などでの強制労働の廃止を訴えたことにより多くの参加者を獲得し、首都のクスコに迫った。結局はスペイン軍に敗北したとは言え、これに影響を受けた先住民による同様の反乱が各地でおき、これが一九世紀初頭に南米で諸国家が独立するきっかけともなったが、独立した国家の中でも先住民は差別され続けた。

他方、一七八九年にフランスで起きた王政打破の革命の影響で、フランスの植民地サン・ドマングでは黒人奴隷や逃亡した元奴隷たちが反乱を開始し、ハイチ共和国が樹立された。植民地における反乱や逃亡、そして革命という自由を求める奴隷や元奴隷たちの行動とそこに示された彼らの意志も、イギリスやアメリカで一九世紀初頭から奴隷廃止運動が生みだされた要因の一つである（ウィリアムズ 二〇一四）。

ヨーロッパでは、フランス革命以降、次第に信教の自由が認められるようになるが、一九世紀末になると疑似科学的な人種主義がマイノリティ差別や植民地住民に対する支配を根拠づけるようになり、ドイツではユダヤ人を「人種」として差別する「反セム主義」が生まれ、これがナチにまで受け継がれた。また、第一次世界大戦後「民族自決」が国際秩序を維持するための原則の一つとされたが、当初想定されていたのは、ハプスブルク帝国などが解体して生まれた新興諸国家が「一民族一国家」という原則によって独立することでしかなかった。

しかも解体したヨーロッパの諸帝国は、もともと多様な人々から構成されていたため、そこから生まれた新興諸国家は、最初からさまざまな少数民族を抱え込んでいた。民族自決の原則を厳密に当てはめれば、国家はさらに細かく分けられることになる。そういった事態を避けるため、国家がマイノリティを「保護」することが決められ、また国家とマイノリティとの紛争の調停を国際連盟が仲介する制度が作られたが、このような仕組みは機能しなかった（水野 二〇〇六）。

とはいえ、アジアやアフリカで展開され始めていた民族独立運動にとって、さらには北米の先住民にとって、「民族自決」は重要な指針となった。一九二二年にカナダの先住民によるホデノショニ（イロコイ）連邦の代表である通称デスカヘーは、先住民会議の代表としてスイスの国際連盟に赴いて先住民の権利の保障を訴えたが、国際連盟では取り上げられなかった。しかし、スイス各地で演説を行いスイスの人々から好意的に受け止められたと伝えられている（Smith 2005）。

たしかに、植民地から独立していても、アジア・アフリカ諸国では自国の領土内で「民族自決」やそれと同様の意志を示すマイノリティを差別・抑圧してきている。それにもかかわらず、「民族自決」は国連が認める権利であり、これがマイノリティとしての自治や権利の補償を要求する運動に重要な根拠を与えている。以下ではそのような運動のうち、太平洋・オセアニア地域における先住民による運動についてみていきたい。

太平洋・オセアニアの先住民による運動

オーストラリアでは一八世紀末からイギリスによる植民地化が始まり、先住民（アボリジナルピープル）は土地を奪われ、虐殺や伝染病などによって人口が激減した。その後保護区に隔離して自由を奪う政策が遂行されるなかで、一九世紀末から先住民は基本的人権や市民権を要求してさまざまな運動を展開していった。一九六〇年代になると、そのときまでに彼らが独自に積み上げてきた運動に加えて、後述するアメリカの黒人による公民権運動や先住民による権利回復運動などから影響を受けた人々が土地回復運動や人権回復運動を展開した。その結果、徐々に制度の改善がなされるようになり、九三年には「先住権原法」が制定され、植民地開始時点で先住民が有していた土地などに対する権利が法的に根拠づけられることになり、その後、同法に基づくさまざまな法的な手続き、あるいは新たな法の制定を通じて、先住民には元々の居住地の所有権が認められていった（鎌田 二〇一四）。

ニュージーランドの先住民マオリの場合、一八四〇年にイギリス政府とマオリの諸族との間でワイタンギ条約が締結され、マオリはイギリスの臣民であると定められたことにより、国家から権利が認められる立場を得たはずだった。ところが、土地の所有をはじめとするさまざまな点でマオリの権利が侵害されたため、これに対してマオリは抵抗を続けた。一九六〇〜七〇年代には、オーストラリアの先住民と同様、それまでニュージーランドで展開されてきた運動に加えて、アメリカの運動からの影響により、マオリの権利をめぐるさまざまな運動が高揚する。

都市の若者は後述するブラック・パンサーの影響を受け、マオリ社会発展のための自助プログラムを実施して都市の若年層がマオリ語やマオリ文化を学ぶ機会を作ったり、あるいはマオリ語の初等教育への導入を国会に陳情したりといった活動を行った。一九八〇年代には一九世紀以来不当に奪われてきたマオリの土地の権利が法的な審判を経て認められるようになり、九〇年代以降には奪われた土地の返還要求を直接行動で示す運動が多く起きるようになった（深山 二〇一二）。

太平洋地域では、一九世紀末からアメリカによって植民地化されたハワイやグアムでも、それまでの運動が、一九六〇年代にアメリカで起きたさまざまな社会運動から影響を受け、七〇年代に先住民の権利を要求する運動として高揚した。ハワイでは先住民の聖地である島をアメリカ軍の爆撃演習場にさせない運動が成功し、その後、先住民の自治権獲得を目指して運動が続いている。グアムの先住民も、一九七〇年代から先住民のチャモロ語を国語に指定するといった運動を始め、九〇年代にはアメリカがグアムへの民族自治権を認めていないのは国連憲章違反であるとする訴えを起こし、九二年にはアメリカ軍の軍事演習は、先住民の所有する土地への権利の侵害であると訴え、九五年には海軍航空基地の閉鎖を実現した（松島 二〇〇四）。

日本でもアイヌ民族の地元で始まった運動は、アメリカにおける先住民運動から影響を受け、権利回復運動として高揚した。一九八〇年代には二風谷ダム建設反対運動を始め、九〇年代にはこのダムの建設差し止め訴訟を起こし、九六年に最高裁判所はアイヌ民族を先住民であると認めた上で、そのようなアイヌ民族による文化の価値を無視した土地収用は違憲であるとの判決を下した（宍戸 一九九九）。翌九七年に制定されたアイヌ文化振興法では

「アイヌの人々の民族としての誇りが尊重される社会の実現を図り、あわせて我が国の多様な文化の発展に寄与すること」がうたわれた。二〇〇七年には先住民族の権利に関する国連宣言を受け、国会の衆参両院でアイヌ民族を先住民として認めることを政府に求める決議が全会一致で可決されている。以上のようなアジア・太平洋地域における先住民の運動に刺激を与えたのは、先ほどからふれているように一九五〇年代からアメリカで公民権運動を起点に始まる多様な権利獲得運動であった。

3　アメリカにおけるマイノリティによる社会運動

奴隷解放から一九四五年まで

アメリカでは、黒人による奴隷制に対する抵抗運動が常に起きていた。一九世紀になるとたとえばジャーナリストのウィリアム・ロイド・ガリソンらは反奴隷制度協会を創設して平和主義的な奴隷解放運動を目指し、元奴隷のフレデリック・ダグラスは奴隷制度の撤廃を説いてエイブラハム・リンカーンら政治家に多大な影響を与えた。同じく元奴隷のハリエット・タブマンは、クエーカー教徒に助けられた経験から、彼らが援助していた逃亡奴隷を支援する運動「地下鉄道」のリーダーとなって北部の反奴隷制度運動を活発化させた。

第1章で見たように、イギリスでは一九世紀前半に奴隷制廃止運動が高揚したが、これは大西洋を越えてアメリカとイギリスの運動が共鳴し合ったためである。アメリカでは奴隷制廃止論者によって奴隷の虐待などに関する資料集が出版されたり、ハリエット・ビーチャー・ストウの小説『アンクル・トムの小屋』がアメリカとイギリスで数十万部も販売されて多くの人びとに影響を与えるなどして、奴隷廃止運動が形成された。政府に対する請願活動、奴隷によって生産された製品購入のボイコット、運動家による講演活動といった抗議のレパートリーが、イギリスからアメリカへと導入された（Keck and Sikkink 1998）。

アメリカで奴隷制度は一八六五年に廃止されたが、南部の諸州では南北戦争後に奴隷から解放された黒人男性に付与された参政権を奪う黒人法が制定され、人種隔離政策が一九六四年の公民権法制定に至るまで続いた。それにもかかわらず、黒人たちによる運動は進展し、一九世紀末、ブッカー・T・ワシントンはアラバマ州タスキーギに黒人の職業教育のための大学を設立し、産業社会で白人と友情を深める黒人の中産階級の育成を目指した。また、W・E・B・デュボイスは黒人の主体性の回復を唱え、その活動は一九一〇年に設立された全国黒人地位向上協会（NAACP）に結実する。一九二〇年代にはマーカス・ガーヴェイがアフリカ帰還運動を推進したが、「アフリカに帰る」ことを掲げたこの運動への参加は少数派にとどまった。第二次世界大戦後になると、黒人たちの解放運動はさらに多様な形態をとるようになり、とりわけ公民権法制定が運動の焦点となった。他方、一九世紀末頃から、黒人運動の指導者たちは、次第にアジアやアフリカで起きている反植民地闘争などの動向も注視するようになり、グローバルな視野を広げるようになっていく。

その後、一九四五年以降、デュボイスらは、国連人権委員会などにアメリカにおける人種差別の問題に関する報告書を提出し、これが、アメリカ政府に対するグローバルな圧力を作りだしたといわれる。他方、こういったアメリカの黒人による運動は、一九四五年以降に独立していったアジアとアフリカにおける非白人諸国の独立運動から大きな刺激を受けていた。

ブラウン判決から公民権法制定まで

一九五四年五月、アメリカ合衆国連邦最高裁判所は、カンザス州トピカに住むオリヴァー・ブラウンの訴えに対し、黒人と白人との隔離は合衆国憲法に違反するという判決を下した。この訴訟はスクールバスで通っていた遠方の黒人学校から近くの白人学校へ娘リンダを転校させようとしたブラウンの希望を拒否した教育委員会に対して、原告の子どもたちを代表して保護者のオリヴァー・ブラウンらが起こしていた集団訴訟である。最高裁は、公教育の分野で「隔離しても平等」という原則は受け入れられない、隔離された教育施設は本質的に不平等であるとの判決を下した。この判決は、黒人たちに希望を与え、その後、彼らは人種隔離が違法であるというブラウン判決を行動の後ろ盾としていくことになる。

他方、一九五五年四月にはインドネシアのバンドンで、アジア・アフリカ会議（通称バンドン会議）が開催され、アジアとアフリカから二九ヶ国の代表が集まり、反帝国主義・反植民地主義・民族自決に基づく平和十原則を採択し、これがアメリカ南部で人種差別撤廃運動に関わっていた黒人に大きな影響を与えたと言われる（川島 二〇〇八）。

それから八ヶ月後の五五年一二月、ＮＡＡＣＰ支部を拠点として隔離改善運動が高揚しつつあったアラバマ州モントゴメリーで、黒人女性ローザ・パークスが人種隔離政策によって利用が禁じられていたバスの白人専用席に座り、白人に席を譲るようにとの運転手からの指示を拒否して逮捕された。働く黒人女性たちから構成される婦人政治会議で人種差別撤廃運動を行っていたパークスの行動は、バス利用者の大半を占めていた黒人の家政婦たちだけの問題でなく、市内の黒人社会全体の問題として受け止められた。

パークス逮捕に抗議する運動の指導者になるように要請されたのが、当時二六歳のマーティン・ルーサー・キング・ジュニア牧師である。彼の呼びかけでバスのボイコットが一年間つづけられた結果、ついに運動はバス会社を

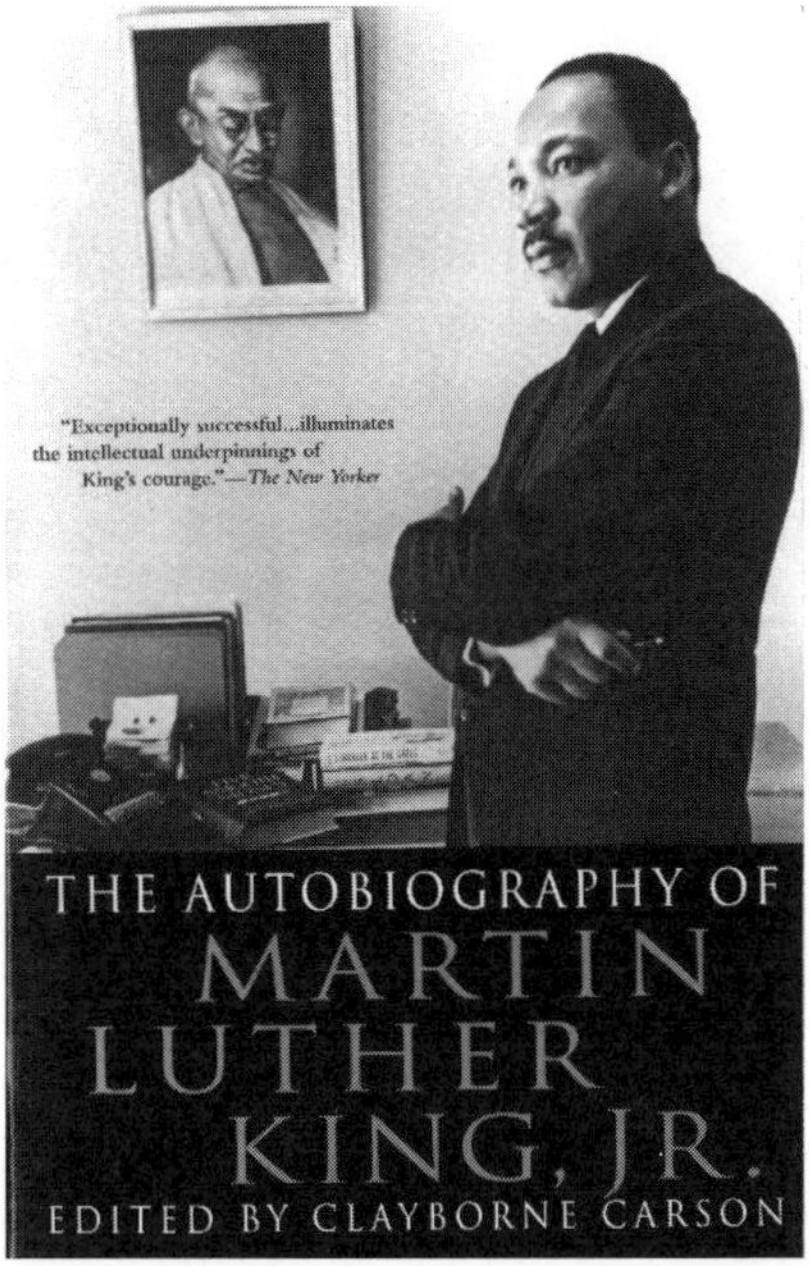

図4－1　1966年，南部キリスト教指導者会議にあるオフィスで撮影されたキング牧師と壁に掛けられたガンディーの肖像画

出所：Clayborne Carson ed., *The Autobiography of Martin Luther King, Jr.*, Grand Central Publishing, 2001.

倒産に追い込んだ。また五六年一一月には連邦最高裁判所が「バス内の人種隔離は違憲である」との判決を出し、パークスらの闘いは法的にも勝利を勝ち取った。このバスボイコット事件は世界中で報じられ、キングの名前はアジア・アフリカでも知られるようになった。

一九五七年、キングは、ガーナの大統領ンクルマに招待され独立記念式典に参加し、ガーナの建国はアメリカで黒人の自由を獲得するために戦っている自分にも新たな希望を与えた、と語った。また、以前からガンディーの非暴力主義に傾倒していたキングは、一九五九年にインドに渡って、多くの人々と交流し、正義と尊厳のために戦っている抑圧された人びとにとって非暴力抵抗運動が最も有効である、という確信を強めた（図4-1）。

こうした国境を越えた交流によって、キングをはじめとする公民権運動の指導者たち、そして運動に参加したパークスのような多くの「ふつうの人々」は、一九四〇～五〇年代におけるアジアやアフリカなど世界中の非白人諸国の動向から強く影響を受けていた。アジア・アフリカの運動と公民権運動とのこういった強い共鳴関係は、一九六〇年代を通じて見られた現象であった。

その後キングは、一九六三年にアラバマ州バーミンガムで人種隔離撤廃闘争を開始する。彼のバプティスト教会で連日開催された大衆集会で無抵抗の黒人たちが白人警官に打ちのめされる姿が連日テレビや新聞で報道され、国民は衝撃を受けた。このバーミンガム闘争がきっかけとなり、北部諸都市にも黒人解放運動が広がった。同年八月には、キング牧師の「私には夢がある」という演説で知られるワシントン大行進によって、黒人の公民権運動がキリスト教的理想および「自由と平等」というアメリカ建国の理念のための運動であることが宣言され、広くアメリカの白人に支持を呼びかけた。

このときケネディ大統領は、バーミンガム闘争の反響を受けて公共施設や職場での人種差別を違法とする公民権法案を議会に提出したが、議会の反対にあっていた。しかし、前述したワシントン大行進が全米のみならず世界中に報道されると人種差別撤廃運動は大きなうねりを巻き起こし、公民権法はケネディ暗殺のあとを受けたジョンソン大統領政権下で一九六四年七月に制定された。これによって、公共施設における人種差別と雇用における差別が禁じられ、黒人の投票権も認められた。

ブラック・パンサーとブラック・パワー

キングの運動と連携しながら、ときに運動を批判もしつつ、黒人の普遍的な人権の獲得を求めたもう一人の運動指導者が、マルコムXである。彼は一九六四年の演説で次のように述べている。投票権を獲得しても、投票した政治家に裏切られ、黒人の生活水準は一向に改善されない。したがって、アジアやアフリカでの革命で実行されているように、アメリカの黒人は土地や経済手段を自力で奪い取る必要がある、と。こうしたマルコムの主張は、黒人中流階級の牧師家庭で育ったキングとは異なり、靴磨きや鉄道員として労働を転々とし、刑務所に入ったこともある黒人無産階級《プロレタリアート》としての経験に裏付けられていた。

黒人の自立を求めたイスラーム教の一派である「ネイション・オブ・イスラム」に帰依し、伝道師となったマルコムXだが、政治的発言をしたことを契機にネイション・オブ・イスラムと決別する。その後、彼はアフリカ諸国を歴訪し、肌の色の違いを越えたムスリムの連帯を実感すると、アフリカ諸国の独立から強く影響を受けた。そして、アメリカの黒人は公民権獲得闘争を推進しつつ、思想的・文化的にはアフリカに「帰還」して当時独立を達成しつつあったアフリカ諸国の伝統文化の継承者であるという自覚を持つことで、白人優位という呪縛から解放されると論じた。

一九六五年に人種差別を禁止した投票権法が成立したにもかかわらず、依然として南部の各地方においては、黒人が投票者登録および投票ができないという状況が続いていた。この状況を打破すべく、若い活動家たちがマルコムXの立場に共感し、黒豹（ブラック・パンサー）をシンボルとする独立政党「ラウンズ郡自由機構《フリーダム・オーガニゼーション》」をアラバマ州で立ち上げた。翌六六年六月、同党の創設者でマルコムXから強く影響を受けたストークリー・カーマイケルは「ブラック・パワー」を唱えるようになった。ブラック・パワーとは、黒人が政治的パワーを獲得することで、黒人の代表者が黒人を代弁して黒人社会の自治を行うこと、白人が黒人文化から略奪してきた歴史とアイデンティティを再構築することを理念として表明するスローガンだった。

さらに六六年一〇月には、ラウンズ郡自由機構で使われていた黒豹のイメージを利用して、カリフォルニア州オークランドのメリット・カレッジの学生ボビー・シールとヒューイ・ニュートンがブラック・パンサー党を創立した。同党は、都会の黒人貧困コミュニティを根城にさまざまな活動に従事する一方、革命新聞を出版したり毛沢東語録を販売したり、黒人コミュニティを強権的な警察から守るために銃で装備したり、さらには子どもたちに朝食や教育を提供したり、住民のためのクリニックを開いたりした（図4-2）。毛沢東語録を訳して販売していたことからわかるように、ブラック・パンサー党もアジア・アフリカ諸国の独立運動や、その基盤となった諸思想から影響を受けていた。

ブラック・パワーは各地で「レッド・パワー」（アメリカ先住民）、「ブラウン・パワー」（メキシコ系）、「イエロー・パワー」（アジア系）といったマイノリティの自立性をラディカルに求めるスローガンを鼓舞する火付け役となり、さらにヨーロッパやニュージーランドの運動にも影響を及ぼした。キングやマルコムXといった男性の指導者中心に描かれることの多い公民権運動だが、女性や都市の貧困層、さらには白人・アジア系・ヒスパニック系も含む広範な草の根レベルの大衆運動によって支えられたものであり、その後のさまざまな運動を生み出す起爆剤ともなったのである。

図4-2　ブラック・パンサーによって運営される子どもたちのための無料の朝食プログラム（1969年，カリフォルニア州オークランドのセント・オーガスティン教会で）
出所：*The Black Panthers,* Photographs by Stephen Shames, Aperture, 2006.

今日のアメリカでも人種差別は依然として存在する。だが、それに対して抵抗する力強い運動が次々に生まれてくるのは、やはり公民権運動がアメリカを大きく変えた結果であろう。たとえば、二〇一四年八月、ミズーリ州ファーガソンで一八歳の黒人青年が白人警官に射殺される事件が起こると、白人警官による黒人への差別や虐待に抗議するファーガソン住民の怒りの声が全米の人々の共感を生み、各地でのデモへと広がった。その後も白人警官による黒人の射殺・暴行事件が相次ぐと、黒人の生命が白人より軽んじられていることに抗議する「ブラック・ライヴズ・マター」（黒人の命の問題）の運動が全米へ、そして世界へと広がった。

この運動は、黒人差別だけでなく、人種や性、宗教などに基づく差別への抗議のメッセージをＳＮＳなどを通して拡散しつつ、それらの運動を相互に結びつけていった。公民権運動が政治的自決権以外にも「人権」というマスター・フレームを作り出すことで幅広い運動への波及力を持っていたのと同様の広がりといえる（序章を参照）。以下では、一九六〇年代に黒人を含む多様なエスニック・マイノリティが結びついて運動が展開していった様子を、日系二世・三世による公民権運動に焦点をあてて見ていこう。

マイノリティの連帯

日系二世のユリ・コチヤマは、カリフォルニア州サン・ペドロで魚卸商の父と元英語教師の母という二人の日本人移民の下に生まれメアリー・ユリコ・ナカハラと名づけられた。高校時代にはスポーツ観戦とジャーナリズムに強く関心を持ち、夏になるとトマト缶詰工場で働いた。一九四一年に短期大学を卒業するが、同年一二月に日本との戦争が始まるとユリの父親は拘留され、釈放されるも死亡してしまう。翌四二年二月、大統領命令により西海岸に住んでいた一一万人の日系人が内陸部に強制収容されることになり、ユリも母親や兄弟とともにアーカンソー州のジェローム収容所に移動を強いられ、収容所では三年間過ごした。

ユリはそこで出会った日系二世のビル・コチヤマと戦後に結婚し、一九六〇年には黒人が多数居住していたニューヨークのハーレムに転居する。そこで家族全員が公民権運動やベトナム反戦運動に深く関わるようになる中でマルコムXと出会い、彼が率いたアフロ・アメリカン統一機構に加入する。彼女は講演中のマルコムXが暗殺された現場にもいあわせたという。

その後ユリは、第二次世界大戦下に日系人を強制収容したことは誤りであったとアメリカ政府に認めさせる運動にも、夫とともに加わった。一九八八年に強制収容は合衆国憲法違反であることを宣言する市民的自由法が制定されると、このときまで生き残った収容体験を持つ日系人に一人二〇〇万ドルの補償が与えられた。このときユリは、アメリカ国家は黒人に対しても同様に、過去の誤りに対する補償をするべきだと主張した。

日系でありながら黒人の補償も訴えたのは、彼女が公民権運動に関わりマルコムXと親しかったために自身の経験と黒人の受けてきた被害を重ねることができたからであろう。このようにユリ・コチヤマは日系人の運動だけでなく黒人の運動にも深く関わり、さらに中南米の先住民の解放闘争にも共感と連帯を示し、政治犯となったさまざまなマイノリティの社会運動の活動家たちの援助活動に力を注いだのである（コチヤマ 二〇一〇）。

以上見てきたコチヤマら日系人の運動と同様に、公民権運動から強い影響をうけながら一九六〇年代以降に展開していったのが先住民による運動だった。以下で見ていこう。

先住民による運動

一六世紀以来、ヨーロッパからの入植者は、先住民と友好関係を持つこともあったが、やがて先住民の土地を収奪するようになり、それをきっかけにした抗争が続くようになった。先住民の人々は植民地連合軍あるいは合衆国政府に敗北しつづけた。一八三八年、合衆国連邦議会は、ミシシッピ川以東に居住していた先住民のチェロキーを強制的にミシシッピ以西の現オクラホマ州付近に移住させた。強制移住を強いられた人の数は六万人以上にも及び、徒歩での移動による飢えと寒さ、病気で四分の一が命を落とした。

一八八七年には先住民（インディアン）一般土地割当法（ドーズ法）が制定され、民族共有制であった土地の個人所有と植民地社会への同化が求められた。共有していた土地は割当制になり、割当以外の土地は余剰地として奪われ、個人所有となった土地の賃貸制度が認められた結果、先住民が保有する土地は三分の一近くまで減少した。

その後、一九三四年には、先住民社会の経済発展や伝統文化の復活、職業教育を進める先住民再組織法が制定される。しかしながら、第二次世界大戦後には先住民による民族社会および個人を援助、保護する政策を終焉させるターミネーション（連邦管理終結）政策が一九五三年に成立した。これによって民族社会の自治権も実質的に廃止された。

北米先住民による権利獲得運動が本格的に展開したのは、一九六〇年代である。その背景には、土地の収奪や強制移住、五〇年代から始まる都市移住政策の強化と移住地での貧困や失業などの問題、さらに援助プログラムの廃止によって先住民を追い詰める状況が強まっていたことがある。また他方では、黒人による公民権運動が高揚し、キングらと同様、アジアやアフリカを中心にして植民地から独立する国家が次々に生まれたことから強く影響を受け、民族としてのアイデンティティを自覚し、自らの権利を獲得することに希望を見いだす人々が生まれていたことも、先住民の運動が高揚する上で重要な要因だった。

一九六一年に開催された全国アメリカ先住民会議には九〇の先住民族代表が集まり、民族固有の権利を主張し、連邦政府には締結した諸条約を尊重するように訴え、慈悲と温情主義を断固拒否すると宣言するとともに、一九五三年に成立したターミネーションを新たな形態の同化政策と規定し、その廃止を強く要求した。また同年には、ニューメキシコ大学に在学する先住民の学生や若者たちが全国先住民青年会議を結成し、居留地内で強行されていたダム建設への反対運動、湖水の水利権を擁護して聖地を奪還する運動、漁業権闘争、教育運動といった各地で展開されていた先住民によるさまざまな運動に参加した。これらの運動に参加したことを通して若者たちは、自分たち固有の伝統文化、価値観、生活様式を自分たちの手で守り、復活し、再生しなければならないと自覚するようになった。

一九六八年には、アメリカ先住民運動（American Indian Movement : AIM）がミネソタ州ミネアポリスで結成され、都市の先住民の意見を代表する運動体として活動を開始する。ＡＩＭは先述したブラック・パンサー党の自警団をモデルに、コミュニティを巡回しながら、警官による暴力を監視し、仕事の斡旋、学校・ローンの案内などの福祉事業も行った。こうして、民族を越えた先住民としてのアイデンティティを育んだのである（内田 二〇一二）。

一九六九〜七一年まで、「全民族の先住民」を自称する数十名からなる人々がサンフランシスコ湾にあるアルカトラズ島を占拠し、アメリカ政府が一〇〇年前に先住民と交わした条約に従って、土地を先住民に返還することを要求すると、その後、同様の占拠運動が各地で起きた。ＡＩＭはアルカトラズ島にＡＩＭ創設者の一人デニス・バンクスを含む代表者を送り、二年近くにわたる運動を支援した。

七二年にバンクスをはじめとするＡＩＭのメンバーは全米の先住民がワシントンに集結して政府に要求を突きつけるという行動を組織し、要求に応じない政府の先住民局を占拠する。翌七三年にはサウスダコタ州パインリッジ居留地のウンデッドニーで民族評議会議長の腐敗を糾弾して政府による調査を求め立ち上がった族民を支援するために居留地に立てこもる。彼らは黒人やメキシコ系移民の労働組合などから支援を受けながら、連邦警察と銃撃戦を交わしつつ、七一日間にわたり居留地に籠城した。

彼ら先住民たちは、黒人と同様、一九四〇年代から続くアジア・アフリカ諸国の独立、そして民族自決という原則を支持していた。六〇年代に国連で民族自決権を認める決議が出されていたことも彼らが自分たちの運動の正しさを訴える上での重要な根拠となった。

さらに当時の先住民の運動は、ベトナム反戦運動とも結びついていた。先住民たちは、アメリカと戦争をしているベトナム人民の民族自決を自らになぞらえ、戦争に反対して徴兵を拒否した。こうした態度は、ＡＩＭにベトナム戦争復員兵が多数参加していたこととも関係していた（内田 二〇一二）。一九六八年に起きたアメリカ軍によるミライ（ソンミ村）での虐殺事件が発覚したとき、アメリカの先住民たちは、「ベトナム人だってもともとはみな先住民だったのさ」と、ベトナム人を自分たちの祖先と重ね合わせた（白井 二〇〇六）。こういったことからも、一九六〇年代から高揚した先住民の自決を求める運動は、白人から抑圧されるアジアの人々と強く共鳴していたということがわかる。

ところでＡＩＭの中心的な人物であるデニス・バンクスは、一九五四～五七年まで駐留米軍兵士として日本に滞在し、五六年には米軍の立川基地拡張に反対する運動である砂川闘争を目の当たりにしている。バンクスは日本人の抗議デモを阻止するための警備に当たっていたが、農民や学生、市民たちが警官に警棒で殴られても非暴力を貫き、軍事目的には使わせないよう土地を守ろうとする姿に圧倒され、「平和に生きている人々に対して銃を構えるために使われている自分のあり方」を考え直したという。

また、「米兵はアメリカに帰れ」という日本の農民の言葉をうけて「思えばアメリカ先住民もまた同じような状況に追い詰められ、同じような怒りをアメリカに対して抱いていたのではなかったか」とも述べている（バンクス・森田 一九九三)。日本で反基地運動に遭遇した経験は、その後バンクスが、先に見てきたような先住民の運動を続ける中で、折に触れ思い起こすものであった。つまり、バンクスという人物の中で、先住民の運動とアジアの運動とが共鳴していたのである。

その後アメリカでは、一九六八年に連邦議会で先住民公民権法がようやく可決され、アメリカの憲法に基づいて先住民に対する公民権が認められることになり、一九七五年には先住民自決・教育援助法も制定され、先住民は自決政策をとること、連邦政府は先住民に関与と責任を負い続けることが法的に確認された。他方、先住民たちは一九七四年に南北アメリカから九七の先住民の代表を招いて第一回国際先住民条約会議を開催し、その三年後にこの会議は国連から非政府組織(NGO)として認められ、一九八〇年代からは国連の先住民作業部会で活躍している。以上のように先住民の運動は、公民権運動・フェミニズム運動・ニュー・レフト運動などから影響を受けていた。さらにその後、これらの社会運動から影響を受けて生まれたのがLGBTの運動である。

LGBTの運動

男性と女性は生物学的にも意識の上でも、それほどはっきりと分けられるものではない。しかし、社会的な性差であるジェンダーや性愛に対する社会規範によって男女のグラデーションの存在が隠されているため、本来は多様である性のあり方が男女という二つの枠組みに無理やり押し込められている。この状態に異議を申し立てたのが、LGBTの運動であると言える。LGBTとは、レズビアン(L)、ゲイ(G)、バイセクシュアル(B)、トランスジェンダー(T)を意味しているが、その他にも男女という枠にあてはまらない「Xジェンダー」や他者に恋愛や性愛の感情を抱かない「アセクシュアル」など、多様な性的志向がある。こうしたLGBTの問題を研究するクイア・スタディーズという分野もあり、さまざまなセクシュアリティの差異を認め、異性愛／同性愛、男／女、白人／非白人というカテゴリーを瓦解させ、二元論とは異なる思考を目指している（河口 二〇〇三）。

ＬＧＢＴの思想や運動は、アメリカでは遅くとも一九二〇年代頃から見られる。五〇年代に強力に進められたレッドパージでは共産主義者だけでなく同性愛者も公職から追放された。冷戦下では、国家の安全保障を強固にするため、男性優位の家族像が求められ、同性愛者は、家族や社会の規範を乱し、国家の安全保障を危うくする存在とみなされたからである。

この風潮に対抗して異性愛者との同等と平等を主張するホモファイル（homophile 同性愛）運動が活発化し、運動への参加者たちは、同性愛者に対するパージに抗議し、雇用機会の平等をめぐる権利闘争を推進して同性愛者に対する嫌がらせや警察による暴力を批判するための活動を行った。

やがて、高揚する黒人の公民権運動やニュー・レフトの運動、さらに当時「女性解放運動」と呼ばれたフェミニズム運動などから刺激を受け、同性愛者の運動は同性愛者に対する偏見を正す運動から、市民権を求める「ゲイ解放運動」へと推移していく。「ホモファイル」から「陽気な者」を意味する「ゲイ」へと呼び名を変えることで、同性愛者は自らを可視化する方向に進んだ。

その契機となったのは、一九六九年にニューヨークのゲイバー「ストーンウォール」で起こった事件だった。ニューヨーク市警は、同性愛を禁じる法律に違反しているという理由から、このゲイバーに集う人々に弾圧を加え、逮捕しようとしたが、ゲイたちは同性愛者の権利を求めて抗議活動を展開し、広く市民に訴えるデモを行った。

この事件をきっかけに、ゲイの間では同性愛者であることを友人や家族に表明するカム・アウト運動が広まり、そこからゲイ・カルチャーが生まれていった（ハート 二〇〇二）。また、その後一九七〇年から「ストーンウォールの反乱」の参加者たちがゲイの権利を求めて毎年六月にデモ行進をするようになると、アメリカ各地、さらにはヨーロッパをはじめとして世界各地でも「反乱」を記念したデモがゲイ・プライドの名で開催されるようになっていった。

一九七〇年代になると、ゲイ解放運動の焦点は婚姻権の要求になった（チョーンシー 二〇〇六）。七〇年代には、いくつかの州で訴訟があり、原告のゲイ・カップルは、同性婚を認めない州法は連邦法や憲法に基づいて違法・違憲であると訴えたが、結婚は「子ども・家族を作ること」を目的とするとの理由から訴えは退けられた。その後、八〇～九〇年代にかけてゲイの間でエイズ（AIDS：後天性免疫不全症候群）が流行すると、当時台頭してきた新右翼・宗教右派は「エイズはゲイのがん」であるとのデマを広げて同性愛者を差別した。劇作家ラリー・クレイマーらはアクトアップ（ACT-UP：力を解放するエイズ連合）という団体を結成し、高額のエイズ治療薬代を見直すようアメリカ食品・医薬品局に対する抗議運動を行った。

このエイズ流行によって、同性愛者たちは特定の相手との関係を強くする傾向を強め、再び婚姻権、同性婚を求める訴訟が活発化した。九三年にハワイで起こされた訴訟では、同性婚を認めないことは法律に違反するとの判決が州最高裁によって下され、二〇〇〇年にはヴァーモント州議会によってパートナーシップを結ぶ同性カップルを婚姻と同様の地位にあるものとして扱う「シビル・ユニオン」（Civil Union）法が制定され、二〇〇四年にはマサチューセッツ州で初めて同性婚が法律で認められた。

二〇〇四年の大統領選挙ではG・H・W・ブッシュが「強いアメリカは結婚制度の価値も重視すべき」との主張を掲げ、同性婚と妊娠中絶に反対する草の根の運動が起こると、それに対抗する運動も高揚し、同性婚が大統領選の争点の一つとなった。

ヨーロッパでは、アメリカと異なり、ＬＧＢＴの人々の権利を認める法的な枠組みが二〇〇〇年前後から構築されていった。フランスでは、婚姻を結ばないまま同居して子どもをもうけて家族として暮らすというカップルが「市民連帯契約」を結べば、その地位を法的に認めるという法律が一九九九年に成立した。また、二〇〇〇年代以降、オランダを筆頭に世界各国で同性婚を認める法律、もしくはフランスと同様の「パートナーシップ法」が制定されていき、ＥＵでは「性的指向」に基づく職業差別が禁じられ、同性愛を刑事罰とする国々から逃れてくる人々を難民として受け入れていることも認められるようになった。

こうした同性婚の運動が進むと同時に、公職に就く人々のカム・アウトも見られるようになる。一九七八年にはじめてゲイであることをカム・アウトしながらサンフランシスコの市議会議員を務めたのが、映画にもなったハーヴェイ・ミルクという人物である。その後、アメリカだけでなく世界各地で、在職中にＬＧＢＴであることをカム・アウトする政治家が増えていった。こうして二〇一五年にはアメリカ合衆国の連邦最高裁判所で「同性婚は憲法で保障されている」という判断が示され、すべての州で同性婚が認められることになった。

それでも世界にはいまだ同性愛を法律で禁止し、ＬＧＢＴの人々に対して処罰まで課す国が多数存在するし、同性婚が法的に認められている国でも、同性愛に対する偏見や差別、さらに暴力や殺人が後を絶たない。このような状況に立ち向かうための重要なメッセージを発信しているのが、先述の「ゲイ・プライド」である。こうしたＬＧＢＴの運動のように「マイノリティ」が「プライド」を持つことを「セルフ・エンパワーメント」と呼ぶが、アメリカにおける障害者運動もセルフ・エンパワーメントの運動である。

障害者運動

アメリカでは、一九世紀末から視覚障害者と聴覚の障害者たちによる権利獲得運動が始まり、二〇世紀前半には彼らを支援する法律も制定されている。一九三〇年代にはニューヨークで、脳性麻痺やポリオの患者たち数百人が参加する身体障害者連盟が、障害者の就職援助を行政が拒否していることに対して抗議行動を行い、五〇年代には障害を持つ子どもを持つ親たちの運動により障害児教育の整備が行われた。そして六〇年代からは障害者自身による運動が始まる。

一九六二年、カリフォルニア大学バークレー校に四肢麻痺という障害を持つエド・ロバーツが入学すると、その後も同校には重度障害者が入学するようになる。彼らはバークレー校で始まった学生による言論の自由と大学の意思決定への参画を求める「フリースピーチ運動」やベトナム反戦運動、公民権運動、さらにフェミニズム運動から影響を受け、障害者の自立生活の実現を目指すようになる。

最初に取り組んだのは、障害者の大学中退率を下げるプログラムを障害者自身が運営することであった。当時、黒人やヒスパニックなどマイノリティの生徒の高校中退率を下げるプログラムが成功を収め、これが全米レベルで実施されることになっていた。ロバーツらはこのプログラムに「マイノリティ」である障害者も加え、プログラムが障害者自身によって運営されるための補助金が支出される規定を盛り込むことに成功した。こうしてこのプログラムは一九七〇年からバークレー校で実施されるようになる。

ロバーツらは障害を持つ学生の住居探しや権利擁護活動を推進し、それまで「援助なしで生活すること」と定義されていた「自立」を、「援助を得ながら生活の質を上げること」と定義し直し、公的な支援を受けながらよりよい生活を送ることが「自立」であり、障害者自身による人生の自己決定と管理が「自立生活」を作り出すと考え、さらに進んで障害者問題を人権問題として捉えるようになった。一九七二年には、障害者の自立生活実現を支援する「自立生活センター」（Center of Independent Living）がバークレー校に設置されたのを皮切りに、同様の組織が全国各地に設立され、障害者の権利擁護を推進していった。

同時期にニューヨークでは、四肢不随のため車椅子で生活するジュディ・ヒューマンが、障害を理由に教員免許試験で不合格とされたことに対して訴訟を起こした。裁判の結果、教員免許は取得できたが、彼女を雇おうとする学校はなかった。そこでヒューマンは障害者の社会参加を目指して運動を立ち上げ、議会で議論されていた障害者プログラムへの補助金拠出法案（リハビリテーション法）に拒否権を行使したニクソン大統領に抗議して、戦争で障害を負ったベトナム帰還兵たちとともにニクソンの大統領選挙事務所を占拠する。

こうした抗議もあって一九七三年にリハビリテーション法は制定されるが、政府はその第五〇四条にある連邦から財政支援を受けたプログラムなどから障害者を排除することを禁じる規定を実施するには多額の予算が必要であるため、その規定が実現されないように工作しようとした。これに対して、アメリカ各地で障害者が抗議行動を起こし、ロバーツに誘われてバークレー校の自立生活センターの副所長となってカリフォルニアで活動するようになっていたヒューマンをはじめとする車椅子利用の人々がロサンゼルスの健康教育福祉省地方局オフィスを占拠する。この抗議活動は、反ゲイの暴力を監視する団体、ブラック・パンサー、キリスト教団体などさまざまな運動からの支援を受けた。最終的に州政府による公聴会が開かれ、ヒューマンはそこで、障害者の「隔離」に反対し社会への包摂を要求した。ついに州政府は要求を受け入れ、当初案のままリハビリテーション法の施行を決定する。

一九七〇年代になると、スウェーデンで始まった知的障害者が健常者と同じように生活することを目指す「ノーマライゼーション」の運動と障害者自身が自分たちで権利を主張する運動（セルフ・アドボカシー）がアメリカでも知られるようになる。七三年にはオレゴン州で開かれた知的障害者の会合での「まず人間として扱われたいのです」(I want to be treated like a person first) という参加者の発言から名づけられた「ピープル・ファースト」という組織が誕生した。ピープル・ファーストのメンバーは、八五年に当時のブッシュ副大統領と面会し、セルフ・アドボカシーについて説明し、理解を求めている。

一九八八年にはワシントンD・Cにある聴覚障害者のための私立のギャローデット大学で、聴覚障害を持つ学長を選出せよという要求を掲げて学生たちが大学で集会を開き、町中までデモ行進する運動が起きる。大学側が健常者の学長を選出すると、学生たちは大学を封鎖し、授業も学長による説明もボイコットした。また学生たちは、手話で「聴覚者障害者パワー」というスローガンを市民に伝え、自分たちが「他人に頼らず、自分たちで生活を管理し、未来を築いていける」力を人々に示すこと、「聞こえる世界の抑圧」からの解放を目指すこと、という目標を掲げた。これらの抗議行動の結果、選出がやり直され聴覚障害の学長が新たに選ばれた。それと同時に障害者の権利という問題がテレビを通じて全米に伝えられた。

当時、多くの障害者は、交通機関や公共施設へのアクセスが困難で外出ができないだけでなく映画館などで入館を拒否され、就職も拒絶されるといった共通の経験を持っていた。こういった状態は黒人の人種隔離と同様、障害者を健常者から隔離した差別であるという理由から、障害者たちは障害者の公民権を定める法律「障害を持つアメリカ人法」(American with Disability Act：ADA) の制定を目指すことになる。

この法案を起草した議員たちも障害を理由に就職などで差別された経験を持つ人たちで、そのような状況を変えることを目指していた。同法が採択されるにあたっては、自らが障害を持つか、あるいは家族に障害者がいる議員たちの法案への支持が重要な役割を果たした。

加えて一九八三年に設立されていた「交通アクセスを求めるアメリカ人障害者」（ADAPT：アダプト）による議会への訴えも大きな効果を発揮した。アダプトは車椅子で乗車できるようバスにリフトを設置することを要求し、逮捕覚悟で直接行動を実践することによって自分たちの運動に自信をつけていった。彼らは国会議事堂の内外でさまざまな抗議行動を展開し、これがテレビで報道され大きな反響を呼んだ。アダプトの活動は、やがてさまざまな障害者との共同行動を生み出し、ADA法の可決につながった。

一九九〇年に可決されたADAは、九二年から実施され、雇用、公共サービス、公共施設等での障害者に対する差別を禁止し、障害に応じたさまざまな環境を整備することが義務づけられることになった（シャピロ 一九九九）。アメリカの障害者運動を支えたエド・ロバーツが八〇年代に来日することを通じて、日本でもバークレーで設立されたのと同様の自立生活センターが一九八四年に設立される（田中 二〇〇五）。ここにもアメリカとアジアの社会運動が太平洋を越えて結びついた事例を見ることができるが、このような結びつきが起きるのは、アメリカからの運動に共鳴する独自の運動がすでに日本に存在したからであるという点を強調しなければならない。

4　おわりに

以上、アメリカにおけるさまざまなマイノリティの運動とそれに共鳴・拡散することを通じて運動が太平洋を越えていく事例を見てきた。最後に、このような運動の結びつきは現在でも続いている、という点を確認しておきたい。たとえば、二〇一六年四月、ノースダコタ州にあるスタンディング・ロック・スー族の居留地付近に建設予定の石油パイプラインが先住民の聖地を破壊し水資源を汚染することが発覚すると、スー族とその支援者数千人が結集し非暴力の抗議行動を行ったことが報じられた。

警察は彼らに対して放水や催涙ガスなどで攻撃を繰り返し、数百人を逮捕した。この場面の動画がインターネットで拡散されると、世界各地で大きな反響を呼び、アムネスティ・インターナショナルなどが人権侵害に関する調査を行うという国際的な事件に発展し、全米および世界各地から抗議行動に参加する人々が現れた。日本でも、日本のメガバンクがパイプライン事業に対する最大の出資者であるという事実をＮＧＯが公表し、このメガバンクから地球環境に優しい銀行に預金を移し替える「投融資撤退」（divest-ment）を一般消費者に対して訴える新たな運動が始まった。

図４－３　2017年１月21日に開催された「女性の行進」でワシントンに集まった人々
出所：https://en.wikipedia.org/wiki/2017_Women's_March

また二〇一七年一月二一日、トランプ大統領就任の翌日、女性を中心とした大規模な抗議デモ「女性の行進」がアメリカ全土のみならず世界同時に実行された。彼女らは、女性・ムスリム・移民などに対する差別発言を繰り返すトランプ大統領に抗議し、移民・ムスリム・多様な宗派の信徒・ＬＧＢＴ・先住民・黒人・ヒスパニック・障害者・性的暴力を受けた女性たちの存在が、差別発言を繰り返すトランプ大統領とその政権発足によって危険な状況に陥っていると警告を発し、人権・尊厳・公正を基盤に、多様な人々が参加するデモを通じて多様性という価値観を提示するという目標を掲げていた。これがＳＮＳで世界中に拡散されたことで、全米と世界六〇カ国一〇〇以上の都市でデモが一斉に開催され、アメリカでは歌手のマドンナら多くの著名人が参加し、首都ワシントンのデモの参加者は五〇万人にのぼった（図4-3）。

本章ではアメリカを中心にマイノリティの運動を見てきたが、近年の世界各地の社会運動はアメリカで展開されてきたのと同様に、階級・ジェンダー・エスニシティ・障害といったあらゆるアイデンティティの相違を認めながらその多様性を尊重するという理念に基づくようになっている。

参照文献

〈日本語〉


エリック・ウィリアムズ（二〇一四）『コロンブスからカストロまで――カリブ海域史 一四九二-一九六九』（Ⅰ）川北稔訳、岩波書店。

内田綾子（二〇一二）「一九六〇年代の先住民運動――レッド・パワーと越境」油井大三郎編『越境する一九六〇年代――米国・日本・西欧の国際比較』彩流社。

鎌田真弓（二〇一四）「国家と先住民――権利回復のプロセス」『オーストラリア先住民と日本　先住民学・交流・表象』御茶の水書房、四-三二頁。

河口和也（二〇〇三）『クイア・スタディーズ』岩波書店。

川島正樹（二〇〇八）『アメリカ市民権運動の歴史――連鎖する地域闘争と合衆国社会』名古屋大学出版会。

ユリ・コチヤマ（二〇一〇）『ユリ・コチヤマ回顧録――日系アメリカ人女性 人種・差別・連帯を語り継ぐ』篠田左多江ほか訳、彩流社。

白井洋子（二〇〇六）『ベトナム戦争のアメリカ――もう一つのアメリカ史』刀水書房。

宍戸仁明（一九九九）「同化と差別を克服する歩み――「先住民族」としての認識を求めるアイヌ」『環太平洋先住民族の挑戦――自治と文化再生をめざす人びと』明石書店、二四一-二七四頁。

ジョセフ・P・シャピロ（一九九九）『哀れみはいらない――No Pity 全米障害者運動の軌跡』秋山愛子訳、現代書館。

田中耕一郎（二〇〇五）『障害者運動と価値形成――日英の比較から』現代書館。

ジョージ・チョーンシー（二〇〇六）『同性婚――ゲイの権利を求めるアメリカ現代史』上杉富之ほか訳、明石書店。

ギルバート・ハート（二〇〇二）『同性愛のカルチャー研究』黒柳俊恭ほか訳、現代書館。

デニス・バンクス、森田ゆり（一九九三）『聖なる魂――現代アメリカ・インディアン指導者の半生』朝日新聞出版。

深山直子（二〇一二）『現代マオリと「先住民の運動」――土地・海・都市そして環境』風響社。

松島泰勝（二〇〇四）「太平洋諸島・先住民族の自決・自治・自律の試み」上村英明監修、藤岡美恵子・中野憲志編『グローバル時代の先住民族――「先住民族の一〇年」とは何だったのか』法律文化社、二〇五-二八頁。

水野博子（二〇〇六）「『マイノリティ』を『保護』するということ――国際連盟によるシステム化と支配の構造」『東欧の20世紀』高橋秀寿・西成彦編、人文書院、三五-六〇頁。


〈英語〉
M. E. Keck and K. Sikkink (1998) *Activists Beyond Borders : Advocacy Networks in International Politics*, Cornell University Press.
Richard T. Schaefer (2015) *Racial and Ethnic Groups*, 14th Edition, Pearson.
Donald B. Smith (2005) "Deskaheh" in *Dictionaly of Canadian Biography*, Vol. XV (http://www.biographi.ca/en/bio/deskaheh_15E.html 二〇一七年一一月一一日閲覧)

第Ⅲ部　グローバルにつなげる

第5章　難民による社会運動

山本明代

1　はじめに

現在、世界中で難民は六〇〇〇万人以上いると言われ、その数は第二次世界大戦以降最大になっている。最も多くの難民が出ているのは、二〇一一年以来、内戦とＩＳ（イスラミーク・ステイト）による侵攻がつづいたシリアである。シリアから近隣のトルコやレバノン、ヨーロッパに逃れた難民は、五〇〇〇万人以上を数える。内戦状態のシリアだけでなく、ミャンマーからはムスリムのロヒンギャが隣国のバングラデシュに六〇万人以上脱出しているし、中東やアフリカ、東アジア、東南アジア諸国から何らかの理由で逃れた人々が、現在、周辺諸国の難民キャンプに避難したり、そこからさらにヨーロッパ、北米、オセアニアへの脱出を目指したりしている。

こういった難民は、第3章で見た「移民」の中に含まれるが、国連の難民条約における定義ではより限定される。

その定義によれば、難民とは宗教や人種、あるいは特定の国籍や社会集団に所属すること、さらには何らかの政治的信条を理由にもともと住んでいた国で暮らしつづけることができず他国で生活せざるを得なくなった人々のことをいう。ただし、現在では、戦乱や伝染病、自然災害から逃れた人々もしばしば「難民」と呼ばれる。

日本語の「難民」は「避難民」から由来するが、英語では refugee という。この語は、一七世紀にフランスから他国に逃れたユグノーを指す言葉が語源と言われている。ユグノーが他国に逃れざるを得なかったのは、フランスが国家の宗教をカトリックに定めたことによる。したがって、refugee にはもともと「亡命」（exile）に近い意味が含まれていた。

これに対して移民の場合、たとえば出稼ぎであれば、出身国と出稼ぎに行った国とを往復することもよく見られる。これは、出身国にいつでも戻ることができる、ということが前提になっている。しかし難民の場合にはそうはいかない。出身国で迫害を受けた、あるいは迫害を受ける可能性がある人々にとって、出身国に戻るということは、自らのあるいは家族の生命を危険にさらすことになる。また自然災害や伝染病などによって帰りたくても帰れない、という状況は、出稼ぎのための移民とは移動理由が大きく異なる。

ただし、「亡命」という意味合いが多く含まれている「難民」の定義を厳密に適用すると、戦乱や自然災害を逃れて他国に避難している人々を「難民」として認めることができるかどうかで判断が分かれてしまうという問題がある。

実際、逃れた先で難民申請をしても、国連の定義を厳格に適用されて、政府から「難民」として認定されず、強制送還されるか、権利を与えられないまま滞在せざるをえない、そのような人々がいる。また、難民という現象を過去から現在に至るまで幅広く見ようとする場合、国連の狭い定義だけでは多数の事例を視野の外に置いてしまうことになる。そこで、過去から現在に至る多様な事例に適用できるよう、「難民」をより幅広い意味で捉え直す必要がある。

まず確認しておくべきなのは、もし国家というものが地球上にまったく存在しなければ、人はよりよい生活の場を求めて自由に移動すればよいだけだ、ということである。また、国家が存在するという現実を前提にしても、すべての人間には迫害や抑圧を逃れて暮らす権利があるという原則は無視できない。それでは、難民となった人々が現実に置かれている状況とは、どのようなものであろうか。

しばしば指摘されるのは、彼らのほとんどが、本国との結びつき＝信頼関係を断たれた人々だという点である（阿部 二〇一四）。だが、出身国とのつながりを絶ち、何も後ろ盾のない彼らの運命は、出身国だけでなく、彼らが庇護を求めて逃げ込んだ国々の判断や利害関係によって左右されてしまう。その場合、彼らはすでにもともと帰属していた国家から自らを切り離したと同時に、移り住もうとした国家からも関係を切断されてしまう状況に陥る。

以上のような、あらゆる難民が陥る可能性のあるケースを想定すると、「国家とのつながりを断たれた人々」が「難民」であるという、より幅の広い定義のほうが、さまざまな事象を捉える場合にはメリットがあることがわかる。つまりこの定義であれば、「難民」として政府に認定されていない人々の問題も含めて、現実に起きているさまざまな問題の多くを「難民問題」として捉えることが可能となる。また、過去から現在に至る多様な事例を「難民」という枠組みで考えることができるようになる。したがって、本章で「難民」と呼ぶ人々は、このように定義することにしたい。

こうした定義を見たときに、難民となった人々のことをどう思うだろうか。出身国の政府から迫害を受ける人々は、自分とはおよそ同じところがない、かなり変わった人々だと思うだろうか。それとも国家との信頼関係がなくなるという状態がなぜ起きるのか、まったく理解できないと思うだろうか。そこでまずそもそも国家とは、はたして一〇〇%信頼できるものなのかと考える必要がある。

日本の過去一〇〇年ほどの歴史に限定しても、戦災や自然災害、公害や原発事故などが起きたとき、国家は被害を受けたすべての人々をきちんと保護し救済してきた、という事実は存在しない。むしろ、国家は何らかの論理に基づいて多くの人々を保護も救済もしなかったり、あるいは特定の人々には何らかの救済措置があっても、大多数の人々を救済しなかったりという事例のほうが圧倒的に多い。

たとえば、戦後から現在まで、東京や名古屋など大都市で空襲の被害を受けた人々が国家に救済を求めてきたが、いまだ彼らのことを救済する責任を国家は認めていない。足尾銅山鉱毒事件から水俣病に至るまで、公害で大規模な被害があっても国家はそう簡単に自らの責任を認めていない。また現在の日本では貧困が問題になっているが、貧しい人々を国家が積極的に救済しようとしたことはほとんどない。逆に福祉予算を削減し、貧困はそれぞれの「自己責任」とされる場合が圧倒的に多い。戦災や自然災害、原発事故や公害の被害を受けた人々の体験や証言を見ていけば、こういったことが実感できる。

そうだとすれば、今のところは自分が難民となっていないとはいえ、戦争や自然災害などが起きたとき、シリアやパレスチナの難民と同じように、保護も救済もしてくれないであろう国家を信頼することなどできない、そのような国家は見限るしかない、という心境になることも十分にあり得るだろう。このような可能性を強く意識することで、私たちがどのような国家に帰属していようとも、シリア人やロヒンギャの難民と同じように国家への信頼を失い、国家を見限るという状態、すなわち「国家とのつながりを断たれた人々」＝難民となり得ると想定することができるようになる。

その結果、難民は自分とはまったく異なる変わった人たちだ、という偏見から抜け出し、自分だっていつでも彼らのようになる可能性があるし、彼らとまったく同じように信頼できない国家のもとで生きている人間だという理解に到達することができるはずである。これが、そもそも難民とは何か、という問題を理解する上での大前提である。この前提を念頭に置いて、以下ではそういった難民がどのような社会運動を展開するか、という点について考えていきたい。

難民に関わる社会運動として誰もがまず思い起こすのは、現在、世界各地で展開されているような、難民として庇護を求めている人々を支援する運動である。だが他方では、難民自身が社会運動を起こしている事例も、過去から現在に至るまで多く見られる。本章で焦点を当てるのは、後者の運動である。

一般的に難民には非力で受動的なイメージがある。また、受入れ社会に経済的負担をかける、あるいは社会に混乱をもたらす、といったネガティヴな印象が持たれている。しかし、歴史を繙《ひもと》けば、迫害や抑圧の不当さを訴え、自らを迫害した国家や社会、もしくは移住した先の社会を変革する運動を率先した難民や亡命者が数多く存在したということがわかる。

たしかに彼らは、住まいや家財を失って他国へと渡った人々である。しかし多くの難民は、自らの生存、そして社会変革のために、人的ネットワークやさまざまな組織からの支援を足がかりにして多彩な活動を展開してきた。そのような彼らの活動の多くが、彼らを難民として受入れた社会をよりよくする上で貢献してきた。

国を追われた難民が家族やあらゆる財を失っても人とつながり、苦境に立ち向かい格闘する姿は、国家や権力に過度に期待し従属・依存する生き方とは異なる生や社会のあり方を教えてくれる。あるいは、内戦下で明日の命もわからないにもかかわらず、将来の夢を語る子どもたちのことを想像してみよう。たしかに彼らは寄る辺なき無力な存在のように見えるかもしれない。しかし、そのような彼らが、よりよく生きたいという希望によってのみ生きていることを知ればそのような子どもたちが憐みの対象ではなく生きることの意味を教えてくれる教師であるということに私たちは気がつくのである。

難民による社会運動を知ることは、生や社会のあり方を根本的に再考することにつながる。そして、そのような彼らの運動は、難民がいるところには必ず生まれてきたものである。以下ではまず、一七世紀以降のヨーロッパにおける難民や亡命者、そして彼らが展開したさまざまな活動に関する歴史から見ていきたい。

2　歴史のなかの難民と社会

歴史のなかの難民たち

強いられた人の移動として難民を捉えると、人間の歴史が始まって以来、被征服者や社会の少数者は支配者によって追放され、最悪の場合には命を落とすこともあったが、移住先で自らの共同体を形成し、ある種の自由や解放を手に入れることもあったことがわかる。

近代的な意味での難民は、三〇年戦争を終結させた一六四八年のウエストファリア講和条約のなかに見出すことができる。この条約を契機としてフランスの統一を望んだルイ一四世は、ナントの勅令によって信仰の自由が保障されていたカルヴァン派のユグノーへの弾圧を再開した。フランスに留まって地下抵抗運動をつづけた信者もいたが、多くがイギリスやドイツ、オランダに移り住んだ。プロテスタントの信仰が許容された国に移住したユグノーはそこで教会を建設し、信仰の自由を獲得した。一八世紀後半になるとロシア、オーストリア、プロイセンによって分割されたポーランドの政治家や貴族がフランスに亡命してきて、故国の解放と独立のための政治活動を続けた。一九世紀になると、ヨーロッパでは専制国家から自由主義国への政治亡命が相次いだ。一八四八年にはヨーロッパ各地で革命が起きる。だが次第に反動勢力が盛り返すとドイツやオーストリア、ハンガリーの革命の指導者はヨーロッパから「自由の国」アメリカ合衆国へと逃れた。

たとえば、ハンガリーの革命を指導したコシュート・ラヨシュは、革命戦争が敗北した後、イギリスに逃れ、さらにハンガリーの独立支援を求めてアメリカ合衆国にも渡っている。またコシュートは、同じく革命運動に失敗し、イタリアの国家統一を目指してイギリスで活動していたジュゼッペ・マッツィーニとも親交を結んでいる。この例から、亡命者とは逃亡者ではなく、新しい出会いや交流を生み出す存在である、ということがわかる。なお、本章ではハンガリー人の名前は姓・名の順で表記していく。

その後、一九世紀末になるとハンガリーで国民的ナショナリズムが高揚し、コシュートを国家独立のシンボルとして崇拝する動きが広まった。一八九四年にコシュートがイタリアのトリノで客死すると、その亡骸はハンガリーに運ばれて首都で葬儀の大パレードが行われた。他方、コシュートのアメリカ渡航に同行した亡命者たちはその地に留まり、アメリカのハンガリー系コミュニティの基盤を形成し、コシュートをハンガリー系移民の結集のシンボルとした（山本 二〇一三）。

コシュートの事例からわかるのは、亡命者や難民を、脱出した出身国との関係を喪失した存在と見なしてはならない、ということである。そうではなく、彼らは国境を越えても常に出身国と結びつきを持ち、亡命や難民という状況にあってもさまざまな活動を展開し、多様な人々との交流を実現したのである。

二〇世紀から現代までの難民たち

亡命者や難民を処遇する国際的な仕組みができたのは、第一次世界大戦期のことだった。革命と戦火を逃れ、ロシアからは一〇〇万人以上の難民が発生した。このロシア難民を救済するために国際連盟は、北極探検家として世界的に名をはせていたフリチョフ・ナンセンをロシア難民高等弁務官に指名した。彼の主導によって、無国籍状態となっていたロシアからの難民のためにパスポートが発行され、難民の権利が保障されることにつながった。このパスポートは「ナンセン・パスポート」と呼ばれ、今日でも難民に発行されるパスポートの原型となっている。また、この時期のロシア難民のなかには、迫害を受けたムスリムのタタール人もいた。日本にも避難先を求めてやってきた人たちは神戸や横浜で貿易業を展開し、日本のイスラーム・コミュニティの礎を築いた。

このように難民問題解決で優れた実績を上げたナンセンであるが、彼がその後に関わった問題には、解決に至らず、むしろさらなる問題を生み出してしまった事例も見られる。たとえば、彼が主導したトルコとギリシャの間の住民交換はその一つの例である。この住民交換は、オスマン帝国の崩壊とトルコ共和国の成立という推移の中で起きた難民問題の解決を模索するために実施されている。

第一次世界大戦に敗北したオスマン帝国は、一九二〇年に戦勝国と締結したセーブル条約でヨーロッパ各国に広大な領土を奪われることになった。これに反発してトルコで独立戦争が始まり、一九二二年にムスタファ・ケマル（アタチュルク）が主導してトルコ独立が実現され、オスマン帝国は崩壊する。二三年に侵攻していたギリシャとの戦争に勝利して奪われた領土を取り返し、第一次世界大戦の連合軍とローザンヌ条約を締結することによってトルコは共和国として国際的に承認を得る。

この戦乱の過程で、トルコではギリシャ正教徒が、ギリシャではムスリムがなかば難民化する。そこでナンセンは、トルコとギリシャで住民を交換することによって、この問題の解決を図ろうとした。その結果、ギリシャからムスリムがトルコへと、トルコから正教徒がギリシャへと、それぞれ住み慣れた土地からほぼ強制的に移住させられることになった。これにより、ギリシャとトルコのマイノリティ問題は解決するとナンセンは考えていた。だが当然ながら交換された住民の言語や宗教は移住先のものと異なっていた（村田 二〇一三）。その結果、トルコとギリシャでは新たなマイノリティ問題がつくりだされたのである。

同時期にナンセンは、第一次世界大戦中にオスマン帝国を追われたアルメニア人難民の問題解決にも取り組んだ（ナイマーク 二〇一四）。ナンセンは、オスマン帝国時代からトルコで迫害されつづけて難民化していたアルメニア人の一部をソビエト連邦に移住させようとしたが、資金不足で最終的に失敗し、アルメニア人難民の一部はヨーロッパ諸国や南北アメリカへと逃れ、世界各地にアルメニア人コミュニティを形成した。今日、第一次世界大戦中にトルコで起きたアルメニア人のジェノサイドに対する謝罪をトルコ政府に求めているのは、このディアスポラとなったアルメニア人コミュニティである

その後、一九三〇年代、国際連盟は難民に関する国際条約を複数採択している。その結果、本人の意に反して出身国に送還しないことなど、難民に対する受入れ国の義務がそれまで以上に強化された。こういった諸条約が採択されていった背景には、三三年以降、ドイツにおいてナチ政権が成立し、国内でユダヤ人に対する迫害を始めたという切迫した状況があった。一九三八年には国際連盟が主催して、フランスのエヴィアンでユダヤ人難民の移住問題に関する国際会議が開催される。しかしながら、すでに発生している大量のユダヤ人難民の受入れを快く引き受ける国は皆無であった。

一九三九年九月に第二次世界大戦が始まると、国際連盟は増加する難民への効果的対策を実行することができな

くなり、各国同士の交渉の調停からも手を引いた。こうして、ドイツ占領地域のユダヤ人には、難民として彼らを積極的に迎え入れる国が存在しないという状況が生まれた。その結果、彼らはアウシュヴィッツなどの絶滅収容所での大量殺害の犠牲者となってしまうのである。もちろん、ドイツ占領地域からかろうじて脱出したユダヤ人もいて、彼らはアメリカ合衆国やパレスチナなどへと逃れた。

ドイツから亡命して原子爆弾の開発に関わったアルベルト・アインシュタインは脱出できたユダヤ人の一人であった。彼以外にも、原爆製造計画であるマンハッタン計画に関わった科学者の中には、ハンガリーから難民としてアメリカ合衆国に渡ったユダヤ系の物理学者レオ・シラードらがいる。このように難民とはある種の「頭脳流出」ともいえ、新たな人材の流入によって移住先の国家に知識や科学技術などのさまざまな恩恵をもたらす存在として捉えることもできる。

あるいは、ポーランド出身の法学者ラフェエル・レムキンは家族を絶滅収容所で失った人物であるが、アメリカへと亡命し、ナチの犯罪を告発していく。彼は、ナチによるユダヤ人の大量虐殺を表現するために「ジェノサイド」という言葉をつくりだし、戦後の国際連合によるジェノサイド条約の締結にも寄与している。レムキンは難民となり悲劇を経験し傷つきながらも全世界の人々の人権の改善に寄与したといえる。

しかしながら、ユダヤ人難民がパレスチナに到着することで先住者であるパレスチナ人たちが土地を追われることになり、さらにはイスラエルの建国と数次の中東戦争によってますます多くの人々が難民化するが、パレスチナ人たちは難民キャンプでの自治を担い、ヨルダン川西岸やガザに留まったパレスチナ人も非暴力の抵抗をつづけている。

難民条約とその課題

第二次世界大戦後の一九四八年に国連で世界人権宣言が定められた。これは迫害から避難し他国で享有する権利を保障し、国際社会における個人を「国際的同情の対象から国際法の主体へ」と転換させるもので、難民条約の精神の根拠となった（舘 二〇一四）。その後、一九五一年に国連で制定された難民条約で、難民は次のように定義されることになった。

難民とは、人種、宗教、国籍もしくは特定の社会集団の構成員であること、または政治的意見を理由に迫害を受けるおそれがあるという充分に理由のある恐怖を有するために、国籍国（常に居住する国）の外にいる者であって、その国籍国の保護を受けることができないか、その保護を望まないもの。（一九五一年難民条約の第一条A（1）より）

以上のような難民の定義には、この条約が制定された時代状況とそれを主導した欧米諸国の関心が色濃く表れている。第二次世界大戦中、ドイツが占領した地域から逃れたり、あるいはアウシュヴィッツなどの絶滅収容所を生き延びたりしたユダヤ人の中には、戦後になると、元の居住国に戻る者もいたが、アメリカ合衆国やイスラエルに渡った者も多い。他方では、ナチスドイツが支配していた地域に住んでいたが、ドイツの敗戦によって他国の領土になったため迫害されてドイツ本国に逃れたドイツ系住民や、戦時中のナチス占領地における体制協力者と見なされたために追放された人々もいた。ヨーロッパ各国は、難民条約締結当時、こうした人々への対処に迫られていた。したがって、当時、難民といえば人種・宗教、あるいは特定の国籍ないし社会集団の構成員、もしくは政治的な理由で迫害される人しか想定されていなかった。

これに対して、冒頭で述べたように、二〇一一年からつづく内戦とＩＳによる侵攻を逃れてシリアを離れた難民、あるいはそれ以前からのパレスチナ難民のような人々は、この定義を厳密に適用しようとすると「難民」に該当しないという判断もありうる。彼らは戦争によって住む場所を失った人々であり、難民条約で規定されるような、広い意味での政治的な理由に基づく「亡命者」に近い難民とは大きく異なるからだ。

このように、一九五一年の難民条約に基づくと必ずしも難民の定義に当てはまらない、と見なされて法的地位を得られぬ者がいる。彼らは、出身国を脱出しても難民キャンプで長期間過ごさねばならなかったり、他国に逃れても法律上の権利も保護もないまま長期に渡って不安定な暮らしに甘んじたりせねばならなかった。これと同じ状況は、現在のパレスチナやヨーロッパだけでなく、日本でも発生しているので、以下で見ておきたい。

日本に到着した難民たち

日本は他の先進国と比べて、難民の受け入れ数が圧倒的に少ない。法務省によれば、二〇一四年には難民申請者五〇〇〇人に対して、難民認定者はわずか一一人、二〇一五年には申請者七五八六人に対してたった二七人にとどまった。二〇一六年には、申請者が前年より三〇〇〇人以上増加し一万九〇一人であったが、認定者はわずか一人増えただけの二八人にとどまり、難民としてではなく人道的配慮によって在留を認められたのもわずか九七人だった。

しかしこれ以外に、難民申請にまで至らない、申請のための書類をそろえることができない人々も国内には多数存在しており、彼ら／彼女らは法的地位が不確定なまま日本で働き、生活している。例えば、トルコからの独立と領土保障を求めているクルド人は迫害から逃れて日本にも到着し、埼玉県蕨市や川口市にクルド人コミュニティを形成している。軍事政権時代のミャンマーを脱出したミャンマー人は、日本で育った第二世代がすでに成人する年齢に達している。

さらに、北朝鮮を脱出した脱北者は韓国だけでなく日本にも到着している。かつて一九六〇年代から八〇年代まで日本では北朝鮮への帰還運動が行われ、北朝鮮出身者だけでなく朝鮮半島にルーツを持つ者やその家族の日本人も北朝鮮に渡って新たな社会主義国家の建設に参加しようとした。しかし、実際は、それまで築いた全財産を新国家に寄贈してまで移住した者が北朝鮮の経済悪化に伴い貧窮し、結局は北朝鮮から脱出する、というケースが相次いでいる。

以上見てきたように、現在、日本には難民として法的に認可された者はわずかな数に過ぎないが、日本社会に庇護を求める人々は数多く暮らしている。また、過去にさかのぼってみても、日本には多くの難民が到着し、彼ら／彼女らを社会は受け入れてきたという歴史がある。すでに述べたように、一九一七年のロシア革命の時期にはロシアで迫害されたタタール人が東京、神戸、名古屋などに到着した。第二次世界大戦期にはユダヤ人難民も日本に到着している。そして、最も多くの難民を受け入れた例は、一九七五年以降、ボートを漕いで日本までたどり着くようになっていた、インドシナ戦争による難民である。

当時の日本には、法律上も行政上も難民受入れ体制がなかったため、このインドシナ難民は通過するしかなかったり、あるいは一時的な「水難上陸」として扱われた。上陸したインドシナ難民は国連難民高等弁務官事務所の保護下に置かれ、カリタス・ジャパン、天理教、立正佼成会、救世軍などの宗教団体やアジア福祉教育財団、日本赤十字などの民間団体が業務委託契約を結んで難民支援を行った（小泉 二〇一三）。

一九七八年に日本政府はアメリカ合衆国政府からの要請によってインドシナ難民の受入れに合意し、受入れ数は一万人以上に及んだ。インドシナ難民は、姫路市や大和市にある受入れセンターで日本語や日本の生活習慣に関する講座を受けたのち、製造業が盛んな川崎市や神戸市、姫路市などに定住した（荻野 二〇一三）。

日本に定着した難民たちには地域社会の担い手になっている人たちもいる。川崎市のいちょう団地にはインドシナ難民が多数集住し、近年では日系ブラジル人も居住しているが、これらの移住者たちが団地の高齢化した日本人住民を支援する活動を行っている。難民として幼い頃に日本に到着した人たちの中には、自分たち難民とその家族を支援するボランティア団体に加わり、後から到着した難民に日本語や日本文化を教えているメンバーもいる。かつてボランティア団体によって支援された中学生や高校生が今度は小学生に日本語や勉強を教えているのだという。

二〇一一年に東日本大震災が起こったとき、日本難民支援協会には、東北の被災者を気遣う難民の声と難民としての経験を東北のために役立てたいという声が多数寄せられた。「自分も住み慣れた土地を離れざるを得なかった。家や家族を失った辛い気持ちがわかる。東北の被災者の力になりたい」、「日本の社会のメンバーとして何かするのは当然だ。ボランティアをしに行くには、どうすればよいか」といった声を受けて、日本難民支援協会は、難民がボランティアを行うためのチームを設け、各々のスキルをいかしチームを引っ張って被災地での支援活動ができるかたちを作った。

土木関係の仕事に従事するクルド難民はチームのリーダーシップをとって作業を指示し、炊き出しではレストランを経営する中東出身の難民が率先し、力仕事で活躍したのはウガンダ難民だった。陸前高田市のボランティアセンター運営でも難民たちは中心的な役割を果たし、地元の祭「うごく七夕まつり」にボランティアで参加した。これにより、地元の住民と難民との交流が生まれ、被災者からは次のような感謝の言葉が届いた。「ボランティアが来るとは聞いていたけれど、違う肌の色の人が来るとは思わず、最初は驚いた。でも、みなさんがいたから今年も山車を引けた。うれしい、本当にありがたい」（石井・中山・星野・田中 二〇一一）。

川崎市いちょう団地の住民やボランティア団体の事例、東日本大震災で支援活動を行った難民たちの姿からは、一方的に援助を受ける受動的な難民ではなく、自ら行動し地域の担い手となっている難民の姿が見えてきた。現在、難民問題がEU諸国を揺るがし、シリア難民受入れに伴う経済的負担や社会的混乱を危惧する否定的な見方がヨーロッパのみならず世界的に広まっている。しかし、シリア難民は果たして非力な存在だろうか。次に、ヨーロッパに向かったシリア難民たちの行動に注目してみよう。

行動する難民たちとヨーロッパ社会

二〇一五年八月、シリアやアフガニスタンからハンガリーに到着する難民の数は日を追うごとに増していた。アフガニスタンやシリアを脱出した人々はトルコを経由し、あるいはトルコの難民キャンプからギリシャへと船やボートで渡り、そこからマケドニア、セルビアを通って北上し、ハンガリーとの国境の手前で業者が手配したバスから降りると、農地が広がる国境地帯を徒歩で渡った。

セルビアとハンガリー間の国境は、EU加盟国間のヒト、モノ、サービスの往来を自由化したシェンゲン協定の境界にあたり、難民たちはハンガリーに入国したのち、そこからEU諸国を目指していた。EUの難民規定によると、EU圏内では最初に入った国で難民申請を行うことと定められているが、難民たちはギリシャでもハンガリーでも手続きを行わず、ドイツへと向かおうとしていた。しかし、ハンガリーにおいて国境をまたぐ列車への乗車（切符の発券）が許可されなかったため、難民たちは国境駅のロスケ周辺や首都ブダペシュトの東駅前に野営してい

図5－1　2015年8月ハンガリーのブダペシュト東駅前に集まる難民たち

出所：Kallius, Annastiina, Daniel Monterescu, and Prem Kumar Rajaram (2016) "Immobilizing mobility: Border ethnography, illiberal democracy, and the politics of the 'refugee crisis' in Hungary", *American Ethnologist,* Vol. 43, No. 1.

た（図5－1）。

シリアで、政府軍と反体制派との戦闘に加えＩＳの侵攻が激化すると、ＥＵ諸国のなかでも経済が好調なドイツが二〇一五年になって年間六〇万人の難民の受入れを発表した。これによって、ドイツを目指すシリア難民が急増したのである。東駅周辺に寝泊まりしている難民の状況は、各国の報道機関を通して世界中に配信された。すでに述べたように、難民たちはハンガリーで難民申請をするとドイツへ入国することがほぼ不可能になる。そのため彼らは、ドイツへ向かう国際列車が出るブダペシュトの東駅前を占拠して日に何度か集会を行い、そこでは「われわれに自由を」と、ドイツへの出国を求める英語のコールが連呼された。

ハンガリーのオルバーン・ヴィクトル首相は、このような大量の難民の到着をハンガリー社会の危機と見なし、二〇一五年九月三日、難民問題の解決のためにドイツへと飛び、ドイツのアンゲラ・メルケル首相と会談した。会談の情報をスマートフォンで入手すると、難民たちは翌日に二〇〇キロ離れたオーストリア国境に向けて徒歩での移動を開始した（図5－2）。難民には若い男性が多かったものの幼児連れの女性たちもおり、ハンガリーのニュース報道では、徒歩で移動する人々の存在を知った近隣住民や支援者が自家用車や自転車で国境近くまで難民を送り届けたり、水や食料の支援を行ったりする様子が報じられた。

九月四日の夜、ドイツ政府がハンガリーに滞留している難民の受入れに合意をしたため、ハンガリー政府は手配したバス約一〇〇台を使ってオーストリアへ徒歩で向かっていた難民たちを国境駅まで連れ戻した。そして難民たちは鉄道でオーストリアを経由してドイツに入国した。目的地ドイツに到着してからは物資の支援を受け、歓迎ぶりに安堵する難民の様子がニュースで報じられた。

だがその後、ハンガリー政府は自国を経由しようとしてさらに増加する難民の入国を阻止するために、セルビアとの国境線に有刺鉄線付のフェンスを築いた。ハンガリーが難民に対して防衛的であるのは、与党フィデスがハンガリー国民の価値観を重視する内向きの政策を展開しているからである。また現在のハンガリー経済は停滞し、失業率が高く、難民を新たに受け入れる余地がなく、さらに西欧諸国のように他地域からの非キリスト教徒の大量の移民や外国人労働者を受け入れた経験がない。こういった理由から、ハンガリーは難民受け入れを強く拒否する態度を鮮明にしたと考えられる。

図5－2　2015年９月４日オーストリア国境に向けてブダペシュトを出発する難民たち

出所：https://hu.wikipedia.org/wiki/Eur%C3%B3pai_migr%C3%A1ci%C3%B3s_v%C3%A1ls%C3%A1g#/media/File:Refugee_march_Hungary_2015-09-04_02.jpg

行動する難民と受入れ社会の課題

ブダペシュト東駅前を占拠した難民たちがドイツへの出国という目的を成功させたことは、「可哀そうな人たち」、受動的な人たちという難民に対する一般的なイメージを変えた。ハンガリーとドイツの政府間交渉がなければ難民たちがドイツへ入国することは叶わなかったとはいえ、彼ら／彼女らが自ら行動したことによって、より早期に目的が実現したのは確かである。なぜ難民がこうして行動できたのかを考えてみよう。

東駅前に集まっていた難民たちがスマートフォンを手にしていたことはすでに述べたが、スマートフォンは交通手段とした船やバスの業者との連絡あるいはその他移動や目的地に関する必要な情報の入手、西欧諸国にいる親族とのやり取りのために必需品となっていただけでなく、先にドイツに入国した者が移動途上の難民たちにSNSを通して必要な情報を提供して支援を行ったり、東駅前広場に陣取って、集会での要求を英語でコールすることによってマスメディアを引きつけたり、報道機関へのインタビューに対して自らの状況や心情を英語で語り、その声が世界に向けて報道されたことを確認するといった作業に不可欠なツールだった。こうしたことは、二〇一一年に起こった「アラブの春」やオキュパイ運動がインターネットを駆使して集会や情報交換を行って体制の変革を可能にした経験を継承しているとも言えよう（序章を参照）。

二〇一五年以降、続々とヨーロッパに到着しているシリア難民は、ヨーロッパまでの渡航費用を捻出できる財力があり、英語が堪能な者や元は専門職に就いていた者が多い。これらの点から、現代の難民には情報を入手し発信する能力や移動を可能とする資金力を有する者、あるいはこれらがない場合には、情報や資金不足を補うことができる人的支援を得ることができる者が多い。これは自由意思に基づく移民とも似た特徴であるが、難民の一般的な特徴と言えるのか、歴史的にも検証してみる必要があるだろう。

ところでドイツのメルケル首相は、シリアからの難民を率先して受入れてきた。ドイツは、第二次世界大戦期のホロコーストを含むユダヤ人に対する迫害と虐殺という過去を償うためにも、戦後に難民の受入れを社会の課題とみなしてきた。ドイツでは、当初、ハンガリー政府が難民支援策を講ずることなく難民の受入を拒否し、やがてセルビアとの国境にフェンスを建設したことを批判する声が多くあった。しかし、予想を超える数の難民の到着に、ドイツでも受入れ停止や難民排除を主張する集会が開かれるようになった。

その後、EU加盟国のなかでシリアやアフガニスタンからの難民受入れを拒否する決議が各国で相次いだのち、二〇一六年三月、EU議会はギリシャへ非合法に渡った難民をトルコへ強制的に戻すことを決定した。このような各国政府による難民受入れ拒否の背景には、各国の世論と社会の動向の変化がある。こういった反応はこの事例に特別なことではなく、歴史を振り返ると常に存在していた。難民の問題は、難民受入れに反対する市民の声や組織的活動と、難民の受入れに賛成する人々による運動との論争を生み出す。しかしここで決して忘れてはいけないのは、難民の権利をどのように守っていくかという問題はきわめて重要であり、地球上に生きる一人一人が向き合わねばならない、ということである。

ここまで欧米、中東、日本での各時代の難民を歴史的にたどってきた。そこでみられた難民の姿は、受動的で社会の一方的な負担になる存在ではなかった。ハンガリー出身のコシュートやポーランド出身のレムキンは、亡命者、難民として他国に逃れたのち、そこから故国の独立運動やナチの犯罪告発のための活動を、国境を越えて展開した。そこに見いだすことができるのは、自らの資源と人的ネットワークを駆使して、目的達成を試みた力強い姿である。また、日本に避難してきたインドシナ難民、あるいは東日本大震災の被災地支援に携わった難民の活動からは、移住した日本社会のメンバーとして、相互支援によって隣人や被災者を助ける姿をみることができる。そこでは、故郷を追われ迫害された難民としての経験ゆえに、問題をかかえ困っている人々への共感が示されると同時に、新たな地で人生を切り開いた行動力が発揮されていた。こうしてみると、難民とは大きな潜在力と可能性を持って、自らを庇護してくれた社会をよい方向に変えていくエネルギーを秘めた人たちであると言えるのではないだろうか。

以上のように、過去から現代まで、難民が支援を受けるだけの受動的な存在ではなく、独自の運動を展開したという事実を確認した上で、以下では、一九五六年、ハンガリーの政治体制に抗議し、後にハンガリー治安部隊やソ連軍との銃撃戦にまで発展する革命を始めた大学生たちが難民となって起こした社会運動についてみていきたい。

3　一九五六年のハンガリー革命と国境を越える難民の学生運動

ハンガリー革命とアメリカの難民政策

ソビエト連邦の権威と支配、およびそれに従順な政府に対する蜂起である一九五六年のハンガリー革命だが、先駆けとなる出来事は国内外で起こっていた。一九五三年三月のヨシフ・スターリンの死亡後、ソ連ではスターリンの体制と政策に対する民衆からの批判が起こった。その影響はハンガリーにも及ぶ。東欧社会主義圏の一角を占めるハンガリーであったが、抑圧的な政治体制と、ソ連への従属という状態に対して、ハンガリー国民の不満が高まっていた。そういった不満は、与党ハンガリー勤労者党内の穏健派、ナジ・イムレが首相に任命されたことに結びついていた。

ナジの首相任命に対して、スターリン時代に政権を担い小スターリンとも称されたラーコシ・マーチャーシュらが反発し、ナジを解任に追い込んだ。ところが、一九五六年二月にニキータ・フルシチョフがソ連共産党大会で正式にスターリン批判を行うと、ハンガリーの市民はラーコシの退任とナジの復権を求めて国会議事堂前に集まるなどの行動を起こすようになった（家田 一九九九）。また隣国ポーランドでは共産党内の主導権争いに敗れて失脚していたヴワディスワフ・ゴウウカが党に復帰し、指導者に返り咲いて政治改革に乗り出していく。

同時期、ハンガリーの大学では、九月に新学期が始まると、ロシア語やマルクス主義のイデオロギー色の濃い授業、朝鮮戦争勃発によって導入された国防教育への反発が高まった。加えて、大学の寮が過密状態であることや学食の食事が粗末であること、奨学金が不足し交通費の学割が停止されたこと、外国への渡航が禁止されていることなど学生生活に対する不満も高まっていた。

一九五六年一〇月六日、ラーコシによる政治家ライク・ラースローらの粛清に対して抗議するため、エトヴェシュ・ローラント科学大学（以下ＥＬＴＥ）と美術専門学校の学生二〇〇〜三〇〇名が街頭デモを行った。学生たちは、「われわれは途半ばで歩みを止めない。スターリン主義を解体しよう」と声を挙げた。さらにＥＬＴＥの人文学部の学生たちは、ロシア語を必須科目ではなく選択科目にすることを求める全国的な運動に着手した。こうした動きはセゲドという南部の都市にも届き、同年一〇月一六日、セゲドでハンガリーの大学・専門学校学生連盟（以下ＭＥＦＥＳＺ）が結成された。

実はこの大学・専門学校学生連盟という名前の組織は、第二次世界大戦直後の一九四五年八月に、戦時中の体制を刷新する民主主義的な学生諸団体の上部組織として設立されていたことがあった。ところが、共産党一党独裁体制になるとその活動は困難になり、一九五〇年に政府によって解散させられていた。セゲドで同名の組織が設立されたのは、六年前に解散させられたこの組織の復活と学生たちが捉えたからである。

セゲドで数千人を集めて行われた学生集会には、ブダペシュトをはじめ、全国各地の大学からも代表者が参加し、学生新聞の発行、言論の自由、大学での国防教育とマルクス主義教育の再検討および教育の質の確保、学生生活の福利向上などの訴えが決議され、その動きは各地の大学へと伝わっていった。

同時期にブダペシュトでも、学生たちが工科大学の寮に集まり学生の要望をまとめる作業を行っていた。のちにアメリカでの難民学生運動のリーダーの一人となるユリウス・ヴァラヤイは、当時の工科大学の寮での集会の様子を次のように回想している。

工科大学四年生のバーリントが口ごもりながら、「なぜソ連軍は依然として国内に駐留しているのだろうか」と問いを投げかけた。これを聞いた自分を含む学生たちは、一瞬驚き、習慣からくる疑り深さによって互いに顔を見合わせた。何か言ったら弾劾されるのではないかと恐れていた。しかし、数秒後、うねりのように、そこにいたみなが大声で叫び始めた。「ロシア人よ、国に帰れ！」。(Varallyay 2006)

これは、日常の学生生活に関する要求から、体制批判の政治的主張へと学生の要求が転換した瞬間だった。ラーコシ政権下で表現の自由を奪われた学生たちは、粛清を恐れ、自己規制していた。しかし、スターリン批判をきっかけに学生生活に関して自由に意見を交換するなかで、自らの疑問や意見を率直に語り合う場が作られ、目に見えない政治的圧力という壁を学生たちは打ち壊すことができたのだった。

五六年一〇月二二日、ブダペシュト工科大学で開催された集会では、学生生活における問題の改善からより広範な政治的要求へと学生たちの訴えの対象は変化していた。彼らは、一八四八年のハンガリー革命時に、革命の詩人ペテーフィが訴えた十二カ条の要求になぞらえて、一六カ条の要求を提示した。いつのまにか、一〇〇年以上前に起きた革命が、学生たちの指針となっていた。

その要求の内容は、ソ連軍の即時撤退、複数政党制による自由選挙と労働者のストライキ権の保障、ソ連やユーゴスラヴィアとの外交関係の改善、経済改革、裁判の独立性の確保、言論・表現・報道の自由、スターリン像の撤去、一八四八～四九年の解放戦争の英雄と殉教者の記念碑の建立、ブダペシュト工科大学の若者とワルシャワの労働者・若者との連帯、全国の青年代表による議会の召集などであった。

ブダペシュト工科大学での集会の翌日、首都の三つの大学の学生約一〇〇〇人が集まり、政治的綱領を読み上げたのち、革命の英雄ユゼフ・ベム将軍の記念碑に向かって八列の隊をなしてデモ行進を始めた。デモ隊はベム将軍が一八四八年のハンガリー革命時にポーランドから支援に駆け付けてくれたことへの返礼として、当時ポーランドのポズナニで社会主義体制に対する不満を背景にして起きていた労働者の争議に連帯の意を表そうと考えた。さらに、ソ連軍のハンガリーからの撤退がハンガリーの自律性や独立につながると考え、一八四八年に独立を目指した革命を想起させるデモのコースが決められた。午後になると市民も加わり、デモ隊の数は三万人から四万人に膨れ上がった。

このデモに対して治安部隊が発砲したため、平和的なデモはたちまち市街戦へと様相を変える。市民の声に押されて首相に復帰したナジは西側の支援に期待するという非現実的な見通しによってワルシャワ条約機構軍からの脱退と中立化を宣言するが、アメリカ合衆国をはじめとする欧米諸国は、同時期に起こった中東戦争によるスエズ危機への対応を優先し、支援を求めるナジの声に応えることはなかった。こうして、五六年一一月四日、ソ連軍の戦車がブダペシュトを制圧し、学生と市民の抵抗運動は終わった。

この革命が崩壊した後、ハンガリー市民の二〇万人以上が出国した。オーストリアとの国境を越えた者は一七万九〇〇〇人、ユーゴスラヴィアへは一万九九〇〇人、その他の国へと逃れた者が一〇〇〇人と推定されている。アメリカ合衆国は最多の三万八〇〇〇人のハンガリー難民を受入れた。西ヨーロッパの各国も割り当てられた難民数を受入れることに合意した。ヨーロッパ諸国では、イギリスが二万六六〇〇人、西ドイツが一万四三一〇人、スイ

図５－３　1956年11月21日アメリカ合衆国ニュージャージー州マクガイル空軍基地に到着したハンガリー難民たち

出所：Hungarian Student Association, American Hungarian Foundation, Archive

スが一万二一三〇人、フランスが一万二四〇人のハンガリー難民を受け入れた。その他の国で五〇〇〇人以上を受け入れたのは、カナダが二万五〇〇〇人、オーストラリアが九七四三人だった。

当時のアメリカの移民政策は、国別の入国割当て数を定めていた一九二四年の移民法に基づいていたため、既存の制度ではわずかな数のハンガリー人しか受入れることができなかった。そのため、アメリカ合衆国大統領ドワイト・D・アイゼンハワーは、ハンガリー難民に対して、「慈愛作戦」を実施した。難民救済法の規定に基づき六五〇〇人を受入れた以外にも、一九五二年の移民・国籍法に基づく臨時入国許可を一万五〇〇〇人に与え、合計で二万一五〇〇人にヴィザを発行した。

これに対し行政機関や連邦議会、市民からは難民プログラムを縮小することを求めて政府の難民受入れ政策に対する強力な批判が起こった。「ハンガリーからの難民は元共産主義者であるため、アメリカ社会を共産主義化する脅威となる」、「多数の難民受け入れは社会の負担になり、アメリカ人の職を奪う」という理由による難民受入れ反対の声が連邦議会からも市民からもあがった。しかし、最終的に、アメリカ政府は当初の計画以上の数のハンガリー難民を受入れた（図5-3）。その背景には、難民の受入れを人道的理由というよりも質の高い移民労働者の受入れとして捉え、難民受入れに関わる政府や行政的負担を最小限にするための方策があった（Yamamoto 2017）。

アメリカの決定を受けてウィーンの在オーストリア・アメリカ合衆国大使館には、ハンガリーからの難民が殺到し、アメリカに入国するためのヴィザを求めた。なぜハンガリー難民はアメリカへの渡航を求めたのだろうか。一つには、一九世紀後半以降、ハンガリーからアメリカ合衆国には各時代に移民や難民が渡っていたため（山本 二〇一三）、親族や知人がすでにアメリカにいる場合があり、そうでなくてもハンガリー系コミュニティが幾つかの都市に存在したため、アメリカへの移住を求める者が多かったことがある。同胞からの支援が期待できる国や地域は難民にとってとても重要な移住先だったのである。

またアメリカ側も、単なる人道上の理由以外に、さまざまな意図から彼らを受け入れていた。当時、合衆国政府はソ連に対抗して資本主義経済の優勢を誇示するため、国内の科学技術と経済の発展を最優先課題としていた。そのため、ヴィザを求めるハンガリー難民のなかから専門職や技術者、自然科学専攻の大学生に優先的にヴィザを発行した。その結果、アメリカ合衆国が受入れた雇用可能なハンガリー難民の半数以上が専門職や技術者、熟練・半熟練の労働者で占められ、多数の科学者や医者、そしてその数をはるかに上回る大学生が入国した。このため、ハンガリー難民の平均年齢は二五歳にも達しないほど、若年者が大半を占めた。アメリカ政府によるハンガリー難民受入れは、ハンガリー、そしてソ連圏からの頭脳流出という側面もあったのである。

ハンガリー難民学生への支援

革命の終結後、一九五六年から翌年にかけてハンガリー国内の大学生の五分の一にあたる約七〇〇〇人が国を離れた。革命運動に立ちあがった学生たちは大学からの追放や監獄への拘禁を恐れ、国境を越えた。こうした事態を受けて、ポーランド学生連合評議会は、ハンガリー市民および学生、若者との徹底的な連帯を表明し、五七年の六月には全国インドネシア学生連合が政府によるハンガリー人学生の裁判と入獄に対し抗議して、国外で暮らす学生が早期に自由で民主的なハンガリーに戻ることができることを願う、という声明を発表している。

一九五六年一二月にアメリカ合衆国へのハンガリー人の移民が始まり、そのなかには約一八〇〇人の難民学生も含まれていた。ハンガリーからの最初の難民が到着した日からアメリカの教育機関と諸組織は、ハンガリー人学生への支援に関心を示した。難民のための募金が集められ、奨学金が設立された。国際的な学生運動や学生の交流に取り組んできた世界大学生サービス（ＷＵＳ）や国際教育研究所（ＩＩＥ）からの支援を受ける学生もいた。一九五七年一〇月までに合わせて一二八八名の学生が世界大学生サービスや国際教育研究所が共同で設けた奨学金に登録している。政府、国際機関が協力したこれらのプログラムによって、ハンガリー学生はアメリカの単科大学や総合大学への修学が可能になった。

ハンガリー難民の学生は圧倒的に男性で占められ、一九五六年革命時に学生だった一九歳から二〇歳と政治的理由のために大学での修学が妨げられた二八歳から二九歳の若者という二つのグループがあった。その多くは工学と医学を学ぶ学生だったが、経済、文学、社会科学、教育、農学専攻の学生も少数ながら存在した。ハンガリー学生のなかには母語以外の言語を使える者もいたが、その大半がロシア語とドイツ語を解する者であり、英語がわかる者はほとんどいなかった。そのため難民学生の英語学習に国際教育研究所が特別な拠点を設置・監督し、英語学習のための資金支援はフォード財団およびロックフェラー財団、ロックフェラー・ブラザー財団が提供した。

世界大学生サービスと国際教育研究所の共同委員会は、一九五六年一一月から一九五七年一〇月までにこのハンガリー・プログラムに二九万六五〇〇ドルを提供し、またそれ以外にも、奨学金として四二〇〇万ドル以上を寄付している。さらに、三五〇もの単科大学と総合大学が一〇〇〇人以上の学生の授業料を免除し、四〇〇以上の充実した奨学金（部屋代、食費、小遣い）が、学校、学生、友愛協会などから提供された。加えて、このような金銭的支援は、組織や基金からだけでなく、アメリカ人学生からの募金によってももたらされた。

以上のように、ハンガリー難民学生への語学学習、学費、生活費の支援は、アメリカ合衆国政府からではなく、国際機関や財団の基金、市民や学生からの寄付によっていたことがわかる。これらの支援によって、ハンガリー難民学生のアメリカでの就学と生活が可能になった。ただし、のちにハンガリー学生組織のリーダーとなったある人物が、ボストンで学んだ最初の二年間、ハンガリー難民の学生仲間とともに、レストランでの皿洗いをして学資を稼いだと記しているように、特権的な立場に置かれた学生もいたかもしれないが、苦学した学生もいたのである。

難民学生の組織化

まもなく、ハンガリー難民学生の間から、自分たちの要求を提示し、公衆の関心を引きつけるために組織を結成すべきだとの声が上がるようになり、一九五七年二月二日に北米ハンガリー学生協会（ＡＨＡＮＡ）が結成された。この組織の活動はバード大学で始まり、工学部の学生ベーラ・リプタークを会長に準備委員会が選出された。翌五八年になると、メンバーは当初の七三人からアメリカ合衆国内で一四五〇人、カナダで四六〇人にまで増えた。こうして北米ハンガリー学生協会は、大学に所属するか、これから所属しようとするハンガリー人、あるいはハンガリー系のすべての若者の利益を代表し、守ることを目的として掲げた活動を始める。

例えば一九五六年の革命で学生運動のリーダーだったイシュトヴァーン・ラースロー（仮名）は、自らの革命での経験を、アメリカの学生に紹介する活動をスタートさせ、わずか三ヶ月間で一〇〇校近くの単科大学と総合大学を訪問して、約一〇万人の学生・教員・スタッフと対話を重ね、覚えたての英語を使って聴衆の質問にも答えた。自分以外の学生によるリレー講演も企画し、地元のクラブや教会でも革命の経験を語った。それ以外にも、北米ハンガリー学生協会は難民学生支援のための写真展、あるいはハンガリー映画や一九五六年革命の映像、その他の映画の上映会を開催した。

翌一九五七年六月、世界中に散らばったハンガリー難民学生は、自由ハンガリー学生組織（ＵＦＨＳ）という国際組織をリヒテンシュタインで結成した。ＵＦＨＳは一九六一年になると、「ハンガリー学生連盟」（ＭＥＦＥＳＺ：ハンガリー語で *Magyar Egyetemisták Főiskolások Szövetsége* 英語で the Hungarian University and College Student Union）と改称する。この名称が、ハンガリー革命時に結成された学生組織名と同じであることからも革命の運動を引き継いでいると彼らが強く意識していることがわかる。この新生ＭＥＦＥＳＺは一九六七年一月まで活動をつづけ、毎年ヨーロッパの諸都市で年次大会を開催した（Varallyay 2006）。

アメリカの社会運動との遭遇

その後、ハンガリー難民学生たちは、新たに独立したアジア・アフリカ諸国からアメリカ合衆国に来ている留学生たちが自分たちの経験や革命から得た教訓を必要としていると考え、彼らとさまざまなかたちで交流を深めていく。たとえば一九六一年六月、ハンガリー学生協会はペンシルヴェニア大学でアフリカン・セミナーを開催し、ハンガリー革命の経験についてアフリカからの留学生にたちに伝えた。

このセミナーに出席したガーナ出身のナザン・オプクは、「アフリカ人学生とハンガリー人学生はともに多くの点で共通している」と感想を述べ、ナイジェリア出身のアデワリ・アデヴォンミは次のように発言した。「ハンガリー学生と出会って、自由はわれわれだけの関心でないことがはっきりとわかった。（中略）アフリカの解放だけで終わらせてはいけない。あなたの国も同じように解放される必要がある。一九五六年のハンガリーであなた方学生リーダーの多くが何に反旗を翻らせたのかを思いめぐらせている」（Papp 1962）。

こうしてハンガリー難民学生は、アフリカ出身の留学生との連帯を強化させていった。これ以外にも、ハンガリー革命に参加し、AHANAメンバーでもあるアールパード・サボーは、アフリカの子どもたちへの本の寄付を呼びかける「アフリカの運動ための本」というキャンペーンを開始し、地元のクラブや組織の協力を得て実施している。

さらにUFHSは、アフリカ系アメリカ人学生と交流する中で人種問題にも関心を寄せるようになる。一九六一年六月にフィラデルフィアで開催された第五回ハンガリー人学生協会の年次大会では次のようなアメリカの人種差別に対する抗議声明が発表される。「大会は、アメリカの教育機関で学んでいるすべてのアメリカ人とハンガリー人学生に、人種的、宗教的、その他の差別を永久に廃止するために、可能な限りあらゆることを行うことを訴える。ハンガリー人学生はいかなる人種的、あるいはその他の差別に対しても喜んで闘う準備ができている」（Papp 1962）。

また同じ大会では、「あらゆる形態の植民地制度」も非難され、「政治的理由で逮捕されたスペイン人学生の解放、（中略）全体主義に対する闘いを続けているパラグアイの学生との心からの連帯」が訴えられ（Papp 1962）、さらに、中国によるチベットへの介入とキューバ危機にも大きな関心が示された。アメリカにいることで世界のさまざまな問題に目が開かれたことや、ハンガリー難民学生の国際組織を立ち上げたこと、そしてアメリカで芽生えたアフリカ出身の留学生との交流と連帯を通じて、ハンガリー難民学生たちの視野が世界に開かれていったのだと想像できる。

アジアの運動との連帯

UFHSは一九五六年ハンガリー革命の理念を説き、アジアの学生との意見交換ならびにアジアの学生や団体の活動や思想を調査するために、学生の代表をアジア数ヶ国に送ることになる。代表として選ばれたのは、カーロイ・デレチケイ、アルパール・ブイドショー、ラースロー・キッシュ、バラージュ・ナジの四人である。彼らは一九五七年五月から八月にかけて、インドネシア、フィリピン、タイ、ビルマ、パキスタン、韓国、日本などのアジア諸国を訪れた。

日本には五七年六月二〇日から七月一五日まで三週間滞在し、全学連中央委員会メンバーとの会談を試みた。しかしながら、全学連指導部は渡米したハンガリー人学生をソ連体制に反対する反動勢力であると見なし、数度に渡り会談をキャンセルした。当時の全学連のメンバーは共産党員ではなかったが、共産主義に共感していたためソ連への信奉があり、アメリカ合衆国を厳しく批判していた。彼らがハンガリー人学生との会合を拒否した理由は、おそらく会談を希望する相手が自分たちが批判している国に亡命した人たちであることにあった。

ハンガリー人学生は日本での記者会見の席で、全学連のこの反応に深く失望したと述べている。ただ、全学連と異なり、大阪や京都などの地方都市の学生は、ハンガリー革命への支援を宣言する署名集めを行い、山梨県のある大学では、ハンガリー人学生を大学に招いて交流し、ハンガリー革命の実相と難民学生の主張を市民に伝える講演会を開催する学生たちもいた。

日本では一部の組織から面会を拒否されたこともあったとは言え、ハンガリー人学生の代表団は、特にインドネシアとフィリピンでは独裁体制を批判し、地元の学生メンバーとの共同声明まで発表するなどアジア歴訪における当初の目的を達成したと言える（Varallyay 2006）。

4 おわりに

以上のように、本章の最後で見たハンガリー難民学生は、アメリカにおいて独自の運動を展開しただけでなく、国際的な組織を立ち上げ、さらにアジアやアフリカの問題に視野を広げ、世界中の人々との連帯が重要であるという認識を得るようになった。そのようなプロセスの中で、彼らハンガリー難民学生たちは、公民権法制定以前のアメリカにおける人種差別の現状を知り、あるいはアジアやアフリカで長く続いた植民地支配の問題性を理解し、そういったアメリカやアジア・アフリカの現状に、ハンガリーの歴史と現状を照らして深い共感を覚えた。さらにハンガリー人学生たちはアメリカ人や第三世界出身の学生と出会ったことにより、一九五六年の革命時の政治的要求を、同時代の社会運動や反帝国主義運動、反植民地主義運動といったグローバルな運動へと接続することを試みたのである。

ハンガリー難民学生は、大学が大衆化していない一九五〇年代にハンガリー有数の大学で学んでいたエリートであり、アメリカ合衆国政府による受入れ政策の選抜を通り抜けた逸材でもあった。彼ら／彼女らは難民としてアメリカに到着後、短期間のうちに英語を習得し、財団や大学などが提供する奨学金を獲得するために勉学に励んだ。とはいえ、彼らの運動を見ると、彼ら一人一人が目指していたのが個人的な自己実現やハンガリー難民の利害の追求にとどまらず、自らをはじめとするハンガリー難民以外の多様な人々によって構成される社会、さらには世界をよりよくするという目標であったということがわかる。

このハンガリー難民学生による社会運動を見ると、難民が高い潜在力と可能性を有する存在であるということがわかる。たしかに彼らはエリートであったが、彼らの能力は生まれながらに備わったものではない。社会や政治を批判的にみる力は、ハンガリー革命を経験する中で培われたものである。彼らの行動力は、国を脱出する際に鍛えられたであろう。アメリカに渡ってからは、それまでの経験や知識、そして能力をさらに発展させ、異なる社会で新たな生活を築くための能力を獲得していったはずである。

そういった能力を発揮した難民たちが、彼らを受け入れた社会で、多様な活動を展開し、その社会に対してさまざまな貢献をすることになる。これは、日本における難民の活動からもよくわかることである。しかしながら、そのような難民の能力を引き出すのは、受入れ社会の経済的・社会的支援と難民に対する寛容さである。そう考えれば、私たちが難民についてまわる問題や歴史をどのように捉え、どのように関わっていけばよいのかという自らの行動の指針を導き出すことができるであろう。

参照文献

〈日本語〉

阿部浩己（二〇一四）『国際人権を生きる』信山社。

石井宏明・中山大輔・星野桃子・田中志穂（二〇一一）「難民とともに取り組む被災地支援――難民支援協会（JAR）の活動」『賃金と社会保障』一五五二号、三二－四六頁。

家田修（一九九九）「冷戦の時代」南塚信吾編『ドナウ・ヨーロッパ史』山川出版社、三四七－三八三頁。

荻野剛史（二〇一三）『「ベトナム難民」の「定住化」プロセス』明石書店。

小泉康一（二〇一三）『国際強制移動とグローバル・ガバナンス』御茶の水書房。

駒井洋監修・人見泰弘編著（二〇一七）『難民問題と人権理念の危機——国民国家体制の矛盾』明石書店。

滝澤三郎・山田満編著（二〇一七）『難民を知るための基礎知識』明石書店。

坂口裕彦（二〇一六）『ルポ・難民追跡——バルカンルートを行く』岩波新書。

舘葉月（二〇一四）「難民保護の歴史的検討——国際連盟の挑戦と『難民』の誕生」墓田桂ほか編著『難民・強制移動研究のフロンティア』現代人文社、四三-五九頁。

ノーマン・M・ナイマーク（二〇一四）『民族浄化のヨーロッパ——憎しみの連鎖の二〇世紀』山本明代訳、刀水書房。

墓田桂（二〇一六）『難民問題——イスラム圏の動揺、EUの苦悩、日本の課題』中公新書。

村田奈々子（二〇一三）「二重に阻害された人々——ギリシア・トルコ強制的住民交換とギリシア人難民」『歴史学研究』九一一号、一〇七-一一六頁。

サンドロ・メッザードラ（二〇一五）『逃走の権利——移民、シティズンシップ、グローバル化』北川眞也訳、人文書院。

山本明代（二〇一三）『大西洋を越えるハンガリー王国の移民』彩流社。

〈英語〉

Annastiina Kallius, Daniel Monterescu and Prem Kumar Rajaram (2016) "Immobilizing mobility : Border ethnography, illiberal democracy, and the politics of the 'refugee crisis' in Hungary", *American Ethnologist*, Vol. 43, No. 1.

Laszlo Papp (1962) *Five years in Exile : Life of the Hungarian Students in the United States and Canada*, Reprinted from *The Hungarian Quarterly*, Vol. 3, No. 1-2, April-July, 1962.

Akiyo Yamamoto (2017) "US Hungarian Refugee Policy, 1956-1957", *The Japanese Journal of American Studies*, No. 28, pp. 127-148.

Julius Varallyay (2006) "Recollections from 1956", Andre Lauer Rice and Edith K. Lauer eds., *56 Stories : Personal Recollections of the 1956 Hungarian Revolution, a Hungarian American Perspective*, Kortárs Kiadó.

第6章　社会主義者とアナキストによる社会運動

梅森直之・田中ひかる

1　はじめに

一九八九年から九〇年代初頭にかけて東ヨーロッパとソ連の社会主義体制が崩壊し、また中国もそののち実質的な資本主義体制へと移行した。この結果をもって、社会主義は失敗したという評価もまた一般化した。しかし、近年では、経済のグローバル化と新自由主義政策によってもたらされるさまざまな社会問題の噴出により、資本主義に対する対抗運動もまた世界各地で勢いを増しつつある。その結果、社会主義の歴史と思想も、そうした対抗運動を構想する貴重な遺産として、新たな角度から注目を浴びるようになった。

たとえばスペインでは、ユーロ危機を契機にして多くの若者が失業したにもかかわらず、政府が社会政策にあてる予算を大幅に削減するという状況のなかで、社会主義もしくは「左翼」を自認し、社会主義的な政策を要求する政党「ポデモス」（スペイン語で「私たちには可能だ」という意味）が、支持者を拡大して国会でも議席を得るようになっている。ドイツでは、旧東ドイツと旧西ドイツの政治運動が結合して「左翼党」が国会で議席を獲得している。これら社会主義的な政策を掲げる政党は、一九七〇年代まで社会民主主義政党が支持してきた福祉政策や文教予算の拡充といった公共政策の充実、格差の是正など、いわゆる社会的な公正の実現を掲げており、革命や暴動とはまったく無縁である。

こういった左翼政党が生まれる背景には、まず、一九九〇年代以降、ヨーロッパで政権を担った社会民主主義的な諸政党が、それまで保守政党によって推進されてきた新自由主義的諸政策を継承するという状況があった。また、序章で述べたように、一九九〇年代以降、地球規模での格差と貧困問題の是正を要求したグローバル・ジャスティス運動やサパティスタの運動が高揚したが、それらの運動を構成する人々のなかには、社会主義的、あるいは社会民主主義的な主張をする人々が多く含まれていた。

これらの運動の根底に存在するのは、〈コモンズ〉の喪失である。すなわち、生命維持に不可欠な水や自然、社会的コミュニケーションの舞台となる広場や街路という、人々が本来共有すべき公的な領域が、「民営化」の名のもとに私有財産として囲い込まれていくことに対する異議申し立てである。こうした状況は、土地に縛られた農民を、「囲い込み」によって、自らの労働力を商品とするプロレタリアへと変えていった黎明期の資本主義を髣髴《ほうふつ》とさせる。社会主義が、もともとそうした資本主義に対する抵抗、異議申し立てのなかから誕生したとすれば、今日の新しい社会主義も、たしかに一九世紀にヨーロッパで生まれた社会主義と共鳴している。

たとえば、一九八〇年代に北西ヨーロッパで若者たちが都市の空き家を占拠して自主的に管理・運営するという運動があり、彼らは「スクウォッター」と呼ばれたが、この言葉は、イギリスで一七世紀以降に進展する囲い込みによって、共有地を追われた土地を持たない貧しい農民たちが、いったん追い出された土地に小屋を建てて居座ったことを起源としている。社会主義には、もともとこのような古くからヨーロッパで見られた貧しい人々の発想や行動にもその一つの起源がある。他方、南米では、一九八〇年代以降、国家債務が増大し、アルゼンチンなどでは国家財政が破たんするという事態に陥り、工場の閉鎖が相次いだ。すると労働者たちは、そういった放棄された工場を占拠して自主的に工場を運営するという行動を起こし、これはその後、ギリシャなどでも見られるようになる。あるいは、同じく南米で、一九九〇年代以降、社会主義を標榜する政権が複数の国で生まれたこともあった。このように、九〇年代以降に様々な社会主義的な運動が高揚した背後にあるのは、ソ連・東欧型のように中央政府が政治や経済を強権的に統制するというかつての社会主義のモデルの復興などではなく、人々が本来共有すべき公的な領域が奪われていくことへの根源的な異議申し立てであった。

私たちは、経済的利潤を優先することによって生じる格差や貧困、地球環境の破壊、水や自然環境の私有化といったさまざまな問題との対決を余儀なくされている。そして現在、社会主義的な理念や政策を掲げて対決しようとしている多くの人々が存在している。社会主義運動は、知識人・農民・労働者といった多様な階層によって構成された、多様な運動として存在した。そこには、議会など民主主義の仕組みを通じて社会を漸進的に改良することを目指した社会民主主義から、暴力革命を通じて国家権力を奪取し、富を均等にしていく上からの改革を目指した共産主義運動、そして、政治と関わりのない領域で脱資本主義の「実験」を行い、「今・ここで」理想的な状態を作り出そうとするさまざまなユートピア的な運動までの多様で幅広いバリエーションがあった。以下では、そのような一九世紀から二〇世紀に至るまでの、国境を越える社会主義運動の概観を描く。

2　社会主義運動の歴史

一九世紀からロシア革命までの社会主義

「社会主義」という言葉は、一九世紀前半頃からまずフランスで使われ、やがてヨーロッパ諸言語でも用いられるようになっていった。社会主義は、産業革命の過程で生み出されたさまざまな問題に対し、いち早く新しい解決方法を提示した。伝統的な自由主義的個人主義の観点からいえば、産業革命の過程で形成されていった大衆的な貧困状態と富の不平等、そして貧しい人々がおかれた経済的・政治的に抑圧された状態も、すべて個人の努力不足から生ずる自己責任の問題となる。これに対して社会主義者は、このような問題が、個人の問題ではなく、むしろ社会の構造的特質を原因として生まれている「社会問題」であることをあきらかにし、私的利益のみを追求するエゴイズムがこの状況を生み出し、コミュニティを破壊していると考え、この問題を解決するためには、富や資源、生産手段などを社会全体で共有化する必要があると主張した。

富や権利の不平等の問題を、土地や生産手段の共有を通じて解決しようとする思想や運動は、その起源を一四世紀の農民反乱にまでたどることが可能である。イングランドで起きたワット・タイラーの乱に加わった聖職者ジョン・ボールは「アダムが耕しイヴが糸を紡いだとき、誰がジェントルマンだっただろうか？　この世のはじまりからすべての人間は、もともと平等なものとして創造されたのだ」と述べ、農民としての運命を甘受せず、圧政に立ち向かい平等を実現せよと民衆に訴えたと伝えられている。しかし一九世紀に入ると、産業革命の背景となった自由主義や個人主義が政治や経済で支配的な思想となり、貧困や格差の問題が個人の問題として切り捨てられる傾向が強まった。

フランスでは、貴族出身のサン・シモンが企業家から労働者までを含む「産業階級」を中心にして社会の富を拡大させる新しい社会システムを構想し、この思想が後継者たちによって広められた。サン・シモンの思想は、他の社会主義思想と異なり、富の拡大を目指すことに力点が置かれ、社会システムの運営を担う社会階層も企業経営者などが中心とされた。しかし他方では、産業を推進する主体として官僚や専門家が想定されている点では、社会民主主義やソ連などの現存した社会主義をはじめ、今日あらゆる国家において見られる政府の市場への介入の原型であったともいえる。

これに対して商人の家庭出身だったシャルル・フーリエは、フランス革命時に弾圧を受けた経験から、国家の支配を受けない土地や生産手段を共有する共同体を構想して労働時間の短縮などの社会問題の解決策を提唱し、また、女性の権利の尊重といった観点も示した。さらに彼の理想を実現するためにアメリカでは実際に協同社会の建設が試みられた。同時期のイギリスでは、工場経営者ロバート・オウエンが、自らの経営する工場で実施されていた児童労働を廃止し、幼児教育を実践する学校、ならびに、成人の労働者が学ぶ夜間学校を創設した。また、アメリカで財産を共有するニューハーモニー村を設立するなど、社会主義の実現に向けた実験的取り組みを進めた。

オウエンの影響を受けた労働者の中から、自分たちが出資して自分たちの手で運営し、利潤を追求するのではなく相互扶助のためだけの店舗を設立する人々が現れる。なかでも、一八四四年にイングランド北部のロッチデールで設立された協同組合はその後規模を拡大することに成功する。そこから学んだ人々が世界中で協同組合を設立し、今日では、日本も含めた世界各地で一〇億人以上の人々が組合員としてこの運動を支えるまでになっている。その役割の重要性は、二〇一六年にユネスコが協同組合を「無形文化遺産」に指定していることからも理解できる（杉

本編 二〇一七)。

一九世紀に話を戻すと、ドイツの法学者ローレンツ・フォン・シュタインは、一八四〇年代にフランスで社会主義者との交流を通じて社会主義思想や運動について学び、その後、これらに関する著作をドイツ語で発表した。そのなかでシュタインは、革命期からフランスで現れたさまざまな政治的変革運動を「社会運動」と呼んだ。これが今日でも使われている社会運動という語の起源の一つである。同時期にはドイツでも社会主義への関心が寄せられ、カール・マルクスやフリードリヒ・エンゲルスのような知識人だけでなく、ヴィルヘルム・ヴァイトリングのような職人たちの間でも、社会主義思想が広まった。

当時ドイツの職人たちは彼らの理想を「共産主義」と呼んだが、この語も、一九世紀前半にフランスで社会問題の解決を構想する人々が、財産を共有化した理想社会について付した名称であった。ドイツで政治的迫害を受けて国外に亡命した職人たちは、自分たちの組織に「共産主義者同盟」という名称を与えていた。一八四八年二月にロンドンで刊行されたマルクスとエンゲルスによる『共産党宣言』は、社会主義の実現を歴史の必然として描いたという点で、また当時は蔑称に近い「プロレタリア」という名称に社会を変革する主体という積極的な意味を付与し、国境を越えた労働者たちの連帯を呼びかけたという点で斬新なものであった。

社会主義や共産主義を唱える人々は、フーリエを除けば、多くは国家のような権力機構を中心として社会変革が実現されることを想定していた。しかし、一八四〇年代にはフーリエから影響を受けたプルードンが、国家が存在しないがゆえに人々に対するさまざまな抑圧もない理想社会を「アナキー」(anarchy 支配がない状態)と呼び、自発的な労働者組織や地方組織の連合を通じて実現される社会主義社会を構想した。

プルードンの提唱した社会主義はやがてアナキズムと呼ばれるが、アナキストたちは、国家による上からの政策遂行を通じて社会を改良する方法は人々の自由や自発性を奪うものであると非難した。こうして一八四〇年代には、国家を通じた社会改良を目指す国家社会主義と国家なき社会主義であるアナキズムが併存するようになったが、アナキズムという名称が普及するのは一八八〇年代以降である（第3章を参照）。

序章で触れたが、社会主義者たちが議会政治に関わるようになったのは、一九世紀を通じて各国で徐々に参政権が拡大されたからである。マルクスとエンゲルスの『共産党宣言』が刊行された直後、パリを起点にしてヨーロッパ各地でナショナリズムを背景にした国家や共和政の樹立、憲法制定などを掲げる革命が起きた。そのなかでフランスでは、ルイ・ブランが提唱した国営作業場が設置されるなど社会主義的な構想が実現されることもあったが、政策としては失敗に終わっている。とはいえ、この時期から社会主義もしくは共産主義が広く知られるようになっていった。ヨーロッパ各国では一九世紀後半に男子普通選挙権が拡大される過程で社会主義政党が組織され、国会で議席を獲得するようになる。やがてこれら社会主義政党は、暴力革命によってではなく議会で多数派を形成して社会主義的な立法の実現を目標とするようになる。今日では、こういった社会主義を社会民主主義と呼ぶ。一八九〇年代以降、ドイツでは社会民主党が得票数と議席を伸ばし、合法的な方法で社会主義を実現する可能性を広げた。

さかのぼれば、一八六〇年に結成された社会主義者の国際組織である第一インターナショナルでも社会主義者が議会に進出することを予測して各国での政治運動への参加を主張するマルクスらと、政治に関与せず労働運動など経済的領域での問題解決を主張した反権威派（バクーニン派）との間で論争があった（渡辺 一九九四）。その後、二〇世紀の初頭までの間に、ヨーロッパ各国で社会主義政党が議席を獲得する合法路線が展開され、労働者などから一定の支持を獲得した（第7章を参照）。それら諸政党は第二インターナショナルを結成し、労働条件の改善を要求したり、戦争に反対したりしながら、労働者の国際的連帯を訴えた。

ロシア革命から反ファシズム闘争へ

社会主義運動の拡大にもかかわらず、労働者の状況に目に見える改善が見られない地域では、議会を通じた平和的な改革ではなく、暴力革命を通じた社会主義の実現を目指す社会主義者やアナキストの影響力が強まった。それらの思想・運動は、とりわけ植民地あるいは中国のように植民地化が進む地域で、その支持者を広げていた。一方ヨーロッパでは、一九世紀末に労働者の団結権が認められ、労働組合が合法的に結成されるようになる。その結果、賃金と労働条件の改善だけを目的にするトレード・ユニオニズムが拡大すると同時に、各地で大規模なストライキが起きるようになったことを背景として、労働組合によるゼネラル・ストライキを通じて社会主義革命を実現するという構想を掲げるサンディカリズム、さらに国家なき社会を目指すアナルコ・サンディカリズムの思想・運動も台頭した（第7章を参照）。

第一次世界大戦は、社会主義運動の大きな分水嶺となった。それまで第二インターナショナルは戦争の原因を、資本家同士の争いに求め、万国の労働者が団結して戦争に反対することを訴えてきた。そのための主要なスローガンとなったのが、「戦争に対する戦争」である。すなわち、資本家・政府が開戦に踏み切るそのときに、労働者が団結して彼らに対抗することにより、戦争を革命へと転化する戦略が構想された。

しかしながら、実際に第一次世界大戦が勃発するや、社会主義者の多くは戦争協力に転じた。すなわち、ヨーロッパの社会主義政党の多くが、各国議会で戦時公債法案に賛成したことにより、それまでの平和主義を事実上放棄し、戦争勃発に手を貸したのである。こうして戦争に賛成したヨーロッパの社会主義に対する失望が生まれるなか、レーニンらは戦争に反対し続け、一九一七年一〇月、ロシアでの権力奪取に成功すると「平和に関する布告」を出し、無賠償・無併合・民族自決に基づく即時講和を主張した。

ロシア革命の成功により社会主義の実現に希望を見た世界各地の人々は、共産党を結成し、ソ連で結成されたコミンテルン（第三インターナショナル）に加盟し、これによって世界各地で共産主義運動が広まっていく。しかし、ソ連内部では、共産党以外のさまざまな社会主義勢力に対する政治的弾圧が加えられ、一党独裁体制が樹立された。こうして国家と一体化したソ連共産党は、社会主義を実現するために農業の集団化など上からの改革を通じて生産力の拡大をはかる一方、政治・経済・社会における市民的自由を、ブルジョア的自由として断罪して人々を抑圧していった。一九三〇年代にスターリンが権力を掌握して以降、ロシアにおけるこうした政治的弾圧はさらに強まっていくが、他方、ヨーロッパの各国共産党は、ファシズムに対抗する勢力としてそれぞれの地域で幅広い支持を受けつづけた。

冷戦の時代

第二次世界大戦で多大な犠牲を払いながらもドイツに勝利したソ連は、同じ社会主義国の中国とともに国連安全保障理事会の常任理事国となり国際社会においても重要な位置を占め、東欧社会主義諸国ともども資本主義体制の「西側」に敵対する「東側」の社会主義圏を作り出した。東側の社会主義国家の存在は、西側からは権威主義もしくは独裁主義的国家と非難されながらも、社会主義国家で整備されている福祉政策や公共政策は、女性の社会進出と並んで西側資本主義国における労働者などにとっての重要なモデルであり続けた。また、西側の政治的指導者たちは、社会主義に対抗するために、人権の擁護や福祉の拡充を進めた。したがって、社会主義圏の存在は、西側諸国における人権や福祉の発展を間接的に促したともいえる。

社会主義諸国が基盤にしたマルクス主義に基づく経済理論によれば、社会主義は資本主義が最も発展したイギリスのような国で最初に実現されるものであった。しかし実際には、社会主義はソ連や東欧をはじめとする工業化がそれほどは進展していない諸国で実現され、上から工業化を進めていくことになった。そのため、植民地で独立を目指す人々にとって、社会主義はいまだ工業化を達成していない状況にある自分たちが採択すべき手段として理解され、一九五〇年代以降、植民地から独立したアジアやアフリカ、あるいは南米などの新興国において社会主義への支持が広まっていく。

また同時期には、独立を達成しても経済的には資源など一次産品の産出国としてアメリカなど資本主義諸国に依存せざるを得ないような地球規模での格差問題が「南北問題」と呼ばれるようになった。そのような状況のなかで独立した諸国は、社会主義を採用することでヨーロッパなど旧宗主国の支配から脱することを目指したが、他方では、社会主義圏のリーダーであるソ連に従属することになった

西側では、一九五六年のスターリン批判をきっかけにして、ソ連・東欧と異なる新しい左翼を構想するという意味が込められたニュー・レフトという概念と運動が生まれ、一九六八年前後にはアメリカ、ヨーロッパ、日本などでも知識人や学生から支持を得るようになった。東欧諸国でもソ連による統制に対する反発と民主化を目指す運動が起きたが、それらが弾圧されたことを受けて、マルクス主義の再検討や既存の社会主義ではない「オルタナティヴ」（選択肢）が構想されるなかからエコロジー運動などが生まれる。

一九六〇年代に中国で毛沢東が主導した文化大革命が起きると、毛沢東の思想に影響を受けたマオイズムが西欧の社会主義運動に現れた。また、ベトナムではホー・チ・ミンを中心にした社会主義国家が一九七六年に建設され、アジアの社会主義は、キューバ社会主義と並んで、ヨーロッパの若者によって理想化された。

社会主義の崩壊と再生

一九八〇年代からソ連と東欧諸国では徐々に民主化を求める声が強まり、社会主義体制が動揺し始める。八九年にベルリンの壁が崩壊すると、東欧諸国、そしてソ連が次々に社会主義を放棄した。これによって冷戦はいったん消滅するとともに、社会主義は失敗したという認識が広まり、世界各地の共産党や社会主義を掲げる政党は名称を変更したり、あるいは解散し、政治運動としても社会運動としても、社会主義は支持を失っていった。

このような状況を受けて、イギリス労働党は綱領に掲げられていた生産手段の国有化という条項を削除し、「第三の道」という政策路線を掲げて一九九七年に政権獲得に成功する。しかし、その政策は、一九八〇年代にサッチャー政権が掲げた新自由主義政策と似通ったものだった。また労働党政権時代のイギリスは、二〇〇三年にはアメリカによるイラク戦争に、ヨーロッパで唯一参加した。その後、イギリス労働党は人々の支持を失い、二〇一〇年には保守党に政権を奪い返される。

このように、一九九〇年代以降、ヨーロッパ諸国では、社会民主主義的政策を掲げていた政党が政権を握っても、保守政権と同様に新自由主義政策を遂行する、という現象が見られた。福祉・公共予算が削減されていくなかで不安を抱えるようになった人々は、社会民主主義政党支持から離れていったが、その彼らの間から、グローバル・ジャスティス運動が生まれることになった。

序章で述べたように、二〇一〇～一一年に訪れた「アラブの春」、それに続く15-M運動、ウォール街占拠運動などに顕著に見られた「広場の占拠」という戦略の中心には、九〇年代以来、二〇〇八年の世界金融危機に至るまで主張され続けた新自由主義政策による地球規模の環境破壊、および貧困の増大と格差の拡大に対する危機意識が存在した。本章の冒頭で述べたように、これが、ヨーロッパ各国で社会主義的な政策を掲げる政党が支持を拡大するようになった背景である。

ここまで見てきたように、社会主義運動は、労働者が、言葉や出自や性別などさまざまな違いを乗り越えて、同じ労働者として国境を越えて連帯することを目指してきた。他方、第7章でも触れられるが、貧富の格差をなくし公正な社会を実現するという社会主義的な理念は、いまでもさまざまな社会運動の背景にある。社会主義という実験が終わったのちに、世界はあたかも一九世紀の状態に戻ったかのようにも思えるが、一〇〇年以上前から始まる社会主義の歴史は、もう一度振り返られるべきであろう。以下では、日本において明治期から始まる初期社会主義の運動を中心にして、社会主義が国境を超えて世界と結びつき、新しい思想を取り入れながら独自に展開していった点に焦点を当ててみていきたい。

3　日本の初期社会主義

初期社会主義としての明治社会主義

英語圏において、「初期社会主義者」という用語は、マルクス以前の社会主義、すなわちロバート・オウエンやサン・シモン、さらにはシャルル・フーリエら、一九世紀前半のいわゆる「空想的社会主義」もしくは「ユートピア社会主義」を意味するものとして用いられている。しかしながらこのように、初期社会主義を一九世紀西ヨーロッパの「空想的社会主義」に限定する使用法には問題が残る。なぜなら、それは、あくまでもヨーロッパの歴史的経験に基づいたものであり、日本を含めたヨーロッパの外部や周辺部における社会主義の歴史的経験の意義が、十分に捉えられているといえないからである。資本主義が、その発生の当初からグローバルな運動である限り、その対抗運動として登場した社会主義も、必然的にグローバルな拡がりを持たざるをえなかった。資本主義の動態をグローバルに把握するためには、それに対抗する運動の意義も、グローバルに把握され直す必要がある。「初期」という時期区分の設定においても、グローバルな社会主義運動の発展と変容という見地から、あらためて問題化される必要がある。

では、日本において社会主義は、いつから、なぜ、どのように、発展してきたのであろうか。まず、明治維新直後、森有礼や福沢諭吉など当時の先進的な知識人が明六社という団体を組織し、さまざまな啓蒙活動を行うなかで、「ソシアリスメ」（社会主義）という考え方を、「コムミュニスメ」とともに紹介した。一方、「社会主義」という用語それ自体は、一八八〇年頃から一部で使われ始め、以後次第に一般化していった。そして、社会主義の概念は、一八九〇年代に顕在化した「社会問題」の発生という新しい時代状況のなかで、単なる紹介をこえた実践的意義を持ち始めるのである。

「社会問題」は、一八九〇年代初頭に、当時の新聞や雑誌によって盛んに用いられた用語であった。その内実は、農村の疲弊や貧困問題、奴隷的な囚人労働や都市スラムの実態など多岐にわたったが、そうした多様な問題が発生する原因を、個人の責任ではなく、社会という構造の次元において位置づけようとした点に「社会問題」という見方の新しさがあった。そして「社会主義」は、その「社会問題」の根源が、貧困という経済的問題にあることを示し、さらにその貧困が、資本主義という社会制度に由来するものであると論じることによって、それらの諸問題を解決する方法をも示そうとしたのである。

社会主義運動が日本に本格的に登場したのは、日露戦争に向けて工業化が進展しつつあった一九〇〇年前後のことであった。その具体的なあらわれとして、一九〇一（明治三四）年の安部磯雄、片山潜、幸徳秋水、木下尚江らによる社会民主党の設立や、一九〇四（明治三七）年の幸徳秋水、堺利彦らによる『平民新聞』の創刊と積極的な日露戦争批判の展開などがある。こういった明治期の社会主義的な思想・運動については「多様な人びとの多分に混沌たる諸思想がそれを繞《めぐ》るいわば星雲状態」と言われている（松沢 一九七三）。たとえば、安部磯雄や片山潜のように、クリスチャンとしてアメリカに留学し、そこでの都市政策や社会運動に触れることで社会主義へと接近していった経験を有する者が多く存在した。

また、社会主義者となった原因は、社会主義的な著作や講演、キリスト教や仏教などの宗教的影響、足尾鉱毒事件、娼妓（性産業に従事する女性）に営業主との契約に逆らって自らの意志でその仕事を辞める権利を認めるべきかをめぐって争われた論争や運動である自由廃業問題、社会的弱者（下女、囚人、小作人）への同情、自らの貧困経験などきわめて多岐にわたった。このように日本における社会主義は、社会における経済的不平等の打破を主要な目的としつつも、民主主義や平和主義、婦人解放や公害訴訟、家庭改良や動物愛護に至る多様な思想と実践を伴いつつ展開した。

こうして社会主義者になった人々は、次のような目標を掲げていた。

一、吾人は人類の自由を完からしめんが為めに平民主義を奉持す、故に門閥の高下、財産の多寡、男女の差別より生ずる階級を打破し、一切の圧制束縛を除去せんことを欲す。
一、吾人は人類をして平等の福利を享けしめんが為めに社会主義を主張す、故に社会をして生産、分配、交通の機関を共有せしめ、其の経営処理に社会全体の為めにせんことを要す。
一、吾人は人類をして博愛の道を尽さしめんが為めに平和主義を唱道す。故に人類の区別、政体の異同を問は

ず、世界を挙げて軍備を撤去し、戦争を禁絶せんことを期す。（『平民新聞』創刊号、一九〇三年一一月一五日より）

ここで注目すべきは、第一項において、人類の平等を妨げる第一の要因として、「門閥の高下」があげられていることである。しかし「門閥の高下」とは、資本主義の特質というよりも、むしろそれ以前の、たとえば徳川時代の封建的な身分秩序に由来するもののはずである。明治維新が、封建秩序を打倒し、個人の能力に基づく自由競争を推進することで、近代的な国家形成を成し遂げていったことを考えるならば、資本主義こそが「門閥の高下」を否定する最大の原動力であったはずである。

では、資本主義を批判するはずの社会主義者たちが、なぜ「門閥の高下」の否定を、あえてその主要な目標として掲げなければならなかったのか。それは、彼らが分析・批判の対象とした当時の日本の資本主義の、不均等かつ重層的な性格の反映であったと考えられる。彼らが直面した日本の資本主義は、同時代の欧米のそれとは異なり、さまざまな伝統的慣習を根強く残した後発国家のそれであった。

その結果、彼らが直面した「社会問題」も、実際には二つの異なるレベルの問題が混在したものとならざるをえなかった。すなわち、「資本主義」であるにもかかわらず残存している問題と、「資本主義」であるがゆえに発生した問題である。自由競争による共同体の破壊が後者の問題であるとすれば、「門閥の高下」は前者に由来する問題の典型であった。彼ら明治の社会主義者は、その矛盾する課題に、同時に対処することを求められていたのである。こうした歴史的文脈において、資本主義の多様な位置づけが生じ、またその結果としての批判と克服のための方途も多様化していったのである。

初期社会主義者たちを社会主義に接近させた動機として、幻滅という感情をあげることもできるかも知れない。幻滅とは期待の裏返しである。明治の社会主義者は、新しい時代が約束するはずの平等と豊かさに期待をよせていたがゆえに、それを裏切ってゆく現実を、強い怒りをもって告発することになったのである。明治の社会主義者が文明に期待したものは、生産力の発展によってもたらされるはずの生活の向上であった。たとえば幸徳秋水は『社会主義神髄』（一九〇三）において、産物を豊富にし、交換を便利にした産業革命の価値にもかかわらず、労働時間が増加し衣食に苦しむものが増えているのはなぜかと問い、「偉大なる殖産的革命の巧果」が、「人道、正義、真理に合す可らざる」現状を嘆いた。

他方、北一輝は『国体論及び純正社会主義』において、「ギリシャの自由民が十人の奴隷によりて其の燦爛《さんらん》たる文化の階級を作り上げしならば、其れに六倍せる機械の労働力を有する吾人は人類種族といふ階級を挙《こぞ》りてギリシャ自由民の如く精神的活動に入るべき理にあらずや」と反問した（北 二〇一五）。そして幸徳や北は、この理想と現実とのギャップを解く鍵を生産機関が地主と資本家に独占されている資本主義制度の欠陥として把握し、その解消の途として、生産機関を社会・人民の公有に移すことを内容とする社会主義革命の実現に求めたのである。

生産力の増大にもかかわらず貧困が蔓延し、交通手段の発展にもかかわらず利己主義が昂進する事態に直面した初期社会主義者の多くが、個人と社会の調和した発展の可能性を、さらなるテクノロジーの発展に求めた。当時社会主義者の間で人気を博していた矢野龍渓の『新社会』あるいは堺利彦の翻訳を通じて紹介されたエドワード・ベラミーやウィリアム・モリスらのユートピア小説は、いずれも社会主義が実現した未来の時間を先取りし、そこから現在の社会制度の欠陥を批判する構成をとっていた（堀切編 二〇〇二）。

しかし、明治の社会主義者たちは、ときに「近代」に対する怒りと告発の根拠を、日本の過去の歴史のうちに探ろうとすることもあった。たとえば横山源之助は、明治後期の織物工場における雇主と女工との関係が、封建時代の君主と臣下との関係と選ぶところがない状況を痛烈に批判しつつも、個人的利害の極大化が主要な行動原理となった当時の職人社会のありさまを、「親分と子分、すなわち師弟の関係も無茶苦茶にして、旧幕時代に見えたるが如く美風」が失せつつある時代であると嘆じ、江戸時代に理想の社会があったという見解を示していた（横山 一九五四）。

また、やや時代は下るものの片山は、一九一八年の英文著作 *Labor Movement in Japan* において、その当時の日本の労働者の真の性格や気持を理解するためには、封建時代にまでさかのぼって背景を理解することが不可欠であると論じ、徳川体制下の職人が、いかに同業組合を発達させ、自らの利益を守っていたかを紹介した。その上で片山は、そうした組合のほとんどが近代資本主義とともに到来した工業制度によって破壊されたものの、日本の労働の現場に「今日存在する多くの美風は、そうしたふるい組織に由来する」ものである、と横山と同様の見解を示していた。

幸徳秋水は、一九〇二（明治三五）年の著作『帝国主義』において、次のように主張している。「〔帝国主義とは‥引用者注〕必要にあらずして欲望なり、福利にあらずして災害なり、国民的膨張にあらずして少数人の功名野心の膨張なり、貿易にあらずして投機なり、生産にあらずして強奪なり、文明の扶植にあらずして他の文明の壊滅なり」（幸徳 一九六八）。彼の唱える科学的社会主義は、資本主義の科学的な分析を通じて社会主義社会の到来を予言するものではなかった。むしろそれは、徹頭徹尾倫理的なものであり、「少数の国家を変じて多数の国家たらしめ」、「陸海軍人の国家を変じて農工商人の国家たらしめ」、「貴族専制の社会を変じて平民自治の社会たらしめ」、「資本家横暴の世界を変じて労働者共有の社会たらしめ」ることにより、「正義博愛の心」をもって、「野蛮的軍国主義を亡」すことが目的とされた。ここでは、文明により野蛮を克服することが求められているが、その文明の理想は、「農工商人」「平民自治」といった言葉に示唆されているように、未来だけではなく消え去った過去のさまざまな記憶の中にも探られたのである。また、「革命家」という生き方の構想にあたっては、『孟子』をはじめとする儒教の伝統も、少なからぬ影響を与えた。

アナキズム

日本におけるアナキズム（当時は「無政府主義」と呼ばれた）の導入は、社会主義のそれとほぼ時を同じくする。一九〇二年の煙山専太郎による『近世無政府主義』の出版は、安部の『社会問題解釈法』から遅れることわずか一年であり、一九〇三年に刊行された幸徳秋水による『社会主義神髄』、片山潜による『我社会主義』に先んずるものであった。同書の大きな特色は、ロシアにおける虚無主義を「包括的なる無政府主義の一特殊現象」と見なし、その歴史の詳細な紹介を試みていることである。アメリカが明治の社会主義の重要な母胎であったとすれば、アナキズムのそれは圧倒的にロシアであった。別言すれば、アナキズムはロシアという「辺境」から眺められたもうひとつの資本主義論であった。

煙山は、『近世無政府主義』の序言において、「一種社会の疾病」である無政府主義に対する観察を怠らないことは、責任ある知識人の社会的義務である、と同書出版の動機を述べ、無政府主義を批判する立場から同書を記したとの趣旨を明確に述べていた。しかしながら同書は、煙山の意図を超えて、無政府主義への共感を日本の読者に掻きたてる力を持っていた。なぜなら、煙山がロシア虚無党員の活躍の舞台として描き出したロシア的な近代の特性――専制的で腐敗した政府・官僚組織、皇帝の存在、近代西欧的な科学・哲学の急速な流入、農村共同体の強固な伝統の持続など――の多くが、資本主義の「辺境」としての当時の日本においても共有されていたからである。

この文脈においてたとえば、幸徳事件ともいわれ、一九一〇年に明治政府が天皇暗殺計画を企てたとして幸徳らアナキストや社会主義者を検挙して一二名が処刑された「大逆事件」の主犯として処刑された宮下太吉が、大審院の特別法廷の席上で、「煙山氏の『無政府主義』を読みし時、革命党の所為を見て日本にもこんな事をしなければ、ならぬかと思いたり」と述べていることが示唆的である（平出 一九六九）。欧米先進国の経験に基づく都市的な明治の社会主義と対比して、後発国ロシアの経験に基づく無政府主義は、伝統と近代が混在する重層的な日本の社会的条件のなかで、より切迫した共感の対象となりえたのである。

アナキズムが、日本における現実の運動との関連で具体的に論ぜられるようになるのは、一九〇七（明治四〇）年に発表された幸徳秋水の「余が思想の変化」（『平民新聞』一九〇七年二月五日）が最初である。この論説は、それまで社会主義運動の中心人物と目されていた幸徳が、従来の社会主義運動の基本方針であった「議会政策」を厳しく批判し、労働者の「直接行動」、すなわちゼネラル・ストライキを通じた社会革命を主張したことで知られている。ここにおける核心的な主張は「彼の普通選挙や議会政策で

図6-1　1906（明治39）年，サンフランシスコでの幸徳秋水（右から4番目）

出所：幸徳秋水全集編集委員会編『大逆事件アルバム――幸徳秋水とその周辺』明治文献資料刊行会，1982年。

は真個の社会革命を成遂げることは到底出来ぬ、社会主義の目的を達するには、一に団結せる労働者の直接行動によるの外はない」という部分にあった。

このような、かつて議会政策を支持していた幸徳のアナキズムへの「転向」の背景には、一九〇五年から六年にかけておよそ半年に及ぶアメリカでの「亡命」経験があり、幸徳自身「我ながら殆ど別人の感がある」とその影響の大きさを認めていた。幸徳が滞在したのは、安部や片山が学んだ東部の大学町ではなく、移民の街サンフランシスコであった（図6-1参照）。幸徳が滞米中の書簡で、「小生は未だ米国中流上流の社会を知りません、また知りたくもありません」と述べていることは重要である（『光』一九〇八年一月二〇日）。

これは、彼の重要な交友関係が、もっぱらロシアと日本からの移民のコミュニティにあったことを伝えている。幸徳はアメリカに、「日本社会運動の策源地、兵站部、及び迫害されたる同志の避難所を作り出して、恰《あたか》も露国革命党員が瑞西《スイス》を運動の根拠とした如くに」育てあげる構想について語っている。つまり、幸徳は、日本人やロシア人からなるアメリカの移民社会が、ヨーロッパで多くの亡命革命家たちが集まるスイスと同様の役割を果たすと考えたのである。

そして幸徳は、「政府の保護によりて生活して居るものだ、政府がなければ秩序も何もなくなつて生活して居られぬ」という常識的観念を「迷信」と断じ、労働者の政府と議会に対する期待を批判した（『平民新聞』一九〇九年二月一九日）。幸徳に新たな構想を与えたのは、日本から遠く離れ、政府からの弾圧を恐れる必要がない移民社会という場であったのはあきらかである。

恋愛と社会主義

資本主義が自らの生活の一部となっていくにつれて、社会主義を単なる知識や理想としてではなく、自らの生き方との関連で意味づけていく思想家が登場した。おそらくその嚆矢をなしたのが、北一輝である。彼とその前世代にあたる多くの明治の社会主義者とを分かつ決定的なポイントは、理論と主体との関係の違いである。すなわち、明治の社会主義者の多くは、資本主義の世の中において、持たざる多くの貧者に同情し、社会主義の実現を平等という正義の実現として構想した。すなわち彼らは社会主義を啓蒙家として唱道したのである。

北が彼ら明治の社会主義者と根本的に異なっていた点は、北自身が、そうした持たざる若者の一人であったことである。佐渡島に生まれ、高校を中退して上京した北一輝が有していたのは自著出版のための蓄えと東京専門学校の聴講生という身分のみであった。北は、資本主義の世界において自らが何も持ちえない存在であることにきわめて自覚的であった。そして彼は、何も持ちえない存在としての自分がこの世界で生き延びる術として社会主義を構想し、それを同じく何も持たない人々に向かって語りかけたのである。

このことは、北が自らの社会主義論において、恋愛という問題に向けた関心の大きさに示されている。北は、多くの社会主義者と異なり、社会主義実現ののちも、人類がけっして生存競争から解放されないことを強調していた。北によれば、生物としての人間が直面する個人間の生存競争には、食物競争と雌雄競争の二種が存在するが、このうち社会主義の実現によって消滅するのは食物競争のみである。雌雄競争はむしろ社会主義の世になって激烈化するが、北はそれを、社会進化を加速化し、人類をより神に近い存在へと導いていく重要な要因とし、力強くその意義を肯定したのである。

北は自由恋愛を、恋愛方面における自由平等論であると意味づけ、その実現のためには社会主義の到来が不可欠ていると論じた。なぜなら、現在の社会が、富を独占する食物競争の優勝者が必然的に雌雄競争の優勝者ともなっているからである。それは別言すれば、社会において持たざる男女から恋愛する権利まで奪われていることの告発であり、彼の社会主義論は、持たざる者の立場から恋愛する権利を求めた闘争の宣言でもあったのである。

自らを持たざる者と位置づけていた北は、その生存のための闘争が不可避であることを十分に自覚していた。やがてそうした認識は、持たざる国としての日本を、自らの運命と同一視するに至る。闘争が単に不可避であるにとどまらず、また社会進化のための必要条件という理由で、北は戦争もまた肯定した。この結果、彼は非戦をその中心的な方針として掲げる大多数の日本の社会主義者から離れ、独自の社会主義を追求する道を歩んだ。

北はあくまでも「日本民族」を主体とする社会主義を構想し、国家社会主義の理論的礎を築いた。北は、「日本の国体は君臣一家に非らずして堂々たる〔近代的〕国家なり。天皇は本家末家に非らずして〔国家の外的および内的中心として〕国家の機関たる天皇なり」と述べ、一方で同時代の「復古的国体論」をはげしく批判した（北 二〇一五、〔 〕内は北による自筆修正箇所）。しかしながら他方で、幸徳秋水や堺利彦ら平民社系の社会主義者たちが主張していた「非戦論」を、フランス革命時点での抽象的な個人主義思想に立脚するものであると批判していたのである。

北にとって戦争は、「日本民族」に避けがたい運命であった。個人は、戦争による総動員の体験を通じて、個人を超えた「社会」性を獲得してゆく。すなわち北は日露戦争を、来るべき社会主義国家実現のための道標として、力強く肯定したのである。しかしながらこのことは、北が現実の日本国家のあり方を肯定したことを意味しない。むしろ北は、日露戦争において、一般の庶民が死力を尽くして民族のために戦うという道義性を発揮したにもかかわらず、一握りのエリートが依然として特権をほしいままにしている日本国家の現状を、怒りをもって告発したのである。

貧しい庶民が民族の一員として正当な権利を獲得するためには、特権階級を退け、民族の意志が政治に反映されるような「革命」が必要とされた。しかし、彼のこうした社会主義思想は、国際社会という舞台においていまだ抑圧と差別にさらされている国際プロレタリア国家としての日本が、世界の再分割を要求する帝国主義思想と密接な関係を有するという矛盾を内包していた。

北はやがて中国に渡り、かの地での革命運動に没頭したのち、再び日本での革命を目指し帰国する（図6-2参照）。彼が記した革命のプログラムである「日本改造法案大綱」は、とりわけ軍部の青年将校に影響を与え、その結果、彼は一九三六年に起きた二・二六事件に連座し、処刑される運命をたどった。

生の拡充としてのアナキズム

北一輝と同じ世代に属する大杉栄は、幸徳秋水の思想的後継者と見なされながらも、そのアナキズムに力強い個人主義の息吹を吹き込んだ。幸徳が新しい共同性のインスピレーションをグローバルな資本の展開によってもたらされる「移民」のうちに求めたとすれば、大杉は、資本主義のうちに取り込まれ、高度化されつつある労働現場のうちに「革命」の可能性を透視した。かれは一九一三（大正二）年の論説「鎖工場」（『近代思想』一九一三年九月）において、資本主義における「労働」の意味を、以下のような詩的言語で描き出している。

図6-2　北一輝，上海で。1913年（30歳），暗殺された宋教仁の葬儀にて

出所：松本健一『北一輝論』講談社，1996年。

夜なかに、ふと目をあけてみると、俺は妙なところにいた。とどく限り、無数の人間がうじゃうじゃいて、みんなてんでに何か仕事をしている。鎖を造っているのだ。俺のすぐ傍にいる奴が、かなり長く延びた鎖を、自分のからだに一まき巻きつけて、その端を隣の奴に渡した。隣の奴は、またこれを長く延ばして、自分のからだに一とまき巻きつけて、その端をさらに向こうの隣の奴に渡した。その間に初めの奴は横の奴から鎖を受け取って、前と同じようにそれを延ばして、自分のからだに巻きつけて、その反対の横の方の奴にその端を渡している。みんなして、こんなふうに、同じことを繰り返し繰り返して、しかも、それが目まぐるしいほどの早さで行われている。

もしも「知識人」の使命の一つが彼もしくは彼女自身が生きている世界の本質を表現することに求められるとすれば、この文章は大杉栄という思想家の特質をよく表している。大杉がこの「鎖工場」と題されたこのエッセイを書いたのは、一九一三年のことである。当時、弱冠二八歳。雑誌『近代思想』を創刊し、新進気鋭の評論家として世に認められはじめた時期のことであった。ここで表現されているのは、「労働」に関する根本的な視座の転換であった。

「労働」は生産であるというのが、社会主義を含めたそれまでの社会理論の常識であった。しかしながらここで大杉は、「労働」を、生産としてではなく支配（＝鎖）として問題化している。「鎖工場」が、大杉が生きた大正期の日本社会のメタファーだとすれば、大杉はそれを、国家が暴力を通じて人々を支配する空間としては描かなかった。

「鎖工場」において、労働者を縛る鎖はけっして国家や資本家に握られているわけではない。むしろそれは、労働者自身の生産という自発的営為を通じて増殖していくものである。そこに存在するのは、明示的な支配者ではなく、自己増殖する非人格的な支配のシステムであった。

大杉は、一九一九（大正八）年の論説「労働運動の精神」（『労働運動』一九一九年一〇月）において、労働運動の目的が「賃金の増加と労働時間の短縮」という「生物的要求」をこえた「人間的要求」を含むものであることを、次のように主張した。

　労働者の生活の直接決定条件たる、賃金と労働時間との多寡は、まったく資本家によって決められる。工場内の衛生設備もそうだ。その他職工雇い入れや解雇の権力も、職工に対する賞罰の権力も、原料や機械などについての生産技術上の権力も、生産物すなわち商品の値段を決める権力も、また工業経営上の権力も、すべて皆資本家が握っている。僕らは、この専制君主たる資本家に対しての絶対的服従の生活、奴隷の生活から、僕ら自身を解放したいのだ。自分自身の生活、自主自治の生活を得たいのだ。自分で、自分の生活、自分の運命を決定したいのだ。少なくともその決定に与りたいのだ。

大杉の「革命」の構想にとって本質的であったのは、労働の現場において人間性の獲得への欲望が存在しているという事実であった。これはそれ以前の社会主義者たちが、「革命」を社会進化の必然の結果として、科学的に把握しようとした点と明確に異なっていた。大杉にとって「革命」とは、「いま・ここ」における支配への人間的抵抗を通して、労働組合を「労働者みずから作り出して行こうとする将来社会の一萌芽」に変えていく営みにほかならなかった。大杉はそれを、「労働運動というこの白紙の大きな本の中に、その運動によって、一字一字、一行一

図6－3　パスポートに使われた大杉栄の写真
出所：『アナキズムカレンダー2013　大杉栄・伊藤野枝・橘宗一虐殺90周年記念』アナキズム文献センター，2013年。

行、一枚一枚づつ書き入れてゆく」プロセスと表現した（『労働運動』一九二〇年六月）。

大杉の活躍の舞台は、日本だけにとどまらなかった。大杉は海外へ渡航し、グローバルな運動にじかに接する機会を二回有した。一回目が一九二〇年に上海で開かれたコミンテルン主催の極東社会主義者会議への出席であり、二回目が一九二二年から二三年にかけて国際アナキスト大会に出席するためのフランスへの密航と滞在であった（図6－3・図6－4参照）。この二度目の渡航の顛末を記した大杉の『日本脱出記』は、彼の革命論がアジアにおける反植民地主義闘争とどのような関係を結び得たのかということを知る上で貴重な記録となっている。

一九二二年一二月に神戸を出航した大杉が、上海を経由してマルセイユへと密航し、大会の延期でフランスに足止めされたまま、一九二三年メーデーでの集会で演説して逮捕され、日本へと強制送還される顛末は、やはり『日本脱出記』に詳しい。同書によれば、大杉はこの時期、マフノ運動へ深い関心を持ち、その調査も海外渡航の主要な目的として位置づけていた。マフノ運動とは、ロシア革命直後のウクライナで展開された、ネストル・マフノを指導者とする民衆運動である。

ロシア革命の推進力となったボリシェヴィキは、マフノ運動を、ウクライナ農村の政治的混乱に乗じて権力を奪取したクラーク（富農）による反革命的性格を持った運動であると批判した。しかし大杉は、ロシア革命こそが国家資本主義を強行するプロジェクトにほかならず、したがってマフノ運動こそ、そうした資本主義化に抵抗する真の革命運動であると主張した。

一九二〇年代の前半に、大杉が問題化した資本主義は重層的であった。一方には大量生産方式の組織的導入が進められつつあった日本の近代的大工場があり、他方には「国家資本主義システム」への包摂が強行されつつあったロシアの農村があった。そして、その両者の間には、広大なアジアの植民地が拡がっていた。大杉は、そうした空間的差異を異なった歴史的発展段階として理論化するよりも、むしろそこに現れている抵抗の共通性により深い関心を注いだのである。

図6-4　パリの大杉栄（中央）
出所：『大杉栄全集』第7巻，ぱる出版，2015年。

4　おわりに

資本主義に終わりはあるのだろうか。もしあるとすれば、それはどのように実現されるのであろうか。資本主義の創生期を生きた日本の初期社会主義者たちは、その解答を求め、思索し、行動した。ある者はその実現を未来に求め、またある者は過ぎ去った過去にそのモデルを探った。一般には欧米先進諸国における社会主義運動が、彼らの模範になったとされるが、後進国ロシアや、アメリカの移民コミュニティ、さらには植民地・半植民地状況におかれたアジア諸地域も、その重要なインスピレーションの源だった。

社会主義実現のイメージもまた多様であった。ある者は、生産力を増大させ、分配の平等を実現することが社会主義の目的であると考えたが、ある者は、むしろ「労働」を通じた支配から自らの身心を取り戻すことこそが、革命の目的とならなければならないと考えた。「革命」を通じて奪取すべきは国家権力であるのか、それとも自らの身体であるべきなのか。彼らの回答もまた多様であった。

一九一七年のロシア革命とそれに引き続くソヴィエト政権の誕生が、当時の社会主義運動・労働運動に及ぼした世界的な影響とその意義に関しては、どれほど強調してもしすぎることはない。しかしその一方で、この「成功」を通じて、ロシア革命の経験が規範化され、左翼運動に対するコミンテルンのグローバルなヘゲモニーが確立することにより、資本主義の批判とそこからの離脱を目指す運動の想像力に、一定の枠組みが課せられるようになったことも否定できない。

ロシア革命の「成功」は、「資本主義の終わり」をめぐる論争に、一応の決着をつけたかのように思われた。レーニンによって体系化され、共産党によって実践されたマルクス主義が、その「正解」として受けとられた。すなわち、共産党の指導に基づいた階級闘争により国家権力を奪取し、生産手段を国有化することが社会主義革命の内実とされた。そしてソヴィエト連邦は唯一の成功例とされ、その国家体制を防衛することが世界の共産主義者にとっての統一の目的とされたのである。その結果、社会主義の歴史は、その「正解」を知るまえと、「正解」を知ったあとの時代とに二分化され、社会主義の思想と運動にかかわる歴史的経験も、その「正解」を基準として整序されていったのである。

しかしながら、「現存した社会主義」そのものがすでに崩壊した現在、私たちはもはやいかなる「正解」をも手にしてはいない。私たちは、いまだ社会主義の正解を持ちえなかった時代に立ち返り、資本主義を批判することの意味を根源的に考え直さなければならない状況におかれている。初期社会主義の歴史と意味を再検討する意味もまた、ここに存在している。資本主義はグローバルなシステムとして発生し、今日の新自由主義体制のもとでますますその性格を露わにしつつある。資本主義への対抗運動としての社会主義運動にもまた、国境を越える構想力と創造力と実践が求められている。

参照文献

〈日本語〉


梅森直之（二〇一六）『初期社会主義の地形学――大杉栄とその時代』有志舎。

大杉栄全集編集委員会編（二〇一四―二〇一六）『大杉栄全集』全一二巻＋別巻、ぱる出版。

北一輝（二〇一五）「国体論及び純正社会主義」『増補新版　北一輝思想集成』書肆心水、四七―四六三頁。

木戸衛一（二〇一五）『変容するドイツ政治社会と左翼党――反貧困・反戦』耕文社。

幸徳秋水（一九六八―一九七五）『幸徳秋水全集』全九巻＋別巻二巻＋補巻一巻、明治文庫。

杉本貴志編（二〇一七）『格差社会への対抗――新・協同組合論』日本経済評論社。

西川正雄（一九八九）『第一次世界大戦と社会主義者たち』岩波書店。

平出修（一九六九）「大逆事件特別法廷覚書」『定本平出修集』続、春秋社。

モイシェ・ポストン（二〇一二）『時間・労働・支配――マルクス主義の新地平』白井聡訳・野尻英一監訳、筑摩書房。

堀切利高編（二〇〇二）『平民社百年コレクション』第二巻、論創社。

松沢弘陽（一九七三）『日本社会主義の思想』筑摩書房。

横山源之助（一九五四）『内地雑居後之日本』岩波書店。

良知力（二〇〇九）『マルクスと批判者群像』平凡社。

渡辺京二（二〇〇七）『北一輝』筑摩書房。

渡辺孝次（一九九四）『時計職人とマルクス――第一インターナショナルにおける連合主義と集権主義』同文舘出版。

〈英語〉

Sen Katayama (1918) *Labor Movement in Japan*, Charles H. Kerr & Co.

第7章　働く人々の社会運動

篠田徹・田中ひかる

1　はじめに

今日「労働」は、生活のために賃金を得る活動であり、人生全体を占めるものであるかのように理解されるようになっている。一九八〇年代終わりに、「二四時間闘えますか」という栄養ドリンクのコマーシャルが流れていた。その頃日本では「過労死」、つまり生きる上で必要なお金を稼ぐために仕事をするはずなのに、その仕事をし過ぎて死ぬ、という事実がクローズアップされるようになり、過労死は日本独特の現象と言われ、KAROSHIという言葉が国際的に知られるようになり、今日でも事態は変わっていない。だが、本来は「生きる」ための「労働」が過剰になることで人の健康と生命をすり減らすという現象は、工業化が始まってから世界中で指摘されてきたことでもある。

そもそも人間の活動は、お金のための「労働」以外のさまざまな活動から構成されている。政治学者のハナ・アーレントは、こういった人間のさまざまな活動を、「労働 labor」「仕事 work」「行動 action」という言葉で区別した上で、「労働」とは生命を維持するための活動、「仕事」とは、芸術活動など生命維持とは関わりなく時間を超えて存続する世界を作り出そうとする活動であり、「行動」とはカネやモノを媒介とせず人と人が直接関わり合う活動とそれぞれ規定している（アレント 一九九四）。

アーレントが指摘したように、狭い意味での「労働」に従事するだけが「人間の条件」ではない。むしろ、広い意味での「労働」の産物なしには、人は誰しも生きていくことができない。たとえば、自分が生きてくることができたのは、賃金が支払われない労働である家事や育児があったからである。音楽や映画、絵画などの芸術作品の制作という「仕事」、家族、友人、恋人など人と人との直接の関係という「行動」を含めて、自分自身、そして日々関わるあらゆる物事が「労働」の産物である。

社会運動もまた「労働」と似通った点がある。賃金が出なくとも、たとえば「子ども食堂」の運営も「労働」である。しかも、無償でこういった社会運動に関わる人々も、それ以外の場面では、賃金を得るために、あるいは生活を支えるためにさまざまな「労働」に従事している。本書で見てきたさまざまな社会運動も、実は「労働」に従事している人々によって担われていた活動であり、その意味で、あらゆる社会運動は、「労働者による運動」である。

そのような社会運動のなかでも労働運動は、他の社会運動が現在利用しているようなさまざまな運動の方法や戦術を生み出してきた。また、職場での労働条件を改善しようとするなかで、世界中の労働運動と影響を与え合い、結びついてきた歴史が最も古いのも労働運動である。そこで本章では、狭い意味での労働者、つまり雇用されて賃金を得ながら仕事をする人々に焦点を絞り、彼らが繰り広げた「労働運動」、とりわけ労働運動としては最も標準的な労働組合運動を扱う。

序章で述べたように、「新しい社会運動」論が唱えられたとき、労働組合は賃金や労働条件など物質的な要求をする「古い」社会運動に分類された。しかし今日では多くの労働組合が、環境・ジェンダー・マイノリティの問題にも取り組んでいる。それにもかかわらず、世界の少なからぬ国々で、労働組合の組織率が低下する傾向にある。この状況で、労働組合はまだ必要なのかという問いすら浮上している。以下では、まずこの点から考えていきたい。

2　労働組合の意義とその現状

労働組合とは何か

労働組合の役割について中学校公民分野の教科書では、おおよそ次のように説明されている。労働者と雇用者は、対等な立場で労働契約を結ぶ。現実には労働者の立場が弱いため、労働者は自ら権利の一つである団体交渉権に基づいて労働組合を結成し、雇用者と交渉することを通じて労働条件を決定していく、と。こういった労働組合の活動は、日本では憲法と労働組合法によって保証されている。また、労働者のさまざまな権利は、労働基準法から育児介護休業法に至るまでの多数の法律によって定められている。

それにもかかわらず、労働の現場では、過労死があり、ハラスメントが多発し、後述する「ブラックバイト」が若者にも身近な社会問題になっている。こういったことが「問題」だということは、当事者である労働者やその家族あるいは友人が声を上げなければあきらかにはならない。さらに、問題を解決するためには、上述したように労働者は雇用者と交渉する必要がある。そのとき、一人では相手にされないような労働者の側にたって、団体交渉権に基づいて交渉して問題を解決するのが、労働組合なのである。

労働組合にもさまざまなタイプがある。ヨーロッパやアメリカでは、産業別、地域別、職種別に組織される。これに対して日本で主流なのは企業別組合である。ただし、それら企業別の組合が、鉄工・電気・自動車など産業別に組織される連合体もある。さらに、これら産業別組合が結成している連合体が全国組織を結成している場合には「ナショナルセンター」と呼ばれる。こういった多様な労働組合の形態は、それぞれの時代に支配的な経済や政治のあり方で変化してきている。近年では、正規雇用（フルタイム）の労働者による労働組合の組織率が低下し、非正規雇用（パートタイム）の労働者による労働組合の組織率が上昇している。これは一九九〇年代以降、経済のグローバル化を背景にした政府による新自由主義政策、これと結びつく企業経営の変化などと密接に関わっている。

たとえば日本では、一九九〇年代初めにバブル経済が崩壊すると、企業は大規模なリストラを開始すると同時に人件費削減のために正規社員を非正規雇用に置き換え、さらに政府に対しては労働の規制緩和を要請した。その結果、派遣労働をはじめとするさまざまな非正規雇用が正規雇用に置き換えられ、一九八〇年代には全労働者の二割以下だった非正規労働者は、二〇一六年には約四割を占めるまでになった。しかも、日本の非正規労働者の賃金はOECD諸国の中で最低レベルであり、それ以外にも経営者による不当労働行為が横行している。たとえば近年、アルバイトをする高校生や大学生がただ働きをさせられ、あるいは、店の売り上げのためと称して売れ残った商品を買わされる、といった問題が知られるようになり、「ブラックバイト」と呼ばれるようになった。これについては、被害を受けた高校生や大学生が声を上げ、労働組合を結成して問題を解決する動きも見られるようになった。

こういった状況を背景にして、非正規労働者の労働組合組織率は、二〇一六年でも一〇％に満たないとはいえ、年々上昇している。ただし、アルバイトなど非正規の労働者は、正規雇用の労働者だけが加わることのできる企業別、職種別、職場別、産業別の組合に入ることができない。そこで、非正規労働者が加入できる組合として、近年では、職場ではなく地域を基盤にしていて、個人でも加盟できる「ローカル・ユニオン」が各地に生まれている。これに加えて、外国人労働者の権利が侵害されるという問題が日本でも多く見られるようになり、彼らのための労働組合も組織されるようになった。こういった状況をみれば、労働組合が、働く人々の権利を守る上で重要な組織であることはあきらかである。

労働組合の存在意義

ところが、新自由主義を支持する経済学者・政治家・企業経営者たちは、次のように労働組合を批判してきた。労働組合が賃金引き上げを求めることで、労働力という「商品」に対する企業の需要を減退させ、その結果、失業を作り出し、やがては社会を不安定化させる。また労働組合は、労働に関するさまざまな規制を作り出すため、企業の自主的な雇用や解雇が難しくなり、その結果、経済成長が減退する。したがって、強力な労働組合ならびに労働法がある市場は、投資家にとって魅力的ではない。逆に、労働に対する規制を撤廃し組合を減少させることで、資本にとって魅力的な市場となる、と。

このような主張に対して、労働組合は政府と市場の間に立ち、市場での競争によって生まれるさまざまな問題を解決し、労働者に富を分配するため、むしろ社会を安定化させる、という反論がある。実際、世界銀行の調査では、労働組合が存在する国では賃金の格差が是正され、またスカンディナヴィア諸国のように労働組合の組織率が高い国々では、失業率が低い上に失業期間が短く、他の国と比べて経済が成長している。さらに、労働組合が雇い主と労使協定を結ぶ国では、賃金の格差が少ない、あるいは、ジェンダーや人種における格差や不平等を是正する役割を労働組合が果たしている、と言われている。労働組合の組織率が高い国ではGDPの成長率が高く、不況からの立ち直りも早い傾向が見られる。さらに、労働組合によって労働者の健康と安全に関する監視が強化される、という効果もある。実際にドイツでは、労働組合や労働者に、経営者を監視する機能が付与されている。

こういった労働組合の役割は、社会から一定の支持を得ている場合も多い。労働組合の組織率が低下しているアメリカやカナダでも、世論調査をすると労働組合への支持率は五〇％を超え、大半の労働者が、労働組合への加入を望み、職場には組合が必要であると考えている。イギリスでも、組合に加入していない労働者の四割以上が加入を希望している。これ以外の国々でも、少なからぬ労働者が、職場を改善する労働組合の能力を肯定的に捉えている。加えて、労働組合に対して批判的な見解を示す政治家たちのなかにも、労働組合の存在は民主的社会の特徴である、と肯定的に評価する人びともいる。

それにもかかわらず、近年、労働組合の衰退傾向が世界各地で見られるようになった。日本における労働組合の組織率は、一九五〇年代に五割を超えていたが、年々低下の一途をたどり、二〇一六年には一七％である。OECD加盟国でみると、一九九〇年代以降、一八ヶ国で組織率が減少している。ただし、北欧諸国で七〇～八〇％という高い組織率であるのに対して、フランス、アメリカ、韓国、ポーランドでは八～一五％で、対象をOECD加盟国以外も加えて九四ヶ国にすると、そのうち三二ヶ国で組織率が減少し、ベルギー、ブラジル、カナダを含む五〇ヶ国で上昇していることがわかる（Luce 2014）。

とはいえ、かつて多くの労働者が加入していた労働組合の衰退が少なからぬ国々で起きているのは確かである。こういった衰退の要因は、経済のグローバル化とその背景にある新自由主義という考え方、そしてそれに基づく政策であると言われる。

「調整された資本主義」と労働組合

一九八〇年代以前、世界中で労働組合の組織率はまだ比較的高かった。その当時の欧米や日本の経済政策は、「調整された資本主義」と呼ばれる。健全な資本主義経済を維持するには、政府が市場に対して強力に介入すること（「調整」）が必要だという考えが背景にあったからである。この場合の介入とは、政府が国民に対して、福祉・医療・教育といった公共サービスを提供し、富を再分配することをいう。

労働組合は、この制度のなかで重要な役割を果たす。もともとヨーロッパでは一九世紀末から労働組合が急成長していたが、第二次世界大戦後は、戦災により日本とヨーロッパの資本主義が弱体化したため、国家も企業も、国内の労働者の労働による富の生産やサービスに強く依存した。そのため、労働組合は、国民経済を再建する上で発言権が比較的強かった。また、社会主義圏を除くヨーロッパと日本には、社会主義的な理念や政策を掲げる政党があり、多くの労働組合はそうした政党を支援し、労働者のための立法を促進した。さらに労働組合は、団体交渉を通じて企業から利益をとり返していった。

これに対して、社会主義諸国では国家による指令経済が組織され、労働組合は共産党の指示に従い、労働者の利益ではなく国営企業の利益を追求することを目的としていた。さらに今日に至るまで、中国やベトナムの労働組合は、加入することを通じて保険制度や社会サービスを受けられる組織であるが、労働者の利益を獲得するための組織ではない。

他方、今日では「グローバル・サウス」と呼ばれるアジア・アフリカ・中南米諸国は、アメリカと西欧、もしくはソ連をモデルにした経済成長を目指した。そのため、たとえば中南米諸国では、政府が生産機械の輸入を支援して国内産業を育成し、自動車のような完成品には高い輸入関税をかけて国内産業を保護した。このような政府の経済政策を、労働組合は支持した。これに対して韓国、台湾、香港、シンガポールなどでは、国際市場向けの輸出を推進するために経済の自由化を進めるとともに、政府による市場への介入を減少させ、一九八〇年代以降世界に広がる新自由主義の正しさを証明するモデルとなる。だが実際には、政府による産業保護政策があり、国内産業は政府によって支援されていた。ただし、これらの国々では労働者に基本的な権利が与えられず、労働者の組織は弾圧された（Luce 2014）。

新自由主義の台頭

一九六〇年代にアメリカやヨーロッパなどでは経済成長が減速を始め、七三年には世界規模で経済が後退し、失業率が増大した。左派の経済学者から、社会民主主義もしくは社会主義・共産主義に体制を移行すべきという主張が現れるとともに、左翼政党が勢力を拡大した。しかし、右派の経済学者たちは、「自由市場経済」の拡大こそ解決策だと主張し、投資家や金融業者にとって好ましい市場をつくるために、投資を阻害する高関税をやめ、労働者保護ならびに労働組合に関わるすべての規制を撤廃する政策を提唱した。その際には、競争の結果貧富の差が拡大することはなく、富を蓄えた人々から貧しい人へと富が「したたり落ちる」ことで格差が解消すると説明する一方で、その背後には、貧困に陥るのはすべて本人の「自己責任」であり、社会や政府がその責任を負う必要はない、という主張があった。

一九七〇年代以降、世界経済の停滞で、それまでの「調整された資本主義」政策が行き詰まったという認識が広がり、八九年以降には社会主義体制が次々に崩壊する一方で、韓国やシンガポールなど東アジア諸国では経済成長が起きていた。このような事態によって、新自由主義の「正しさ」が証明されたかのように受け取られ、イギリスのサッチャー首相による「それ以外に選択肢はない」という言葉が象徴するように、新自由主義は経済的な停滞を打開する唯一の政策と見なされることになった。

新自由主義を主張する人々は、政府による市場への介入をなくすことを要求していた。だが実際には、市場において資産家と投資家が経済活動を有利に進めることができるようにする法律や貧困層に対する保護や労働者の権利を弱める結果をもたらす法律を施行するという「介入」を実施せよと政府に要求し、これらを実現していった（Luce 2014）。

拡大する新自由主義と苦境に立つ労働組合

一九七三年、チリでは民主的な選挙によって社会主義を掲げるアジェンデ政権が成立した。しかし、アメリカ政府の支援を受けたピノチェト将軍は、この政権をクーデターで転覆させて軍事政権を樹立すると、新自由主義政策を導入していく。七六年にはアルゼンチンでもクーデターから軍事独裁政権が成立し、新自由主義政策導入の端緒が作られ、アメリカでも同年に成立したカーター大統領政権下で、アメリカにおける金融と運輸部門で規制緩和が始まり、七九年にイギリスではサッチャー政権、一九八一年にアメリカではレーガン政権が誕生すると、ともに新自由主義政策を強力に推進していく（Luce 2014）。

一九八〇年代以降、新自由主義の経済理論が他を圧倒するようになり、金融と投資の規制緩和を通じて国際貿易と投資が拡大し、企業と投資家が容易に国境を越えて移動できるようになる。企業はさらなる利潤拡大のために、人件費削減を追求し、賃金がより安価な国に生産拠点を移す一方、自国では賃金を上昇させず固定するとともに労働組合の活動を抑制し、労働のスピードと密度を増大させた。

このような新自由主義政策を推進するチリやアルゼンチンの独裁政権下で最も弾圧された人々の多くが、労働組合関係者であった。東南アジアやアフリカ諸国でも、軍事クーデター後、新自由主義政策に反対する労働組合の指導者を含む左派の指導者が大量に逮捕もしくは殺害されている。また、イギリスではサッチャー政権が、炭鉱労働者一〇万人の解雇に抗議するストライキを警察や機動隊によって粉砕し、アメリカではレーガン政権が、労働強化に抗議してストライキを実施した航空管制官一万人以上を解雇した。

このような弾圧以外に、労働組合や労働者の運動は二国間もしくは多国間で締結される自由貿易協定によっても破壊されてきた。経営者は、より賃金の安い国に工場を移転できるとほのめかすことで労働組合による要求を抑え、労働者が組合に加わる意志をくじき、組合を弱体化させた。こういった脅迫は、労働組合に加入して賃金や労働条件の改善を要求することで自分が仕事を失うかもしれない、という意識を労働者の間に作り出す。こうして労働組合は弱体化し、賃金や労働条件の契約は常に企業にとって有利な内容になった（Luce 2014）。

グローバルに拡大する新自由主義

アメリカやイギリスと異なり、「調整された資本主義」が維持されてきたヨーロッパ各国では、政府・労働組合・企業が協力して経済停滞の解決を模索してきた。また、ヨーロッパ連合（Europe Union：EU）では、新自由主義的な「労働の柔軟化」と、「調整された資本主義」で進められてきた「職の保証」が同時に追求された。しかしEU成立以前の一九八〇年代から次第に「労働の柔軟化」が各国で導入された結果、とくに女性と移民労働者はそれまで以上に正規の仕事に就くことが困難になり、また、不安定で失業を繰り返す大量の非正規労働者が生まれた（Luce 2014）。

他方、グローバル・サウスの国々では、一九八〇年代以降に累積債務問題が深刻化する。七三年の石油危機によって利益を得た産油国のオイルマネーが先進国の金融機関を通じてグローバル・サウスの国々に投資されるが、国際的な金利の上昇により、これらの国々では資金繰りが悪化して債務が返済できなくなり、ＩＭＦと世界銀行から資金の貸し付けを受けるため、その条件である「構造調整プログラム」を受け入れていく。このプログラムの実態は新自由主義政策そのものであり、経済の自由化を強制的に促進することを条件に資金が貸し付けられた。そのため、医療や教育予算ならびに公務員が削減され、さらには国民生活を支える食料などに対する政府の補助金も大幅に削減されたため、グローバル・サウスの多くの国々の経済は破壊された。

一九九〇年代、韓国や台湾などのアジア諸国は政府の主導により急速な経済成長を遂げていたが、九七年に、タイ・マレーシア・インドネシア・韓国などで一斉に通貨が暴落したことによってアジア全体が経済的な混乱に陥る（アジア通貨危機）。ＩＭＦの融資を受け入れるために、タイ・インドネシア・韓国は新自由主義を全面的に導入する。韓国では労働組合の要求も政策に組み込んだとはいえ、「雇用の柔軟化」により非正規雇用が急増した。インドでも九〇年代にＩＭＦの融資を受けるために、公務員と正規労働者を削減するとともに大規模な解雇を実施し、他方、企業と投資家に対して雇用や解雇に関する大幅な権限を与え、政府と企業は労働組合を抑圧すると同時に「労働の柔軟化」を進めた。

一九八九年以降、ソ連をはじめとする社会主義国で体制が崩壊し、資本主義を導入する。国営企業が民営化され、経済を自由化して投資を呼び込み、貿易を自由化し、民間の金融機関も設立された。中国でも一九七〇年代から市場経済への開放の実験が始まり、八〇年代以降、国営企業の多くが民営化されていった（Luce 2014）。

新自由主義時代の企業の変容

新自由主義政策のもとで、企業は他の企業の買収を通じて巨大化していく。また、企業活動は、国境を越えるグローバルな物流網や多国籍企業、単一の国家に拠点を持つ企業、さらにはさまざまな政府機関との複雑な関係性の中で成立するようになった。一九九四年には多国籍企業三万七〇〇〇社が二〇万の国外の支社を持っていたが、二〇一一年には、七万九〇〇〇社が七九万以上の支社を持つまでになった。こういった世界各地の生産や経営の拠点を結びつけるのが、グローバルな物流網である。車などの工業製品を生産する場合、国境を越えた物流網を通じてさまざまな部品が企業や下請け会社から供給され、製造コストが削減される（Luce 2014）。

このような企業のグローバルな展開を可能にしているのは、一九九〇年前後から始まった金融の規制緩和である。資金が容易に国境を越えると、企業は経営に有利な拠点を選択して国境を越えて移動することができるようになる。そのため、たとえば、アメリカで工場を閉鎖させ、代わりに中国に新たな製造拠点を建設するといったことも可能となった。こういった企業の自己利益だけを考えた工場の移転は、少し前までは各国の法律で禁じられていたが、新自由主義改革できわめて容易になったのである。他方、もし企業が国外に移動する姿勢を見せると、これが圧力となり政府は企業法人税を引き下げざるをえなくなる。すると、この減税が税収の減少をもたらすため、政府は緊縮財政政策を進め、福祉や医療・教育などの公共サービスや公務員の賃金を削減する。こういった公共予算の削減とともに、新自由主義政策の一つとして必ず実施されるのが、公共セクターの民営化（privatization）、つまりもともとは人々の共有財産だったものを企業の私有財産にしてしまうことである。以上のようなさまざまな政策と並んで、労働の非正規化も新自由主義政策の重要な一部である。

非正規雇用と国境を越えて移動する労働者の増大

ここまでたびたび述べてきた「労働の柔軟化」とは、人件費を抑制して資本をより多く蓄積するための方法の一つであり、具体的には正規雇用の非正規化、業務の下請会社への委託、派遣労働・季節労働・短期雇用の拡大である。これにより企業は、さまざまなリスクを小規模の下請け会社と一人一人の労働者に負わせることができるようになった。こういった労働者が増えれば、顧客からの需要があるときだけ労働者を雇用し、必要な量だけを生産し、需要がなくなれば解雇することを通じて、在庫にかかる費用と人件費の削減が可能となる。

こうして多くの労働がきわめて不安定になると、世界中の人々が、よりよい職を求めて移動するようになった。彼らは、まず国内では農村部から都市部に移動し、やがて国境を越えていくが、多くの場合、貧しい国から豊かな国へと移民する（第3章を参照）。しかし、こういった人の移動は、半ば強いられた移住の場合も多い。たとえば、一九九四年に北米自由貿易協定（ＮＡＦＴＡ）が発行されて、アメリカの企業がメキシコに安いトウモロコシを輸出するようになると、メキシコの農民が農業で生きていけなくなり、まず都市や輸出加工区で労働者として働き、さらにはアメリカへ移住した。フィリピンでも、一九八〇年代に構造調整プログラムを受け入れたことで公務員の解雇が進められ、失業した教員と看護師はアメリカなどに出稼ぎに向かった。人件費を削減するために企業が移民の雇用を促進すれば、中東産油国のように労働者の八割以上が移民となる。

また、経営者にとっては、人件費を抑えるためだけでなく労働組合を弱体化させる上でも、こういった移民の採用は有効な手段である。たとえばロサンゼルスでは、一九七〇年代には清掃労働者の七割が黒人で労働組合のメンバーだったが、九〇年代にはヒスパニック系移民が六割を占めるまでになった。こういった移民労働者は、低賃金や劣悪な条件であっても職を失わないように文句を言わずに黙って働くため、労働組合の賃上げ要求に企業が応じる必要がなくなり、労働組合は企業に対する交渉において不利な立場に追い込まれる。したがって、移民の採用は、最終的には労働組合を弱体化する上で有効なのである（Luce 2014）。こういった事態を打開するために、労働組合はいくつかの課題に向き合っている。

労働組合の課題

これまでの労働組合には、外国人や移民、女性や非正規労働者を排除する傾向があると言われてきた。また労働組合は、一九世紀以来、労働者の権利を擁護する政党や政治家の選挙を支援することで、政府や議会を通じて労働者に利益をもたらす法律を制定しようとしてきたが、彼らが支援してきた政党も、今では新自由主義政策を推進するようになり、そのため労働組合は、新自由主義政策を支えていると非難されるようになっている。しかも、企業は国境を越えて結びつき、一国でおきている労働者の問題はその国だけの問題ではなく、世界中の企業と関わっている。そのため、世界中の労働者が関わらなければ解決できない問題になっている。

以上のようなさまざまな課題を克服するため、たとえば、女性、移民労働者、非正規労働者を中心とした運動を支援する活動や、労働組合をとりまく地域で活動するさまざまな個人や組織に労働組合が関わり、地域の課題に取り組む活動、あるいは、環境運動やＬＧＢＴの運動、ウォール街占拠運動（序章を参照）といったさまざまな社会運動にも労働組合が関わるようになっている。こういった新しい取り組みの延長線上に、労働組合が国境を越えて相互に学び合い、さらには、結びついて協力することも展望されるようになっている。

3　国境を越える労働運動

ヨーロッパとアメリカ

ヨーロッパで労働組合が生まれるのは、都市の職人に起源を持つ労働者たちの間からだった。イギリスでは一九世紀に労働者の団結権が認められ、それまで高揚していたラッダイト運動に見られた機械打ち壊しや暴動などが減少し、労働組合と経営者との交渉を基礎にする運動が主流になっていく。同様の傾向は、ヨーロッパやアメリカでも次第に見られるようになる。これら各国で活動する労働者たちが国境を越えて結びつく組織として、一九世紀後半に結成された国際労働者協会（第一インターナショナル・第二インターナショナル）がある（第6章を参照）。これら二つの国際的な労働者組織は、女性がメンバーになることを認め、一日八時間労働や普通選挙制、さらにさまざまな労働法制の実現を目標に定めたという点で当時としては画期的であった。

こういった労働運動では、一九世紀前半に生まれた社会主義思想が基盤となり、なかでもマルクス主義が影響力を持った。当初は革命による体制の転換を目標とする人々も多かったが、社会主義政党が議席を獲得するようになると、社会主義的な政策を実現することの方が重視されるようになった。また、社会主義とは一線を画し、賃金と労働条件の改善だけを目標として政権や経営者との良好な関係を重視する労働組合も増えていった。そういった労働組合の方針は「トレード・ユニオニズム」「ビジネス・ユニオニズム」などと呼ばれた。これに対して、アナキズムや後述するサンディカリズムは、革命やゼネラル・ストライキによる社会変革を通じて、労働者自身が水平的に結びついて運営する社会の実現を訴えていた。彼らは議会や政府を媒介にした「間接的」な行動ではなく、自分たちの問題に自ら取り組むという意味での「直接行動」を主張し、国際組織を通じて相互に結びついた。

以上のように、一九世紀以来、労働運動はヨーロッパとアメリカをつなぐ環大西洋地域で発展していった。これは、ヨーロッパからアメリカへと大量の人々が移住し、両者のつながりが生まれたことによるところが大きい。これに対して、明治から昭和にかけて日本で形成された労働運動はアメリカからの影響が強く、やがて日本とアメリカの間では国境を越えて労働運動が刺激し合う関係が生まれた。

明治時代以降の日本の労働運動

まず、明治以降の日本における労働運動のナショナルセンターの系譜をみていくと、一八九七年にアメリカで労働組合について学んだ高野房太郎や片山潜らが、労働組合の結成を目指して設立した労働組合期成会にさかのぼることができる。彼らの呼びかけに応えて、鉄道や活版印刷など職能別の互助組織が結成されたが、経営者からの圧力や一九〇一（明治三四）年の治安警察法施行によって消滅した。

その後一九一二（大正元）年に労働者の相互扶助を目的とする友愛会が結成されるが、第一次世界大戦下で頻発した労働争議からの影響、および、指導者の鈴木文治がアメリカで労働組合について学んだことなどを背景として、一九二一（大正一〇）年には労働組合となって日本労働組合総同盟と改称し、戦前のナショナルセンターの一つとなる。その後、総同盟は分裂と合同を繰り返しながら、一九四〇（昭和一五）年に自主解散すると、戦時体制を担う産業報国会に組み込まれる。これ以外に総同盟から除名された共産党員が労働組合を結成し、あるいは、共産党系と異なる左派系の労働組合も結成されたが、これらは一九三〇年代に当局の弾圧によって消滅した。

以上のような戦前の労働組合運動について注目すべきは、少なからぬ指導者たちがアメリカの労働組合運動から学んでいた、という点である。こういった傾向は、一九二〇年代に世界各地で支持されたサンディカリズムからの影響を受けた少数の労働組合運動とその指導者に強くみられた。

グローバルに広がるサンディカリズム

「サンディカリズム」とは、一九世紀末にフランスで始まった労働運動の一つである。フランス語の syndicat（フランス語では「シンディカ」と発音する）が労働組合を意味するため、ここから派生した「サンディカリズム」という英語を直訳すれば「労働組合主義」となる。サンディカリズムの基本的な考え方は、すべての労働者が協力し、あらゆる職場を経営者ではなく労働者自ら運営するというものである。ここには、労働者が自分たちの職場のことを自分たちで決めるほうが、政党や国家、そして経営者が決めるよりもよい結果をもたらす、という経験に裏付けられた信念がある。

実際、一九世紀以来、労働者の問題は労働者自身が解決するという主張が見られた。それは、職人の伝統を受け継ぐ労働者たちに、経営者よりも生産現場を管理する知識や能力があったからである。こういった現実が基盤にあったため、サンディカリストたちは、経営者に代わって労働者が工場や会社を経営することで平等な社会が建設できるという理想を抱くに至った。

ところが一九世紀には、雇い主との対立を避け、労働者が不利益を被っても会社の方針を優先して歩調を合わせる労使協調を基本とする労働組合や、ほかの職種の労働者を排除する特定の職種のためだけの労働組合があった。サンディカリズムの理念は、上述したように、こういった労働組合とは大きく異なっていた。そのことを明示するために、経営者ではなく労働組合を主体にするという意味で「労働組合主義」という語を使ったと考えられる。

一九世紀末から一九二〇年代までの間、サンディカリズムはヨーロッパ、南北アメリカ、オーストラリア、そして日本を含むアジアに広まり、その理念を掲げた労働運動が生まれた。これら多くの運動は、社会全体を労働者が運営することを目標にするものが多かった。この系統の運動は、ゼネラル・ストライキによる革命を目指すため「革命的サンディカリズム」と呼ばれ、国家のない社会を目指すアナキズム思想を基盤にしていた場合には、「アナルコ・サンディカリズム」と呼ばれた。

とはいえ、サンディカリズムの本質は、革命や理想的な社会の建設といった政治的なところにはなかった。そもそもサンディカリストとは、労働者の自主的な活動を重んじ、仕事についても、運動についても、生き方や暮らし方についても、自分たちで考えた通りにしたがる人たちであった。そのため彼らは、自分たちの思う通りにさせてくれなければ経営者や管理職に対抗し、自分たちの運動でさえ幹部や知識人にまかせず、政治家や官僚などまったく信用しなかった。

こういったサンディカリズムの思想と運動は、一般にはヨーロッパで始まったと言われている。ところが、日本の労働運動の活動家は、アメリカの世界産業労働者組合（Industrial Workers of World : IWW）からサンディカリズムを学んでいる。以下で見ていこう。

IWWの創設と日本への伝播

一九世紀になってヨーロッパ列強とアメリカが太平洋世界に勢力を拡大すると、それに伴って太平洋上の交通・通信網が発達し、太平洋を取り囲むアジアとアメリカの関係が密接になった。アメリカで起きた南北戦争や奴隷解放はすぐにアジアに伝えられ、アジアで起きていた太平天国の乱やインド大反乱などさまざまな社会運動もすぐに太平洋を超えてアメリカに伝わった。さらに、孫文のような、日本を含む太平洋の各地を拠点に、アメリカとヨーロッパで資金を集めながら、中国での革命を目指す人物が現れ、アメリカとアジアの社会運動が相互に共鳴する、という構造が一九世紀から形成された。

以上のような構造を基盤にして、アジアで生まれる労働運動に影響を与えた組織がＩＷＷである。ＩＷＷは一九〇五年にシカゴで創設されるが、その目的は、いまだ組織されていない多様な労働者を一つの組合に結びつけることだった。当時のアメリカで代表的な労働組合はアメリカ労働総同盟（American Federation of Labor：AFL）である。ＡＦＬは、職種別の熟練労働者を中心に、全労働者の五％を組織していた。これに対してＩＷＷは、職種別ではなく産業別組合を組織すること、さらに全産業別組合が「一つの巨大な組合 One Big Union」を形成することを目標とした（図７-１）。念頭に置かれていたのは、労働組合に加入できないために自らの権利を守ることができない九五％の労働者だった。その多くが移民したばかりで英語も話せない非熟練工であり、ＡＦＬが排除する女性・黒人・アジア系移民を含む非正規労働者であった（レンショウ　一九七三）。

図７-１　1910年代初頭の IWW のポスター
出所：Anne Huber Tripp, *The I. W. W. and the Paterson Silk Strike of 1913*, University of Illinois Press, 1987.

ＩＷＷはＡＦＬとは異なり、経営者と労働者との協調は不可能であり、労働者の目標は、生産手段を自らの手にして賃金制度を廃絶し、人類の調和のある生活を地上に打ち立てることである、と宣言していた。また、一つの産業部門でストライキが始まればすべての労働者がこれに加わり、「一人の痛みは全員の痛み」という原則に沿って行動すること、そして資本主義社会という「古い殻」の中に「新しい社会」を作り出すことが目標とされ、その「新しい社会」がＩＷＷであると考えられていた。

とはいえ、その具体的な運動といえば、貧しい労働者に直接関わりのある、きわめて日常的な、賃金や労働条件をめぐるものであった。それ以外に、給料から法外な手数料を取る職業斡旋業者や、労働者の戦闘的な意志を弱める宗教活動に対して抗議する運動、あるいは貧しい移動労働者が置かれている悲惨な状況を訴え、さらには、言論の自由を訴える「フリースピーチ」と呼ばれる運動があった。これは、街角に木箱を置いて誰かがその上で抗議の演説を行い、警察が演説者を逮捕してもすぐに別の誰かが同じ木箱に乗って話し続け、またもや警察が逮捕する、ということが続き、最後は町の警察にある留置所がスピーチを行った「ウォブリーズ」（ＩＷＷメンバーにつけられたあだ名）でいっぱいになるという、町の住民を聴衆として巻き込むような運動である。

ＩＷＷのメンバーは、ＡＦＬなどの労働組合から排除され、アメリカ社会では差別されていた非正規労働者・移民・黒人である。こういった人々の労働の場は、人里離れた西部の炭鉱や鉱山、西海岸の森林、中西部や西部の農場、東部の搾取工場（スウェットショップ）、太平洋航路に就航した船舶など、長時間労働と低賃金、さらに健康や生命に危険があるような劣悪な労働条件ばかりであり、しかもすぐさま解雇される不安定な雇用であった（レンシヨウ 一九七三）。ＩＷＷとは、そういった人々にとって、差別から解放された働く者の自由なコミュニティの創造を目指す組織であった。このＩＷＷの活動に憧れたのが、当時、アメリカの西海岸を中心に増加していた日系人であり、日本で労働運動を始めた労働者たちだった。

日系移民のアメリカ体験

当時、日系移民はアメリカの政治・社会に参加できず、アジア系として排除されていたが、それぞれの地域で参加を求めてさまざまな運動組織を自ら結成しながら活動をしていた。たとえばニューヨーク市を中心に活動していた日系人社会主義者グループのリーダー片山潜は、のちにソ連を中心とする国際共産主義運動組織コミンテルンの指導者の一人となる人物である。彼は一八八〇年代から移民労働者もしくは留学生として太平洋を往復しながら、アメリカやメキシコの共産党組織の結成を手伝う一方、ニューヨークに集まる日本人労働者や学生のコミュニティで生活の世話をした。

このような日系人には、アジア系移民として差別されたという共通の体験があった。彼らは、AFLのように白人で熟練労働者が自らの権益を守ろうとしてアジア系移民や黒人、さらには女性を排除する労働組合がある一方で、IWWのように、粗野で荒々しいが経営者とは一切妥協せず、貧しく差別される全産業の労働者が参加する一つの大きな組合を目指す労働組合があるということを知った。そのため彼らは、IWWが展開したサンディカリズム運動に憧れたのである。このような日系移民社会主義者たちの存在が、二〇世紀前半に日本でIWWに対する高い関心が生まれた背景にあった。

IWWと日本のサンディカリズム

一九〇五（明治三八）年、サンフランシスコ滞在中にIWWの理念を知った幸徳秋水は、帰国後にアナキズムとサンディカリズムを基礎にした社会の実現を唱えるようになった（第6章を参照）。幸徳がIWWの理念に共鳴したのは、彼自身がアメリカで人種差別を経験するなかでIWWは人種差別を否定しているという点に好感を持ったからである。その後、幸徳によってＩＷＷを媒介にした革命的サンディカリズムの思想が日本に知られていく。第一次世界大戦後、高揚する労働運動を背景として、また幸徳を引き継いだ大杉栄からの影響もあり、若いアナキストたちはいっそうＩＷＷに関心を示し、延島栄一のように、シアトルで発行されていたＩＷＷの機関紙に記事を送る人物もあらわれる。

一九二三年九月、関東大震災の混乱のなか、大杉栄や労働運動家の平沢計七らが軍隊や警察によって虐殺されると、延島はすぐさま日本語の原稿をシアトルに送る。すると現地で英訳されてＩＷＷの機関紙の巻頭を飾り、事件はいち早く世界中に伝えられた（田中 二〇一六）。その後延島らは、主流の労働組合運動から分裂して、一九二五年に全国労働組合自由連合（全国自連）を結成するが、その綱領はＩＷＷの綱領の一部を模したものだった。この全国自連とそこからさらに分裂したいくつかの組合は、一九三〇年代に至るまで、さまざまな労働争議を展開したが、やがて当局による弾圧の結果、太平洋戦争勃発前には消滅する。

このような労働運動とは異なるルートからも、ＩＷＷは日本に伝えられている。一九二〇年には、アメリカ留学経験がある京都大学講師で社会学者の米田正太郎や内務省の官僚川島正次郎がＩＷＷに関する研究書を出版し、さらに一九〇七〜二〇年までの間アメリカで生活した前田河廣一郎が現地での体験をもとにしてＩＷＷをテーマにした小説やノンフィクションを発表しており、これらによってもＩＷＷが日本で広く知られるようになっている（中田 二〇〇〇）。

労働運動に話を戻すと、先に見たように、ＩＷＷの運動に憧れた戦前の労働運動家たちはアメリカのサンディカリズムを日本の労働運動に取り入れていったが、それが最も顕著にあらわれたのは、敗戦後の一九五〇年代に日本労働組合総評議会（総評）の事務局長となり「アメリカン・サンディカリスト」と呼ばれた高野実の率いた運動であった（図7-2）。

高野実とW・Z・フォスター

高野実がアメリカ・サンディカリズムに出会ったのは、彼が学生だった一九二〇年代のことである。ある日、高野は、アメリカで片山潜のグループに加わっていた早稲田大学教授の猪俣津南雄から、一九二〇年に刊行されたW・Z・フォスターによる『大鉄鋼争議とその教訓』を手渡される。そのとき猪俣は高野に対して、アメリカの労働運動が、どのようにして人種と階級を交叉させながら労働者を組織し、それまで停滞していた運動を盛んにしていったか、ということを語った。

図7-2　高野実
出所：『高野実著作集』第3巻，拓殖書房，1977年。

フォスターはアイルランド移民の貧しい家庭に生まれ、子どものときから働き始めて、アメリカ各地で多種多様な仕事に就き、さらに、船員労働者として世界中を航海した。その後一九二〇代後半にはIWWに加わり、次第にリーダーとして頭角を現す。しかしフォスターは、AFLという主流組合以外にIWWのような組合をつくっても根本的な問題は解決できないと考え、AFLに入ってその閉鎖性を打破する活動を展開した。その結果、彼が指導した鉄鋼争議は広範な社会的支持を得ながら、劣悪な労働条件の大幅な改善をもたらした。こうした自らの体験に基づくフォスターの著作『大鉄鋼争議とその教訓』は、多様な労働運動を統一しようとしていた世界中の人々によって読まれたが、そのなかに日本の猪俣や高野がいたのである。

その後、猪俣と高野は、フォスターの著作から学んだ方法で、いくつかに分かれていた日本の左派の労働組合を結びつけようと考えた。彼らの努力が実り、労働組合が右傾化するなか、左派の結集を目指す日本労働組合全国評議会（全評）が一九三四年に結成される。翌三五年、当時悪化していた日米労働者の関係を改善しようと、全評委員長の加藤勘十が渡米し、ＡＦＬの幹部と交流したり、全米各地の労働組合を訪問して講演を行い、日本の労働運動の現状について報告した。なお、このとき受け入れ先となったのはＡＦＬ失業委員会であったが、この組織はフォスターの支持者によって運営されていた。しかも、加藤の講演原稿を書いたのは猪俣津南雄であった。つまり、日本とアメリカでともにフォスターを支持する人々による加藤に対する支援が、労働組合による太平洋を越えた交流を実現させたと言える。

この加藤の訪米は、この頃の世界の各地で広がっていたファシズムの動きに対して、労働者を中心に人々が団結して対抗するグローバルな人民戦線運動の一端を担う役割も果たした。そのため加藤訪米の記事は、当時の日本における人民戦線運動の機関誌的雑誌であった『労働雑誌』でも詳しく報じられた。また大阪をはじめとして、それまで分裂していた労働組合や無産政党の統一が進み、その結果、一九三六（昭和一一）年の衆議院選挙をはじめとするは選挙で無産政党の議員が多く選出された。

だがこうした日本での人民戦線運動の広がりも、一九三七年一二月に高野と猪俣を含む左派の活動家や知識人が治安維持法違反で大量に検挙され、日本が総力戦体制に向かう中でとん挫した。一九四二年に猪俣は病死するが、労働者が広く団結しながら社会を変えていこうとするその志は、高野によって戦後へと引き継がれる。

「アメリカン・サンディカリスト」としての高野実

占領期の日本では、連合国軍最高司令官総司令部（ＧＨＱ）による統治の元での民主化政策の一環として、労働組合が多数結成されていった。物資の不足で国民が困窮していたことも背景に、組合の組織率は一九四〇年代末に全企業数の五割を超えた。しかし、冷戦の開始とともにＧＨＱは政策を転換し、共産党に対する弾圧を始め、五〇年には公務員ならびに民間企業で働く共産党員とその同調者数万人を解雇する「レッドパージ」を実施する。この政策転換に伴い多くの労働組合が労使協調路線を目指すようになり、五〇年には、ＧＨＱの意向に沿ったかたちで労働組合が合同して、日本労働組合総評議会（総評）が結成された。ところが、一九五一年に初代事務局長に当選した高野実ら執行部は、当時日本政府が目指していた西側諸国との片面講和に反対し、東側も含めた全面講和を社会党とともに主張し、東西陣営のどちらとも友好関係を結ぶ、そのような中立政策を日本の国是とするよう要求した。つまり、ＧＨＱの思惑とは正反対の労働組合が生まれたのである。

その後、高野をはじめとする総評執行部は、「平和と民主主義」を旗印にした「革新」と呼ばれる陣営を率いた。それまで労働組合には、社会党系と共産党系の対立があり、また、労働組合の指導者と国民との間には利害や考え方に隔たりがあった。こういった問題を克服するために高野は、農民、市民、中小企業家との広範な連帯、あるいは家族ぐるみ・地域ぐるみで運動の課題と向き合う「ぐるみ闘争」を展開することで、広範な協力関係からなる運動の形成を模索した。高野をよく知る当時の人々は、彼を「アメリカン・サンディカリスト」と呼び、高野の運動方針はアメリカのサンディカリズムから受け継いだものであると指摘する。

それは、フォスターが加わっていたＩＷＷを代表とするアメリカのサンディカリズムが、女性や多様な人種・職種・産業を含む「一つの大きな組合」を目指し、社会主義や共産主義というイデオロギーによってではなく、あくまで働くすべての人々が生み出す運動を理想としていたからである。一九二〇年代にこのようなアメリカ・サンディカリズムのＤＮＡをフォスターの著作を通じて受け継いだ高野実は、一九五〇年代前半の日本で、総評という労働組合を通じて、社会全体を巻き込む労働運動を展開したのである。

一九五五年に高野が総評事務局長から退陣すると、このような運動はいったん消滅したが、今日世界各地で広がる労働運動が目指しているのは、高野が目指したものと同様に、多様な人々を統合し、さまざまな社会運動との広範な協力関係によって、より大規模な運動を作り出すことである。そこで最後に、近年のアメリカの労働運動にみられる新しい動向を中心に、世界中でみられる労働組合の新たな挑戦についてみた上で、今後の労働運動の課題と展望について述べておきたい。

4　おわりに

一九九〇年以降、アメリカでは、主流の労働組合であるアメリカ労働総同盟・産業別組合会議（ＡＦＬ-ＣＩＯ）の傘下にある国際サービス従業員労働組合（ＳＥＩＵ）が、それまで排除してきたヒスパニック系やアジア系の移民労働者や非正規労働者を組織化し、賃金引き上げなどを勝ち取るようになった。また同時期に、ＡＦＬ-ＣＩＯ内部で改革派が主導権を握り、大学生、コミュニティ・グループ、さまざまな個人や団体と共闘するようになると、同様の改革を世界各地の労働組合も導入するようになった（ウォン編 二〇〇三）。

図７−３　東京・渋谷でファストフード労働者による世界同時アクション（2015年４月15日）

出所：労働相談センター・スタッフ日記ブログより（http://blog.goo.ne.jp/19681226_001/e/66017a645421009d1b54bf47fcdc55ea）

図７−４　ブラジルのサンパウロで開催されたファストフード労働者世界大会に世界各地から参加した労働者によるアクション（2015年８月）

出所：ファストフード労働者世界同時アクション（http://fightfor1500japan.blogspot.jp/）

写真提供：首都圏青年ユニオン

その後、非正規労働者、家事労働者や非合法の移民労働者、失業者など、組合に加入できない人々のための組織として機能する「ワーカーズ・センター」などと呼ばれる組織がアメリカ全土で急増している。さらに、増え続ける非正規や移民の労働者の権利を守るために、アメリカだけでなく世界各地でさまざまな組織が結成されている。これらの組織は地域にある多様な社会運動とも結びつき、新自由主義政策に反対する運動や反戦平和運動、ＬＢＧＴの権利を擁護する運動とも連携するようになっている。

加えて、国境を越えて展開するグローバル企業に対抗するために、二〇〇六年に国際労働組合連合（The International Trade Union Confederation）が組織されていると同時に、国境を越えて各国の組合が連携する動きも見られる。アメリカでファストフードに勤務する労働者が最低賃金を時給一五ドルに引き上げる要求を掲げて起こした「ファストフード・ストライキ」の場合、二〇一四年五月に全世界で一斉にストライキや抗議行動を起こそうという呼びかけがなされるとともに、代表者が日本の労働組合を訪問し、協力を呼びかけた。これに応じて日本では、牛丼のどんぶりを模したかぶり物などファストフード店のさまざまなアイテムを身にまとった組合員たちが時給を一五〇〇円に引き上げることを求めて日本各地でデモ行進をした。このグローバルな同時行動は、翌年以降もつづけられている（図7-3・図7-4）。

ファストフード労働者の時給を一五ドルに引き上げれば、それは単に彼らの利益になるだけではなく、地域の最低賃金引き上げにもつながり、他の職種さらにはコミュニティ全体に利益をもたらす。そのため、ファストフード労働者の運動は広範な社会運動から支援を受けた。今日の労働運動は、労働組合だけではなく、すべての「労働者による運動」すなわち多様で広範な個人と社会運動がお互いの利害を調整しながら連携をする幅広い運動でなくては成り立たなくなった。その実現の鍵は、地域とつながるとともに世界とつながるグローバルな運動を展開することにある。

参照文献

〈日本語〉


ハナ・アレント（一九九四）『人間の条件』志水速雄訳、筑摩書房。

ケント・ウォン編（二〇〇三）『アメリカ労働運動のニュー・ボイス――立ち上がるマイノリティー、女性たち』戸塚秀夫ほか監訳、彩流社。

ハーバート・G・ガットマン（一九八六）『金ぴか時代のアメリカ』大下尚一訳、平凡社。

篠田徹（二〇〇五）「トランス・パシフィック・サンディカリズム　グローバル・レーバー――連帯の可能性を求めて　第一二回」『生活経済政策』九九号、二六-三〇頁。

高野実（一九五八）『日本の労働運動』岩波書店。

田中ひかる（二〇一六）「大杉栄たちの虐殺を世界に伝えたアナーキストの情報ネットワークについて」『初期社会主義研究』

二六、三四-五三頁
中田幸子（二〇〇九）『文芸の領域でＩＷＷを渉猟する』国書刊行会。

野村達朗（二〇一三）『アメリカ労働民衆の歴史——働く人びとの物語』ミネルヴァ書房。

パトリック・レンショウ（一九七三）『ウォブリーズ——アメリカ・革命的労働運動の源流』雪山慶正訳、社会評論社。

〈英語〉

Stephanie Luce (2014) *Labor Movements, Global Perspectives*, Polity Press.

ブックガイド

まえがき・序章

社会運動の初学者には、**田中優子ほか編著『そろそろ「社会運動」の話をしよう』**（明石書店、二〇一四年）が薦められる。社会学の観点からの入門書としては、**大畑裕嗣ほか編『社会運動の社会学』**（有斐閣、二〇〇四年）が優れている。また、参照文献にある**Suzanne Staggenborg, *Social Movements*, 2nd ed.**（Oxford University Press, 2015）は、「なぜ一九六〇年代の抗議のサイクルは衰退したのか」といった簡単に答えが出ない問いが各章の最後に複数掲げられているという点で、初学者向けのたいへん優れた教科書である。一七世紀以降の環大西洋地域での多様な民衆による反乱とその思想については序章の参照文献にある**Peter Linebaugh and Marcus Rediker, *The Many-Headed Hydra: Sailors, Slaves, Commoners and the Hidden History of the Revolutionary Atlantic*.**（Beacon Press, 2000）があり、そのエッセンスを**「多頭のヒドラ――一八世紀における水夫、奴隷、そして大西洋の労働者階級」**（栢木清吾訳『現代思想』二〇一一年七月号、三二－五九頁）で読むことができる。ハイチ革命については、**浜忠雄『ハイチの栄光と苦難――世界初の黒人共和国の行方』**（刀水書房、二〇〇七年）が入門書として優れている。一九九〇年代に起きたグローバル・ジャスティス運動の入門書としては、**ナオミ・クライン『ブランドなんか、いらない――搾取で肥大化する大企業の非情』**（松島聖子訳、はまの出版、二〇〇三年）が、幅広い運動を視野に入れて描かれている点で薦められる。二〇一一年以降の日本におけるデモ全般に関しては、**五野井郁夫『「デモ」とは何か――変貌する直接民主主義』**（NHKブックス、二〇一二年）がわかりやすい。脱原発運動を理解する上では、**小熊英二『原発を止める人びと――三・一一から官邸前まで』**（文藝春秋、二〇一三年）が、参加者一人一人の声を伝えているという点で優れている。**毛利嘉孝『ストリートの思想――転換期としての一九九〇年代』**（NHK出版、二〇〇九年）は、日本の政治経済社会の変化との関係で運動も変化するという視点を提示している。アイスランドの「鍋とフライパンの革命」からウォール街占拠運動に至る一連のグローバルな社会運動については参照文献の **Manuel Castells, *Networks of Outrage and Hope: Social Movements in the Internet Age*, 2nd ed.**（Polity Press, 2015）が薦められる。ウォール街占拠運動については、**ライターズフォーザ99%『ウォール街を占拠せよ――はじまりの物語』**（芦原省一訳・高祖岩三郎解説、大月書店、二〇一二年）がわかりやすい。社会運動に長期的に関わってきた人物の体験談としては、**花崎皋平編著『風の吹きわける道を歩いて――現代社会運動私史』**（七つ森書館、二〇〇九年）が薦められる。これから社会運動を始めたいという人には、**TwitNoNukes編『デモいこ！』**（河出書房新社、二〇一一年）がわかりやすい入門書であり、**二木信・松本哉編『素人の乱』**（河出書房新社、二〇〇八年）は、現代の日本で起きている若者中心の社会運動について知ることができる良書である。

第1章

三成美保ほか編著『歴史を読み替える――ジェンダーから見た世界史』（大月書店、二〇一五年）は、標準的な高校教科書の構成で、ジェンダーの視点から世界史の通史をまとめている。**久留島典子ほか編著『歴史を読み替える――ジェンダーから見た日本史』**（大月書店、二〇一五年）も標準的な高校教科書の構成で、ジェンダーの視点から編まれた日本通史となる。また両書を編纂した比較ジェンダー史研究会のウェブサイト（http://ch-gender.jp/wp/）は、関連する情報が集約されており有益である。女性史からジェンダー史への転換となった古典的な作品としては、**ジョーン・W・スコット『ジェンダーと歴史学』**（荻野美穂訳、平凡社、一九九二年）を薦めたい。近年の研究動向や「男らしさ」と権力の関係、近代国民国家の形成とジェンダーの関わりなどについては、**ソニア・O・ローズ『ジェンダー史とは何か』**（長谷川貴彦ほか訳、法政大学出版局、二〇一六年）がよくまとまっている。ジェンダーの歴史学では、女性の社会進出を抑制してきたさまざまな社会制度や慣習について研究が進められてきた。たとえば家父長制については**ケイト・ミレット『性の政治学』**（藤枝澪子ほか訳、ドメス出版、一九八五年）が出発点となる。教育と科学に関しては、**ロンダ・シービンガー『科学史から消された女性たち』**（小川眞理子ほか訳、工作舎、一九九二年）が古典として読まれ続けている。一九世紀半ば以降の女性の社会進出に関する個別具体的なテーマについてだが、イギリスにおける女性参政権運動を扱った**佐藤繭香**『**イギリス女性参政権運動とプロパガンダ**』（彩流社、二〇一七年）を推薦する。また**堀内真由美**『**大英帝国の女教師**』（白澤社、二〇〇八年）は近代における女性の仕事と教育の問題を考える上で有益である。**林田敏子**『**戦う女、戦えない女**』（人文書院、二〇一三年）は、総力戦と女性の戦争協力を論じており、国家と女性について考える視点を提供してくれる。

第2章

戦争と平和を広く扱った研究書は数多くあるが、二〇世紀の議論の流れをつかむには、**入江昭**『**二十世紀の戦争と平和［増補版］**』（東京大学出版会、二〇〇〇年）がよい。第一次世界大戦前後のヨーロッパ各国の平和運動や平和思想の具体的な例については、**中井晶夫**『**ドイツ人とスイス人の戦争と平和——ミヒャエーリスとニッポルト**』（南窓社、一九九五年）やフランスの例を扱った**渡辺千尋**「**平和主義の限界——国際協調の試みと『祖国の防衛』**」（小野塚知二編『第一次世界大戦開戦原因の再検討』岩波書店、二〇一四年）がある。バルビュスをはじめとするヨーロッパの知識人への第一次世界大戦の影響については、**桜井哲夫**『**戦争の世紀——第一次世界大戦と精神の危機**』（平凡社、一九九九年）が入門書としてよい。ズットナーの主著は、ベルタ・フォン・ズットナー『**武器を捨てよ!**』（上・下）（ズットナー研究会訳、新日本出版社、二〇一一年）で読める。その生涯を知る上では、ブリギッテ・ハーマンによる伝記『**平和のために捧げた生涯——ベルタ・フォン・ズットナー伝**』（糸井川修・中村実生・南守夫訳、明石書店、二〇一六年）が薦められる。カール・フォン・オシエツキーについては、**加藤善夫**『**カール・フォン・オシエツキーの生涯**』（晃洋書房、一九九六年）や**長橋芙美子**『**言葉の力で——ドイツの反ファシズム作家たち**』（新日本出版社、一九八二年）で詳しく取り上げられている。オシエツキーら『ヴェルトビューネ』の知識人の平和主義をはじめとした一九世紀末から一九八〇年代までのドイツの平和運動を概観するには、**竹本真希子**『**ドイツの平和主義と平和運動——ヴァイマル共和国期から一九八〇年代まで**』（法律文化社、二〇一七年）を参照してほしい。また、平和運動を含む第二次世界大戦後のドイツの社会運動としての平和運動については、**井関正久**『**戦後ドイツの抗議運動——「成熟した市民社会への模索」**』（岩波書店、二〇一六年）を薦めたい。一九九〇年代以降の人間の安全保障論については、**長有紀枝**『**入門　人間の安全保障——恐怖と欠乏からの**

自由を求めて』（中央公論新社、二〇一二年）がわかりやすい。戦争の歴史や核兵器、広島・長崎の被爆、安全保障、原子力、環境、平和研究など、平和に関する諸問題を知るには、**広島市立大学広島平和研究所編『平和と安全保障を考える事典』**（法律文化社、二〇一六年）が手助けとなる。

第3章

現在の国別出入移民の人数は International Organization for Migration のホームページで把握できる（https://www.iom.int/world-migration）。過去から現在までの移民全般について学ぶ上では**S・カースルズ、M・J・ミラー『国際移民の時代』**（関根政美・関根薫監訳、名古屋大学出版会、二〇一一年）が必読書である。黒人奴隷・移民について最初に学ぶ上では、**池本幸三・布留川正博・下山晃『近代世界と奴隷制——大西洋システムの中で』**（人文書院、一九九五年）が薦められる。アメリカへのユダヤ系移民については**野村達朗『ユダヤ移民のニューヨーク——移民の生活と労働の世界』**（山川出版社、一九九五年）が社会運動とその背景にあった移民の労働や日常生活も視野に入れて描いている良書である。**川北稔『民衆の大英帝国——近世イギリス社会とアメリカ移民』**（岩波書店、二〇〇八年）は、近世のイギリスからアメリカへの移民が年季奉公人など白人の貧困層から形成されていたという事実を明らかにしている。フランス国内の移民史については、**渡辺和行『エトランジェのフランス史——国民・移民・外国人』**（山川出版社、二〇〇七年）が優れている。イタリア系移民についての入門書としては**北村暁夫『ナポリのマラドーナ——イタリアにおける「南」とは何か』**（山川出版社、二〇〇五年）が良書である。日系移民については、**ユウジ・イチオカ『一世——黎明期アメリカ移民の物語り』**（富田虎男ほか訳、刀水書房、一九九二年）が最初に読むべき文献である。

アジアからアメリカへの移民史については、参照文献にある**ロナルド・タカキ『もう一つのアメリカン・ドリーム』**（阿部紀子ほか訳、岩波書店、一九九六年）が名著としての評価を確立していて、絶好の参考書となる。加えて**スーチェン・チャン『アジア系アメリカ人の光と陰——アジア系アメリカ人移民の歴史』**（住居広士訳、大学教育出版、二〇一〇年）を読むと、女性史や新移民に関する知識が補充できる。華人移民に関して、同じく参照文献にある**貴堂嘉之『アメリカ合衆国と中国人移民』**（名古屋大学出版会、二〇一二年）がアジアとアメリカの歴史を結んだ論述が秀逸で必読書と言ってよい。またアメリカのメディアや大衆文化における初期華人移民イメージについて、**胡垣坤ほか編『カミング・マン』**（村田雄二郎ほか訳、平凡社、一九九七年）が風刺漫画を多数収録して、入門書として格好の書となっている。**ロバート・G・リー『オリエンタルズ――大衆文化のなかのアジア系アメリカ人』**（貴堂嘉之訳、岩波書店、二〇〇七年）は、そうした実例の分析に役に立つ書である。一方華人移民の中でも人身売買で流出した労働者と娼婦の苦難の歴史に関しては、**可児弘『近代中国の苦力と「豬花」』**（岩波書店、一九七九年）が詳しい。作家巴金については、**巴金『リラの花散る頃』**（山口守訳、JICC出版局、一九九一年）の「解説」に平易な紹介がある。中国語が読める場合は、学術書だが、**山口守『黒暗之光――巴金的世紀守望』**（復旦大学出版社、二〇一七年）で巴金の文学とアナキズム思想の関係を知ることができる。

第4章

アメリカ先住民については、参照文献のデニス・バンクス、**森田ゆり『聖なる魂――現代アメリカインディアン指導者の半生』**（朝日新聞出版、一九九三年）が一九六〇年代以降の社会運動を知る上でわかりやすい入門書である。現在のアメリカ先住民の社会運動については、**鎌田遵『「辺境」の誇り――アメリカ先住民と日本人』**（集英社、二〇一五年）が参考になる。アメリカ黒人運動史に関する入門書は、**本田創造『新版 アメリカ黒人の歴史』**（岩波書店、一九九一年）である。**上杉忍『アメリカ黒人の歴史――奴隷貿易からオバマ大統領まで』**（中央公論新社、二〇一三年）は、オバマ大統領の時代に至るまでの時代をカバーしている。初期の黒人活動家の回想録としては、**フレデリック・ダグラス『アメリカの奴隷制を生きる――フレデリック・ダグラス自伝』**（専修大学文学部歴史学科南北アメリカ史研究会訳、彩流社、二〇一六年）が優れている。**マルコムX『完訳マルコムX自伝』**（上・下）（浜本武雄訳、中央公論新社、二〇〇二年）も一九六〇年代以降の運動を知る上で必読書である。キング牧師の伝記としては、**辻内鏡人・中條献『キング牧師――人種の平等と人間愛を求めて』**（岩波書店、一九九三年）が初学者向けの良書である。**荒このみ『マルコムX――人権への闘い』**（岩波書店、二〇〇九年）も同様に読みやすい。アメリカの障害者運動については参照文献にある、**ジョセフ・P・シャピロ『哀れみはいらない――No Pity 全米障害者運動の軌跡』**（秋山愛子訳、現代書館、一九九九年）が優れている。日本の障害者運動の歴史については、**杉本章『障害者はどう生きてきたか――戦前・戦後障害者運動史〔増補改訂版〕』（現代書館、二〇〇八年）が必読文献である。LGBTの入門書としては、**森山至貴『LGBTを読みとく——クィア・スタディーズ入門』**（筑摩書房、二〇一七年）が薦められる。**フレデリック・マルテル『現地レポート世界LGBT事情——変わりつつある人権と文化の地政学』**（林はる芽訳、岩波書店、二〇一六年）では現在の世界規模でのLGBTに関する状況を知ることができる。

第5章

難民の人権を国際法の視点から考えるためには、**阿部浩己『国際人権を生きる』**（信山社、二〇一四年）が薦められる。難民受入れ問題を例として難民との向き合い方にヒントを与えてくれるのは、**ジグムント・バウマン『自分とは違った人たちとどう向き合うか——難民問題から考える』**（伊藤茂訳、青土社、二〇一七年）である。難民の権利について思想的に深めるためには、イタリアのポスト・オペライズモを牽引する**サンドロ・メッザードラ『逃走の権利——移民、シティズンシップ、グローバル化』**（北川眞也訳、人文書院、二〇一五年）がよい。二〇世紀のヨーロッパで起こったアルメニア人の追放からユーゴスラヴィア紛争に至る民族浄化と難民の問題については、**ノーマン・M・ナイマーク『民族浄化のヨーロッパ——憎しみの連鎖の二〇世紀』**（山本明代訳、刀水書房、二〇一四年）が参考になる。近年の難民問題の課題について知るためには、**墓田桂『難民問題——イスラム圏の動揺、EUの苦悩、日本の課題』**（中央公論新社、二〇一六年）がよい。日本に到着したインドシナ難民について知るには、**荻野剛史『「ベトナム難民」の「定住化」プロセス』**（明石書店、二〇一三年）が参考になる。難民による東日本大震災の支援活動については、**石井宏明・中山大輔・星野桃子・田中志穂「難民とともに取り組む被災地支援——難民支援協会（JAR）の活動」**（『賃金と社会保障』第一五五二号）が詳しい。二〇一五年にヨーロッパに向かったシリア・アフガニスタン難民の動向は、**坂口裕彦『ルポ・難民追跡——バルカンルートを行く』**（岩波書店、二〇一六年）で知ることができる。同年夏にハンガリーに到着した難民たちの行動と意図を詳しく知るためには、**Annastiina Kallius, Daniel Monterescu and Prem Kumar Rajaram, "Immobilizing mobility : Border ethnography, illiberal democracy, and the politics of the 'refugee crisis' in Hungary".** (*American Ethnologist*, Vol. 43, No. 1, 2016) がよい。一九五六年のハンガリー革命後の難民とアメリカ合衆国での難民受入れ政策については、Yamamoto, Akiyo, "US Hungarian Refugee Policy, 1956–1957".（*The Japanese Journal of American Studies*, No. 28, 2017）が参考になる。

第6章

現代的視点からオウエンら社会主義者たちについて論じている**國分功一郎・山崎亮『僕らの社会主義』**（筑摩書房、二〇一七年）は対談形式になった社会主義についてのわかりやすい解説書である。**森元斎『アナキズム入門』**（筑摩書房、二〇一七年）も平易な言葉で解説された現代的なアナキズムの入門書。ヨーロッパの社会主義者たちの著作を読む上では、**五島茂・坂本慶一編『オウエン　サン・シモン　フーリエ――世界の名著42』**（白井厚訳、中央公論社、一九八〇年）が最もよい。アナキストの著作を読む上では、**猪木正道・勝田吉太郎編『プルードン　バクーニン　クロポトキン――世界の名著53』**（猪木正道ほか訳、中央公論社、一九八〇年）が良書である。ワット・タイラーの乱など中世のイギリス農民の蜂起については、**R・H・ヒルトン、H・フェイガン『イギリス農民戦争――一三八一年の農民一揆』**（田中浩ほか訳、未来社、一九六一年）が古いけれども入門書として優れている。**カール・マルクス『資本論2』**（第二分冊）（資本論翻訳委員会訳、新日本出版社、一九八三年）に収録される「第8章　労働日」では当時のイギリスなどにおける児童労働をはじめとする過酷な労働の実態が具体的に描かれ、社会主義が生まれる背景を理解できる。

山泉進『社会主義事始』（社会評論社、一九九〇年）は、日本の初期社会主義者自身によって記された論文のアンソロジーとそれに対する解説文よりなっており、この分野に関心を持つ読者にとって、まず参照されるべき著作であろう。また、それぞれの社会主義者たちの生き方を追った著作として、**黒岩比佐子『パンとペン』**（講談社、二〇一三年）があり、日本の社会主義運動に対するフェミニズム側からの問題提起として重要な論点を含むものに、**関口すみ子『管野スガ再考――婦人矯風会から大逆事件へ』**（白澤社、二〇一四年）がある。**田中信尚『大逆事件』**（岩波書店、二〇一〇年）は、弾圧する側の視点を取り入れた初期社会主義論として重要である。国家権力が、社会主義の何を恐れ、どのように弾圧したのかをうきぼりにするとともに、それによって殺された社会主義者たちの生命と生活の苛酷さを描く。日本のアナキズムに関する基本文献としては、一九二〇年に刊行され戦後に復刻版が出ている**煙山専太郎『近世無政府主義』**（明治文献、一九六五年）があげられる。同書は、無政府主義に対する批判の書であることを明示的に示しつつも、ロシアの虚無党の活動を生き生きと描き出すことにより、日本の読者に、無政府主義に対する共感を捲き起こしたことで知られる。大杉栄の思想を知るためには自伝的著作である**大杉栄『自叙伝・日本脱出記』**（岩波書店、一九七一年）からはじめ、多岐にわたる著作や翻訳の全体像を把握できる**『大杉栄全集』**に歩みを進めて欲しい。**渡辺京二の手になる『評伝宮崎滔天』**（書肆心水、二〇〇六年）ではより土着的・アジア的な視座から社会主義を考え抜こうとした思想を学ぶことができる。**渡辺京二『北一輝』**（筑摩書房、二〇〇七年）は、宮崎滔天と同様の思想を展開した北一輝に関するすぐれた伝記的研究である。

第7章

まず労働とは何かを考える上で読むべき古典の一つに、参照文献であげた**ハナ・アレント『人間の条件』**（志水速雄訳、筑摩書房、一九九四年）がある。労働組合の淵源を考える上でも良書である。働く人々の社会運動の背景には、近代以降の産業民主主義がある、という問題を理解する上で、読むべき古典の一つに**シドニー・ウェッブ、ベアトリス・ウェッブ『産業民主制論』**（高野岩三郎監訳、法政大学出版会、一九六九年）がある。ヨーロッパの社会民主主義の歴史については、**Donald Sassoon, *One Hundred Years of Socialism : West European Left in the Twentieth Century*, New Edition.** (I.B. Tauris, 2014)、アメリカの労使関係システムについては、**サンフォード・ジャコービィ『雇用官僚制――アメリカ内部労働市場と"良い仕事"の生成史』**（荒又重雄ほか訳、北海道大学図書刊行会、一九八三年）がある。産業民主主義史の観点からの日本的経営については、**アンドルー・ゴードン『日本労使関係史――一八五三-二〇一〇』**（二村一夫訳、岩波書店、二〇一二年）がそれぞれ良書である。本章を読み解くためにも、一冊でもいいので、ぜひこれらの書籍に目を通し、本章のより大きな文脈とバランスの取れた理解に努めることを切望する。産業民主主義史という観点から、働く民衆自身がそれをいかに主体的に経験したかを綴った労働史の良書に**野村達朗『アメリカ労働民衆の歴史――働く人びとの物語』**（ミネルヴァ書房、二〇一三年）がある。さらに二〇世紀の産業民主主義のありように異議を唱え、そうであるがゆえにそれをほりくずす新自由主義に立ち向かおうとする人々から再評価されている

ＩＷＷの歴史については、パトリック・レンショウ『ウォブリーズ――アメリカ・革命的労働運動の源流』（雪山慶正訳、社会評論社、一九七三年）を薦める。英語ではあるが、こうした産業民主主義の歴史を長年グローバルに追いかけている学術雑誌に ***International Labor and Working-Class History*** (Cambridge University Press) がある。本章で取り上げた高野実時代の総評については、『高野実著作集』（全五巻）（拓殖書房、一九七七年）、および以下の動画でのインタビューが参考になる。『語り継ぐ総評四〇年――一九五〇～一九八九』（二〇一三年作 http://www.jca.apc.org/labornow/labornowtv/sohyo.html）

《編著者紹介》

田中ひかる（たなか・ひかる）

1965年　ボン生まれ
1995年　一橋大学大学院社会学研究科博士課程単位取得退学，博士（社会学）。
現　在　明治大学法学部教授
著　書　『ドイツ・アナーキズムの成立――『フライハイト』派とその思想』御茶の水書房，2002年。
『グローバル・アナーキズムの過去・現在・未来――現代日本の新しいアナーキズム』（共著）関西アナーキズム研究会，2014年。
ほか。

社会運動のグローバル・ヒストリー
――共鳴する人と思想――

2018年5月10日　初版第1刷発行　〈検印省略〉

定価はカバーに
表示しています

編著者　田　中　ひかる
発行者　杉　田　啓　三
印刷者　大　道　成　則

発行所　株式会社　ミネルヴァ書房
607-8494 京都市山科区日ノ岡堤谷町1
電話代表（075）581-5191
振替口座　01020-0-8076

太洋社・藤沢製本

ISBN978-4-623-08287-2
Printed in Japan

《執筆者紹介》（執筆順，＊は編著者）

＊田中ひかる（たなか・ひかる）まえがき，序章，第3章，第4章，第6章，第7章

編著者紹介参照

崎山直樹（さきやま・なおき）第1章

現　在　千葉大学国際教養学部講師
著　書　『国民国家の比較史』（共著）有志舎，2010年。
『つながりと権力の世界史』（共著）彩流社，2014年。

竹本真希子（たけもと・まきこ）第2章

現　在　広島市立大学広島平和研究所准教授
著　書　『反核から脱原発へ——ドイツとヨーロッパ諸国の選択』（共著）昭和堂，2012年。
『ドイツ平和主義運動と平和運動——ヴァイマル共和国期から1980年代まで』法律文化社，2017年。

山口　守（やまぐち・まもる）第3章

現　在　日本大学文理学部教授
著　書　『講座台湾文学』（編著）国書刊行会，2003年。
『黒暗之光——巴金的世紀守望』復旦大学出版社，2017年。

山本明代（やまもと・あきよ）第4章，第5章

現　在　名古屋市立大学大学院人間文化研究科教授
著　書　『大西洋を越えるハンガリー王国の移民——アメリカにおけるネットワークと共同体の形成』彩流社，2013年。
『移動がつくる東中欧・バルカン史』（編著）刀水書房，2017年。

梅森直之（うめもり・なおゆき）第6章

現　在　早稲田大学政治経済学術院教授
著　書　『帝国を撃て——平民社100年国際シンポジウム』（編著）論争社，2005年。
『初期社会主義の地形学——大杉栄とその時代』有志社，2016年。

篠田　徹（しのだ・とおる）第7章

現　在　早稲田大学社会科学総合学術院教授
著　書　『世紀末の労働運動』岩波書店，1989年。
『労働と福祉国家の可能性——労働運動再生の国際比較』（共編著）ミネルヴァ書房，2009年。

人名索引

や　行

ら　行

わ・ん

事項索引

あ 行

か 行

さ　行

た　行

な　行

は　行

ま　行

や　行

ら　行

わ　行

A-Z